基于多维视角下的英语语言学应用研究

李丰华 著

吉林摄影出版社
·长春·

图书在版编目（CIP）数据

基于多维视角下的英语语言学应用研究/李丰华著. -- 长春：吉林摄影出版社，2022.5

ISBN 978-7-5498-5524-7

Ⅰ.①基… Ⅱ.①李… Ⅲ.①英语-语言学-研究 Ⅳ.①H31

中国版本图书馆 CIP 数据核字（2022）第 176781 号

基于多维视角下的英语语言学应用研究
JIYU DUOWEI SHIJIAO XIA DE YINGYU YUYANXUE YINGYONG YANJIU

| 著　　者：李丰华 |
| 出 版 人：车　强 |
| 责任编辑：罗　晗 |
| 封面设计：刘　华 |
| 开　　本：787mm×1092mm　1/16 |
| 字　　数：228 千字 |
| 印　　张：12.75 |
| 版　　次：2022 年 5 月第 1 版 |
| 印　　次：2024 年 1 月第 2 次印刷 |
| 出　　版：吉林摄影出版社 |
| 发　　行：吉林摄影出版社 |
| 地　　址：长春市净月高新技术产业开发区福祉大路 5788 号 |
| 　　　　　邮编：130118 |
| 网　　址：www. jlsycbs. net |
| 电　　话：总编办 0431—81629821 |
| 　　　　　发行科 0431—81629829 |

ISBN 978-7-5498-5524-7　　　定　价：48.00 元

版权所有　侵权必究

前言

语言是人际交往的重要工具，在增强人们之间的交流与沟通，促进社会和谐方面发挥着重要作用。人们对语言的研究也有着悠久的历史。近几十年来，随着科学技术的发展，人际间的社交在大众心目中的重要性明显提升，语言学也进入了迅速发展的轨道，在大众视野中出现的机会也越来越多，得到更多人的关注和理解。新时期，对英语语言的应用研究不能从传统的单一视角开展，而是要从多维视角下进行，增加英语语言研究的内容深度和价值，促进英语语言应用的发展。本书主要是基于语言学的研究成果，就现代英语语言学领域的相关内容，展开全方位的探讨。

本书共分为九章，第一章，对语言学的基本理论进行简单介绍，包括定义、分类、流派等；第二章探讨了语言与文化，包括文化的涵义，语言与文化的关系、文化差异的语言表现；第三章是从英汉语言文化异同的角度进行的研究，分别从英汉两种思维模式的语言认知、语言思维、跨文化交际与思维的关系等方面论述了思维模式的异同对英汉跨文化交际能力的影响，同时运用案例加以阐述；第四章论述文化翻译的相关理论；第五章对跨文化视角下的翻译理论和实践进行研究，首先介绍了文化以及文化翻译的定义，然后阐述中西文化翻译观，最后研究文化翻译的原则与策略。第六章介绍具体的英语翻译实践（商务文体、文学作品）中的应用；第七章介绍商务英语翻译理论的标准、过程；第八章进一步探究了新时代的翻译教学思想以及笔译教学和口译教学教学的主要问题；第九章论述口译实践教学，包括译前准备、译后总结、英汉互译口译中的文化因素处理。

本书内容丰富全面、结构完整、逻辑清晰、语言精简，在阐述英语语言内涵的基础上，对研究的领域进行全面分析，期望为英语翻译实践提供一条新的思路，推动英语教学的进一步发展。

在编写过程中，编者借鉴了许多专家、学者的观点，参阅了大量的文献资料，在此谨向他们表达最衷心的谢意！由于编者水平有限，书中纰漏、错误之处在所难免，敬请广大读者批评指正。

作　者

2022 年 1 月

目录

第一章　英语语言学研究概论 ... 1
- 第一节　语言学概述 ... 1
- 第二节　语言学分类 ... 1
- 第三节　现代语言学理论与流派 ... 3

第二章　语言与文化 ... 13
- 第一节　文化的涵义 ... 13
- 第二节　语言与文化的关系 ... 23
- 第三节　文化差异的语言表现 ... 29

第三章　英汉思维文化差异与跨文化交际 ... 42
- 第一节　英汉文化与思维模式差异对语言的影响 ... 42
- 第二节　思维差异对跨文化交际能力的影响 ... 52
- 第三节　跨文化交际中言语交际能力与思维模式 ... 63
- 第四节　英汉语语用文化与跨文化交际 ... 82

第四章　跨文化翻译与文化对比 ... 91
- 第一节　文化翻译概述 ... 91
- 第二节　文化翻译的原则与策略 ... 101
- 第三节　跨文化翻译思想与理论 ... 105

第五章　跨文化视角下的翻译理论研究 ... 109
- 第一节　文化以及文化翻译的定义 ... 109
- 第二节　中西文化翻译观 ... 114
- 第三节　文化翻译的原则与策略 ... 122

第六章　跨文化翻译实践 ... 127
- 第一节　商务文体中的文化翻译 ... 127
- 第二节　文学文体中的文化翻译 ... 134

第七章　商务英语翻译理论 ... 150
- 第一节　综述 ... 150

第二节　商务英语翻译的标准 ·· 152
　　第三节　商务英语翻译的过程 ·· 157
　　第四节　跨文化交际与商务英语翻译 ·· 159

第八章　翻译教学研究 ··· 163
　　第一节　新时代的翻译教学思想 ·· 163
　　第二节　笔译教学研究 ··· 171
　　第三节　口译教学研究 ··· 180

第九章　口译实践 ··· 188
　　第一节　译前准备 ··· 188
　　第二节　译后总结 ··· 189
　　第三节　英汉口译中的文化因素处理 ·· 190
　　第四节　汉英口译中的文化因素处理 ·· 193

参考文献 ·· 197

第一章 英语语言学研究概论

第一节 语言学概述

通常情况下，语言学被定义为一门关于语言的科学或者是对语言的科学研究。每年，研究语言学的专家与学者都会写出大量专著、论文。对语言学研究的热情还表现在如"语言"、《语言学杂志》、"应用语言学"等学术专刊里和定期举办的学术会议上。

我们都知道，语言不仅对个人很重要，对人类社会的有效运转也很重要，加之语言本身结构复杂深奥，所以注定会吸引大批学者。这种关注会产生有应用价值的研究（如言语矫治、教育、翻译技巧等方面），会成为在学术上和经济上受欢迎的热门学科。语言学还极富理论研究价值，比如，索绪尔的结构主义对诸如社会研究、文学研究等一些相关社会学科产生了很大的影响。虽然我国的语言研究经历了悠久的历史，但是距达到"高峰"还有一段距离。

作为一门学科，语言学目前已经有一套成型的理论、方法和分支。在研究语料方面，是凭直觉还是要建语料库的争论已日渐淡去，因为人们已经意识到两者各有优势。而且随着计算机技术的来临，语料库语言学也飞速发展起来。莱昂斯（Lyons）在 20 世纪 70 年代就说过这样的话：语言学是经验性的而不是猜想的或直觉的，语言学研究要靠观察或实验得来的语料进行。现在我们期待着能有更多更有效的研究方法，来对语言学研究进行细分和补充。

第二节 语言学分类

一般来说，语言学可分为以下六大类。

一、语音学

语音学（phonetics）研究语音，包括言语的产生（即语音是如何产生、传递和接收的），还有语音的描写和分类、词语和连贯言语等。

一旦决定对言语进行分析，我们可从不同层面着手。在一个层面上，言语分析涉及解剖学和生理学。由此我们研究舌头、喉等器官以及它们在言语产生中发挥的作用。在另一层面上，我们专门研究这些器官产生的语音：先是辨认，然后将其归类。这是发音语音学（articulatory phonetics）的范畴。另外，我们也可以研究音波的性质——声学语音学（acoustic phonetics）。言语是要人听、要人理解的，因此就要研究听话人的分析和处理声波的方式方法，听觉语音学（auditory phonetics）s

二、音系学

音系学（phonology）研究语音和音节的构成、分布和排列规则。它的研究对象是语言的语音系统，研究起点是音位（phoneme）。音位是语言学中能够区别意义的最小语音单位。英语中约有 45 个音位。举个简单的例子，把/p/读 10 次，由于生理原因，每次的发音都会有些细微的不同。另外，/p/在 poor 和 soup 中的读音也不同，这是因为周围语音的影响不同。不过，每个/p/音还是相似的，不会和其他音位如/b/或/m/混淆。

语音学研究的是人类能够产生的语音，而音系学研究的是组成语言和意义的语音子集合体。前者研究的是无序状态，后者侧重有序。

三、形态学

形态学（morphology）涉及词的内在结构。它研究最小的意义单位——语素以及词的形成过程。许多人持有一种观点，即在语言中，词是最小的意义单位。但事实却并非如此，因为很多词都可以再分解成语素，所以语素才是语言中最小的单位。语素有多种用途，比如：有的改变意义或者词性从而产生新词；有的给已存在的词义增添语法信息或做细微的修正。由于语素是音义结合体，因此其中有不少复杂情况。由此产生了一个名为形态音系学（morphophonology）的新领域。

语言对形态成分的依赖程度不同。例如，在拉丁文中，意义是通过词尾形态变化而改变的。而在英语中，更多的是利用词语的顺序来改变意义。如 The dog sees the rabbit（狗看到兔子）。改变词语排列顺序后，该句变为 The rabbit sees the dog（兔子看到狗）显而易见，句义就产生了变化。在拉丁文和俄语中，dog 和 rabbit 两词根据它们在句中是主语还是宾语分别添加不同形态的词尾，因此即使改变位置也不会对句子的意思产生影响。

四、句法学

句法（syntax）是关于形成和理解正确英语句子的原则。句子形式和结构受句法规则支配，这些规则规定词语顺序、句子组织、词语间关系、词类及其他句子成分。

五、语义学

语义学（semantics）研究的是语言中语义是如何编码的它涉及的不仅是作为词汇单位的词语意义，还有语言中词之上和词之下成分的意义，如语素意义与句子意义。关键概念有语义成分、词的外延、词之间的意义关系（如反义关系 antonymy 和同义关系 synonymy），还有句子间的语义关系（如蕴涵 entailment 和预设 presupposition）等。

六、语用学

语用学（pragmatics）研究语境中的意义。它处理的是特定语境里的特定话语，注重社会语境对话语理解的影响。这也就意味着语用学研究的不是语言构造的方法，而是语言用来交际的方式。

语用学视言语行为首先为一种受社会习俗约束的社会行为。关键概念有：所指（reference）、语力（force）、语效（effect），而合作原则（cooperative principles）恐怕已经广为人知了。语用学是语言学研究中最有前途的领域之一。试以会话为例，由于语言主要通过语码传递，所以语用规则控制一定数量的会话互动，如顺序结构、错误修正、角色、言语行为等。会话组织包括轮流讲话、打开话题、会话持续及结束会话，还有建立及维持话题等。

第三节 现代语言学理论与流派

一、现代语言学的开端——索绪尔理论

现代语言学始于瑞士语言学家费尔迪南 德 索绪尔（Ferdinand de Saussure）。索绪尔不仅是著名的现代语言学家，还在诸多领域产生了影响，如文学理论、符号学等。

尽管人们是通过《普通语言学教程》一书才知道索绪尔的，但这本书不是他亲自写的，而是其同事和学生整理并扩充听课笔记后完成的。1907—1911 年，他在日内瓦大学讲授普通语言学。1913 年，索绪尔与世长辞。随后，其同事和学生认为，他在语言学方面的理论极具独创性并且颇有深刻见解，应该保存下来。其学生巴利和薛施蔼搜集了索绪尔讲课的笔记，并进行了整理，于 1916 年编纂出版《普通语言学教程》一书。学界普遍认为，这本书标志着现代语言学的

开端,而且它是索绪尔思想的重要来源,具有很高的价值。

令人遗憾的是,《普通语言学教程》中有关索绪尔思想的解释篇幅较小。直到恩格勒(Rudolf Engler)1967年出版了《普通语言学教程》所依据的学生笔记,研究索绪尔思想的工作才有可能走出这本书。尽管索绪尔的思想流传下来的方式很特别,但《普通语言学教程》功不可没。

毋庸置疑,索绪尔与迪尔凯姆、弗洛伊德等有影响的社会科学家为研究人类行为开辟了新途径。他们发现,人类行为是客观存在的东西,但与自然科学家所研究的物质不尽相同。在自然科学中,人们对物质可以进行独立的分析,不一定要顾及别人的印象或感觉在社会科学中,不能忽视人们对行为的主观印象。主观印象正是行为具有的社会意义的一部分。例如,一个动作被视为表示尊敬,另一个动作被认为表示蔑视,是因为社会本身赋予不同行为以不同的意义,这正是由规范组成的系统所决定的因此,社会科学研究的是社会事实与其社会意义的结合。这就要求人们把社会事实放在整个社会框架中,去探求它们的社会功能。换言之,一个行为本身没有内在的、必然的价值。鞠躬表示敬意、男人不穿旗袍,这些现象里并没有内在的生理原因,而是由社会风俗规定的。

语言的复杂性,是索绪尔最先注意到的。他认为,即使是一个简单的言语活动,也包含着要素独特的分布,并且可以从许多不同的甚至互相冲突的角度去考虑:声音、声波、听觉装置、说话者所要表达的意图、指称、交流语境、说话者和听话者之间的规约、语法和语义规则、语言史等等。索绪尔认为,语言是一个符号系统。声音可以当作语言,是因为它们表达了思想。要表达思想,声音就必须成为规约系统的一部分,也就是符号系统的一部分。

显而易见,索绪尔的理论把人们的注意力引向了语言的本质。与此同时,他还明确了语言学所研究的对象。经过长期的分析与研究,我们对他的理论做出了总结,主要归纳为以下几个方面。

(一)语言符号的本质

索绪尔认为,语言符号结合在一起的,是概念和声音形象(sound-image)。这两者结合在一起,才构成了语言符号的全部。他称概念为"所指"(signified),称声音形象为"能指"(signifier),这样一来,便使它们得到了区分,同时也把它们与其共同组成的整体区分开来。例如,"树"是一个语言符号;它的声音形象 shù 是能指,它所指的那种植物就是所指。这两者的特定关系是一个任意的实体。

与语言符号的任意性相关联的是能指的线性特性(linear nature)。能指,是能听得到的,所以是在时间这个维面上展开的。因此,能指代表了一段时间,而这个时间段可以得到测量。这一发现与符号的任意性理论同样重要。

（二）语言单位的关系性质

由于能指与所指的关系是任意的，那么就没有理由把某一个能指给予某一个概念。因此，在一个能指与所指之间没有必然的属性。能指只不过是一个系统里的成员，通过同一系统内其他成员之间的关系得到界定。索绪尔写道，在所有情况下，我们发现的并不是"早已存在的思想"，而是"源于这个系统的价值"。当我们说，这些价值与概念相应，就应该这样理解，这些概念是纯粹的区别性造成的，并非由于其内容决定，而是由于其系统中与其他词语之间的关系决定的。最主要的特征是，它们的属性不由自己的"是"来决定，而由别的词语的"非"来决定。

（三）语言系统与语言现象的区分

语言系统与语言现象的区分，是语言系统与语言的实际现象之间的区别。索绪尔写道，区别了这两者，我们也就能区别社会性的和个人性的东西了，也区别了主从两个类别。他曾明确指出，对语言系统的研究是语言学家的主要任务。而确定组成语言系统的单位和组合规则，则是研究语言系统的语言学家应做的事情。

把特定的语言事实与属于语言系统本身的东西相区分，具有重大意义。它导致了语音学与音系学的分野，也导致了研究话语与研究句子的分野。实际上，这从根本上区分了制度和事件，也区分了人类行为的内在规律与一个个具体行为的不同。通过这个区分，索绪尔为语言学找到了一个正确的研究对象。

（四）共时与历时的区分

语言学上的共时与历时之区分，就是静态语言学（static linguistics）与进化语言学（evolutionary linguistics）之分。索绪尔把语言的功能比作下棋。首先，语言的状态很像一盘棋。就像棋子的价值取决于它在棋盘上的位置一样，每一个词语的价值来自于与其他词语的对立。其次，系统总是瞬间的，不断地变化，由一个状态进入另一个状态。尽管价值取决于不变的规约，但在一盘棋开始前就存在的一套规则在每走一步后都起着作用。语言规则一旦被认可，也会一直延续下去。再次，从一个静止状态进入另一个静止状态，只需要挪动棋子。有些棋子的挪动，对全局影响很大，而有些棋子的挪动，则并不会对全局产生很大影响。无论如何，每挪动一步，都会对整个系统产生影响。

但这个区分也面临一些质疑和挑战，因为语言学研究的共时与历时之间不可能非常清楚地进行区分。首先，语言是一直在变化着的。语言不可能静止下来让我们描述，我们也不知道某一个新的词或短语到底是否被人们接受。是今天还是昨天接受的，是今年、去年还是前年。语言变化的过程漫长而且缓慢。其次，任何言语社团里的语言都不统一。不同社团的人讲的语言总有不同的变体，到底描述哪个变体，是很难确定的。不论你如何描述，总会有人对你的描述提出挑战，他会说"我从来不那样讲"。再次，语言变化时，并不是一系列特征突然间被另一系列特征所取代。

在历时研究中，对比语言的不同形态时不考虑其各自的时间阶段。否则，语言的变化就不明显或者缺乏代表性。共时描述优先于历时描述之说，就是先要描述语言的状态然后才能对比。简言之，对语言历时变化的研究与其共时的变体研究之间有非常紧密的关系。

面对所有这些语言的外观以及人们可能达到的不同看法，语言学家就必须对自己提出一个问题，即我到底在试图表述什么？索绪尔认为，语言是一个符号系统，声音只有被用来交流思想时才被以为是语言。这就对声音提出了一个要求，即必须是规约和管理系统的一部分，同时也是符号系统的一部分，只有这样才能真正地达到交流思想的目的这里的符号，就是形式和意义的联合，索绪尔称之为能指和所指。需要注意的是，这两者只有相互结合作为符号的组成成分才能够得以存在。符号是语言事实的核心，因此我们想要区分什么是根本的、必然的，什么是次要的、偶然的，就必须从符号自身的特性入手。

通过上文的论述，我们不难看出，索绪尔对现代语言学的发展产生了很大的影响。我们将其做出了总结，主要归纳为以下两个方面。

（1）他提出了一个总方向，让语言学家明确了以前从未质疑过的研究对象。这也是他被公认为是"现代语言学之父"的主要原因。

（2）他影响了诸如符号任意性、共时与历时的区分等一系列现代语言学研究的具体概念。尽管这些概念都不是索绪尔首次提出的，但他的重大贡献在于开创性地推动和发展了这些概念，现代语言学的发展可以说是对这些准确概念及其意义的研究。

综上所述，索绪尔对现代语言学做出了杰出的贡献，使其进入了一个崭新的阶段。可以说，20世纪的所有语言学都是索绪尔语言学（Saussurean linguistics）。

二、布拉格学派理论

布拉格学派的形成可以追溯到1926年，马泰休斯领导召开了该学会的第一次会议。布拉格学派实践了一种独特的研究风格，即共时语言学研究。从"功能"的角度看待语言，是布拉格学派对语言学做出的主要贡献。经过长期的分析与研究，我们对布拉格学派的主要观点进行了总结，主要归纳为以下三个方面。

（1）对语言的共时研究，由于可以得到全面的、可控制的语言材料以供参考而被充分强调。同时，也没有严格的理论藩篱将之与历时语言研究相分离。

（2）该学派主要强调语言的系统性，认为语言系统中的任何成分都不可用孤立的观点进行研究，应明确该成分与同一语言中相共存的其他成分之间的关系。换句话说，语言成分之所以存在，就在于它们彼此在功能上的对比或对立。

（3）在某种意义上，布拉格学派把语言视作一种"功能"，是一种由某一语言社团使用的、用来完成一系列任务的工具。

对语音学和音系学的区分，是布拉格学派最突出的贡献。该学派认为，语音学属于言语，音系学属于语言，并提出把"音位"概念当做语音系统中的一个抽象单位，区别于实际发出的音。为了确定音位，他们使用"互换测试"（commutation tests），就可以确定出改变意义的语音（如 bat/bet/bit）所具有的区别性特征。

这一基本概念被用在句法分析上。马泰休斯把句子划分为两个部分：第一部分是主位（theme），即从上文能得到的已知信息，对要传达的新信息没有很大作用；第二部分是"述位"（rheme），是要传达的新信息。如 He loves linguistics 中的 He 是主位，loves linguistics 是述位。主位和述位的区分，有助于对各种语言变体和不同语言的结构分析。后来发现，这与决定信息分布的潜在规则有关，于是出现了"交际动力"（communicative dynamism）概念。一个语言成分具有的交际动力强度，就是这个成分帮助把交际推向前进的程度从音位、词、短语和句子的功能出发，有些学者把语言的功能当做一个整体来研究。1934年，布勒（Karl Bühler）对语言的功能进行了研究，共归纳为三种，分别为：表达功能、意动功能、指称功能。即语言可以表达说话者的感情；影响听话者；表现真实的世界。由于一句话语同时表达的功能不止一个，所以该学派又提出了美学功能，即语言可以为艺术服务。基于此，雅各布森于 1960 年又提出了三个功能：寒暄（phatic）功能、元语言（metalingual）功能、诗学（poetic）功能。寒暄功能建立和维持人际交往的关系，元语言功能描述语言本身，诗学功能与布拉格学派的美学功能一致。

三、哥本哈根学派理论

在现代语言学史上，哥本哈根学派占有一席之地。该学派成立于 231 年，主要代表人物有叶尔姆斯列夫（L. Hjelmslev）、尤尔达尔（H. J. Uldall）、布龙达尔（V. Brondal）等。

叶尔姆斯列夫生前曾任哥本哈根大学哲学系所属的比较语言学和语音学研究室主任。他一生不断著书立说，其中最经典的非《语言理论导论》莫属。这位丹麦语言学家 20 世纪 50 年代才受到真正重视。他的理论极大地影响了后来提出层次语法（Stratificational Grammar）的美国语言学家兰姆（Charles Lamb）。

哥本哈根学派继承了索绪尔关于语言是一个符号系统、语言是形式而不是实体等观点，并在此基础上有了进一步的发展，形成了一个结构主义学派，有人称之为语符学（glossematics）。语言学理论的本质、现状以及语言与描述之间的关系，是语符学重点强调的内容。除此之外，语符学还对系统与过程进行了区分，即对任何一个过程来说，都有一个相应的系统，在这个系统里，过程可以得到描述。强调研究关系，是语符学的鲜明特征之一。

偏重纯理论研究，是哥本哈根学派的主要特点。所以，该学派的具体语言分析方面著述的数量十分有限。因此，很多语言学家认为，该学派理论对语言科学的实际用处较小。

该学派的语言学理论，以解决以下两个问题为主要目的：

（1）语言学的对象问题；

（2）语言研究的准确化问题。

他们在追求形式化过程中，把语言学与数理逻辑紧密结合起来，认为只有语言学成为结构主义的语言学时，才是客观的、科学的。这个思想对后来其他学派的研究产生了很大的影响。

四、美国描写主义与结构主义语言学理论

美国描写主义与结构主义语言学是共时语言学的一个分支，独立地诞生于20世纪初的美国，在人类学家鲍阿斯（Franz Boas）的领导下，形成了与欧洲传统完全不同的风格。

（一）鲍阿斯的语言观

鲍阿斯的语言观全部反映在他为《美洲印第安语言手册》撰写的序言里。该序言共分五个部分，即种族和语言、语言的特性、语言的分类、语言学和民族学以及美洲印第安语的特点。由于篇幅的限制，我们主要围绕种族的语言与语言的特性进行具体阐述。

1. 种族和语言

鲍阿斯首先论述了种族分类的问题。关于种族的科学分类可以根据生理构造、文化特点或语言加以区分。

在对生理类型、语言和文化间的关系进行论述的过程中，鲍阿斯明确指出，这三者没有什么必然的联系。他举了大量例子来印证他的观点，如美洲的黑人，其生理类型未变，而语言和文化改变了；欧洲的马格雅人则保持了原有的语言，但跟说印欧语的人种混杂了；新几内亚地区的人在语言上很不相同，但在文化上却有共同点。因此，鲍阿斯认为，根据这三个不同的标准划分出来的种族是不同的。所以，人为因素决定了人类种族的划分语言学、生物学和文化史的分类有助

于种族的划分。

2. 语言的特性

鲍阿斯首先讨论了语音的性质。他指出，虽然语音的数目是无限的，但是实际上每种语言都只选择固定的和有限的语音。每种语言都有自己的语音系统。他批驳了所谓原始语言中缺乏语音阶区别性的说法，认为这实际上是调查者本人受自己熟悉的语音系统的影响。例如，美洲印第安语中的鲍尼语（Pawnee）中有一个音，有时候听起来像是/l/，有时候像/r/，或是/n/或者/d/。这是因为它在词里的不同位置上受邻近的音的影响而改变。这个音在英语里没有，但它的变体并不比英语的/r/多。鲍阿斯认为，根据记音人所记的语音系统可以看出他本人的母语。实际上记音人往往受自己母语的影响。

关于言语的单位，鲍阿斯指出，"由于一切言语都是用来交流思想的，表达的自然单位是句子，也就是说，包含完整思想的一个语音群"。他给词下的定义是："由于有固定的形式、明确的意义以及独立的语音，它是很容易从整个句子里分割出来的一个语音群。"由此，我们不难看出，词是从句子里分析出来的。不过，鲍阿斯也认为这个定义带有某种任意性。因此，有时很难确定一群音究竟是独立的词还是词的一部分。特别是语音上很弱的成分，例如英语里表示复数、领属和动词第三人称单数的s，很难把它看成是一个词。这种情况在美洲印第安语里常常会遇到。为此，鲍阿斯又指出，句子里语音上固定的部分可以自由地出现在各种位置上，而且语音形式不改变，这也是确定词的一个条件。即使如此，要确定某个语音成分是一个词还是词的一部分，仍然存在着不少问题。总的来说，在他看来，句子是在词之前出现的，而词是从其中分析出来的。作为词的一部分，鲍阿斯区分了词干（stem）和词缀（affix）。词缀是附加到词干上修饰它们的。可是，如果修饰成分太多，就很难说哪个是被修饰成分、哪个是修饰成分。在这种情况下，鲍阿斯把它们看成是"并列成分"（co-ordinate）。

在语法范畴的论述中，鲍阿斯首先指出了不同的语言具有不同的范畴，表达概念的语音群的数目是有限的。由于概念多而语音少，如果所有的概念都用不同的语音表达，那么一方面语音群的数目会很大，而且也看不出概念之间的关系。因此人们把概念进行分类，并选择有限的语音来表达它们。由于经常使用，这些概念跟语音就建立了固定的联系。

在鲍阿斯看来，以下三点内容是描写语言的主要任务：

（1）该语言的语音成分；
（2）用语音组表达的一组概念；
（3）组合和修饰语音群的方法。

他指出，研究过欧洲和西亚语言的语法学家制订了一套语法范畴，他们往往想在每一种语言里都去寻找这些范畴。但实际上，这些范畴只在某些语系里是特有的，在其他语系里会有另一些范畴。如印欧语里的名词有性、数、格这样一些范畴，而这些范畴并非对所有的语言都是必要的；性并非一切语言的基本范畴；名词的分类可以是各种各样的。北美的阿尔贡金语把名词分为有生命和无生命的两种，而这跟自然属性无关，因为小的动物被列入无生命类而某些植物被列入有生命类。总之，在美洲印第安语里，名词的性是很少有的。为了表达清楚，单数和复数对名词来说似乎是必要的，实际上也并非如此，因为通过上下文或者修饰名词的形容词也可以表示，如印第安语中的克瓦丘特尔语（Kwakiutl）就是如此。因此，名词的一些语法范畴并不一定会出现在所有的语言中。不同的语言还可能有一些新的语法范畴。

代词分类的原则在各种语言里也不尽相同。通常情况下，我们会把代词分成三种人称，其中还分单复数。第三人称还区分性（如阴性、阳性和中性），三种人称的复数都不区分性。但是南非的霍登托语（Hottenlot）里不仅第三人称区分性，第一、二人称也区分性。问题是，第一人称"我自己"不该有复数，怎么能有一个以上的"我自己"呢？这说明，不同语言在人称代词的区分以及它们的单复数的区分上并不一致。

指示代词的分类原则，各种语言也不相同。如美洲的克瓦丘特尔语还区分"看得见的"和"看不见的"，齐诺克语（Chinook）分现在和过去，爱斯基摩语（Eskimo）还根据说话人的位置区分七个方向：中、上、下、前、后、左、右。

在印欧语里有对人称、时、式和态的表达，但在美洲印第安语里有不同的表现。如爱斯基摩语里动词本身没有时的标示，即它不通过语法形式来表示时的概念。此外，表达时的概念也有不同，有的语言表达"起始"、"延续"（表示动作时间的长短）和"转移"（表示由一种状态转变为另一种状态）。式和体也是各不相同的。总之，并非所有语言的动词的语法范畴都一样。在这一部分的最后，鲍阿斯总结道："综上所述，在讨论各种语言的特点时，我们会发现不同的基本范畴，在比较不同的语言时，为了给每种语言以适当的位置，有必要既比较语音的特点，也比较词汇的特点，而且还要比较语法概念的特点。"

（二）萨丕尔的语言观

萨丕尔也是一位杰出的人类语言学家。1904年，他毕业于美国哥伦比亚大学（Columbia University），主修的专业是日耳曼语。在见到鲍阿斯之前，萨丕尔总是认为自己对语言本质的理解十分深刻。但遇到鲍阿斯之后，他发现自己还有许多东西需要学习。于是，他选用具有自身文化背景的当地人，开始着手按照鲍阿斯的方法去调查美洲印第安语，足迹踏遍了华盛顿州、俄勒冈州、加利福尼西州、犹他州等地"对于萨丕尔来说，这是一段极为宝贵的经历，同时也是对试图把印欧语语法范畴套用于其他语言的传统实践的一次革命。

萨丕尔开始在美国西部工作,1910年到1925年在加拿大工作,担任渥太华的加拿大博物馆人类学部的主任。在此期间,他写了不少民歌,1925年出版了《法属加拿大的民歌》。从1917年到1931年间,他共发表了200多首诗,并写了一些有关艺术等方面的评论文章。1925年,他回到美国,在芝加哥大学任教;1931年到耶鲁大学任教,直至65岁逝世。

1921年出版的《语言论:言语研究导论》一书倾注了萨丕尔的毕生心血他从人类学的角度出发,来描写语言的特点及其发展. 其重点是类型学。为语言学做出展望,是这部著作出版的主要目的。这本书很少述及言语的心理基础,对特殊的语言也仅仅给出充分的现实描写或历史事实来说明其基本原则,主要目的在于说明语言是什么;语言怎样随着时间和地点而变异;语言和人类所关心的其他根本问题之间的关系是什么。

这本书涉及的内容非常广泛,详细论述了以下几个问题。

1. 语言的定义

萨丕尔在该书的引言里,对语言下了定义:"语言是纯粹人为的、非本能的,凭借自觉地制造出来的符号系统来传达观念、情绪和欲望的手段。"他对语言与行走做出了比较. 认为行走是人的遗传的、生理的、本能的功能,是一种普遍的人类活动;人和人之间,行走的差别是有限的,并且这种差别是不自主的。他指出,语言是一种非本能的社会习俗,所以它与行走有所不同。我们在上文中反复提及,语言是一种符号系统。显然,其特性是一种特别的符号关系。一方面,是一切可能的意识成分;另一方面,是位于听觉、运动和其他大脑和神经线路上的某些特定成分。

关于语言和意义之间的关系,萨丕尔认为二者的结合是一种并非必然但可能确实存在着的关系。他意识到语言与思维之间有着紧密的关系,但是二者并不是一回事,因为语言是工具,思维是产品;如果没有语言,思维是不可能实现的。

语言的普遍性,也受到了他的关注。他认为,世界上所有部落、种族都有自己的语言,其他有关文化的各个方面都出现在语言之后。因此,如果没有语言,就没有文化。

2. 语言的成分

萨丕尔讨论了词根(radicals)、语法成分、词和句子。他用"词根"而没有用后来描写语言学常用的 morpheme 和 phoneme 等术语,因为他认为语言成分不仅具有区别功能,还应该有指示功能。语音必须与人的经验的某个成分或某些成分(如某个或某类视觉印象或对外物的某种关系的感觉)联系起来才构成语言的成分。这个经验成分就是一个语言单位的内容和"意义"。音义结合才是语言的形式。他给语言形式的基本成分下的定义是：词根和语法成分是单个孤立的概念在语言中相应的部分；词是从句子分解出来的、具有孤立"意义"的、最小的叫人完全满意的片断；句子是命题的语言表达。

萨丕尔用大写字母（如 A，B）代表词根，小写字母（如 a，b）代表附属的语法成分，用圆括号表示粘着成分，用加号（＋）表示组合，用数字。表示零形式。他列举了以下五种形式类型：

A：如诺特卡语里的 hamot（骨头）；

(A) ＋ (B)：如拉丁语的 hortus（花园）；

A＋B：如英语的 fire engine；

A＋(0)：如英语的 sing（即不加附属成分－ing，－s 等）；

A＋(b)：如英语的 singing.

3. 语言演变

萨丕尔把语言的演变视为一种"沿流"。语言的沿流有一个总的方向，他称之为"坡度"。英语里一般疑问句往往用 who，what，where 打头，也出现 Who did you see? 而不说 Whom did you see? 虽然后一句更合乎语法。这里暗含着英语里特殊的和一般的"沿流"。他通过英语的 foot 和 feet 的音变历史指出，大约有三种势力造成了语音变化。为了使读者更好地了解这部分内容，我们对这三种势力列举如下：

1）一个有定向的总沿流；

2）一个重新调整的趋势；

3）一种保护性趋势。

此外，他还对语言接触进行了一番论述。他认为语言接触是引起语言变化的一个主要原因。他列举了大量语言之间在语音和形态上相互影响的例子，但认为借用必然要符合语言的沿流。对于这个问题，他的观点是：语言也许是最封闭、最顽固的社会现象，要瓦解它本身的形式几乎是不可能的。

4. 语言、种族和文化

语言、种族和文化的问题一直是人类学家所关心的问题，萨丕尔作为一个从人类学角度研究语言的学者自然会对这一问题感兴趣。他的基本观点是：种族、语言和文化分布不平行，语言和文化的历史不能直接用种族来解释。他举了很多例子说明一种语言怎样和种族、文化的界限互相交错。例如英语就不是一个统一的种族说的语言。英国和美国有共同的语言，但这并不意味着这两个国家有着共同的文化。总之，语言形式跟种族和文化都没有必然的联系。不过，语言的内容跟文化是有密切关系的。特别是语言的词汇多多少少忠实地反映出它为之服务的文化，但需要强调的是，万万不可把语言和它的词汇混为一谈。

第二章 语言与文化

第一节 文化的涵义

在对语言与文化的关系展开分析之前,首先需要对文化的相关内涵有所了解。

一、文化的概念

"文化"一词由来已久,在中国和西方的历史语言体系中都出现过关于"文化"的记载。文化概念的界定是一个很复杂的问题,当代世界关于文化的定义多达数百种。作为人类社会的 现实存在,文化具有与人类自身同样长久的历史。从某种意义上讲,人类的发展史其实就是人类的文化史。文化概念的纷繁多样表明了文化自身的广远浩博、包容万象,同时也说明了文化含义界定之难。

(一)国外"文化"的概念

英语中culture(文化)一词,来源于拉丁文cultura,原义是"耕作、培养、教育"。culture一词的基本含义包括两个方面,在物质活动方面意味着耕作,而在精神修养方面的含义则涉及宗教崇拜。随着社会以及近代科学的不断发展,尤其是文艺复兴、地理大发现和宗教改革的推动,使人们对形形色色文化的区分以及对文化内涵和外延的研究产生了浓厚的兴趣,并赋予"文化"新的内涵,使文化成为人们专门探讨的一门学问。

专家们对文化一词的定义是多种多样的。在众多关于文化的定义中,人们比较推崇英国 文化人类学家爱德华·泰勒(E. B. Tylor)和马林诺夫斯基(Malinowski)两人的定义。泰勒在《原始文化》(1871)一书中,首次把"文化"作为一个概念提出来,并且将它的含义系统地表述为:"文化是一种复杂体,它包括知识、信仰、艺术道德、法律、风俗以及其余社会上学得的能力与习惯。"而马林诺夫斯基则认为文化是一种具有满足人类某种生存需要功能的"社会制度",是"一群利用物质工具而固定生活于某一环境中的人们所推行的一套有组织的风俗与活动的体系"。

之后,其他社会学家、文化人类学家对泰勒的定义进行了修正:文化是一种复杂体,包括实物、知识、信仰、艺术、道德、法律、风俗以及其余社会上习得的能力与习惯。由这一定义可以看出，文化的辐射范围十分广泛，凡人类所创造的一切知识、经验、感知、科学技术、理论以及财产制度、教育、语言等都是文化现象。小则如衣食住行、婚丧嫁娶，一切社会的生活方式、语言方式、行为方式、思维方式、等级观念、道德规范等，大则如宇宙观、时空观、人生观、价值观，都属于文化的范畴。这一定义强调精神方面的文化。当然，也有学者认为文化不仅包括精神方面，还应该包括物质方面，即文化包括精神文化和物质文化社会语言学家戈德朗夫和本尼迪克特（Goodenough & Benedict）着眼于跨文化语言交际的研究，所提出的关于文化的定义或许更准确、更直接。戈德朗夫指出，"文化是由人们为了使自己的活动方式被社会的其他成员所接受、所必须知晓和相信的一切组成。作为人们不得不学习的一种有别于生物遗传的东西，文化必须由学习的终端产品'知识'组成。"本尼迪克特则认为，"文化是通过某个民族的活动而表现出来的一种思维和行动方式，一种使这个民族不同于其他任何民族的方式。"这两个定义都强调了文化的民族性。不同的是，前者突出了民族内部的规范，而后者则突出了民族之间的差异。

概括而言，文化就是人们所觉、所思、所言、所为的总和，在不同的生态环境下，不同的民族创造了自己特有的文化，也被自己的文化所塑造。"文化"作为一个专门概念，一般可以有狭义和广义两种理解。狭义的理解着眼于精神方面，是指社会的意识形态、风俗习惯、语用规范以及与之相适应的社会制度和社会组织。广义的"文化"则包括精神和物质两个方面．即指人类在历史发展中所创造的物质财富和精神财富的总和。在提到"文化"一词时，人们通常首先想到的是它的狭义方面，即文化的精神形态方面。

（二）国内"文化"的概念

"文化"一词在汉语中古已有之。"文"的本义指各色交错的纹理，有纹饰、文章之义。《说文解字》称："文，错画也，象交文。"在这里，"文"就是指各种象征符号以及文物典章、礼仪制度等。而"化"本义是交易、生成、造化，如《易·系辞传下》中的"万物化生"。"化"的引申义为改造、教化、培育等。

文与化并联使用．在中国古代典籍中最早出现于《周易·贲卦》："观乎天文、以察时变；观乎人文，以化成天下。"此句中的"天文"，是指自然天体的构成及其规律；而"人文"则指人类社会的构成及其规律，包括文明礼仪、人伦道德在内。上面这段话的意思是：治理国家者既要观察天文，掌握自然发展规律、以明耕种渔猎之时序；又要观察人文，把握社会中的人伦秩序，使天下之人均能遵从文明礼仪，并进而推及天下，以成大化。这句话中"人文"与"化成天下"相结合，实际上已经具备了"文化"一词的基本含义，即通过人伦教化使人们自觉行动。

西汉以后,"文"与"化"合并成为一个词语。西汉刘向《说苑·指武》中记载:"圣人之治天下也,先文德而后武力,凡武之兴,为不服也,文化不改,然后加诛。"此句中的"文"和"诛"是两种根本不同的治理社会的手段。上面这段话的意思是:圣人治理天下,先施以文德教化,如不奏效,再施加武力,亦即先礼后兵的意思。此后,"文化"一词的用法延至后世,并进一步引申出多种含义,分别与天造地设的"自然"相对,或者与无教化的"质朴"、"野蛮"相对,取其人伦、人文之义。

根据以上分析可以看出,汉语中的"文"、"化"两字联用包括以下两种含义。

(1) 用作名词,是人类精神、智慧、意识及其创造成果的总称。

(2) 用作动词,是一种过程,指以"文"化之,即使用一定的方法将文明礼仪普及教化。

因此,我国 20 世纪 70 年代出版的《辞海》中关于文化的定义是这样的:"文化,从广义上来说,指人类社会历史实践过程中所创造的物质财富和精神财富的总和。从狭义上来说,指社会的意识形态,以及与之相适应的制度和组织机构。"

二、文化的性质

关于文化的性质问题,有些学者从哲学的角度进行分析,他们认为文化是共性和个性的统一体。文化的共性来自于人类共同享有一个客观的大自然系统,对于整个大局的认识基本上是相同的。文化的个性则是因为世界上每个民族所处的具体自然环境和社会环境各不相同,由此便产生了迥然不同的民族文化。下面我们来具体了解一下文化的性质。

(一) 社会性

文化具有社会性是因为文化是一种社会现象,其中包括两个方面的含义。

(1) 文化是人们通过创造性活动而形成的结果,是相对于自然而言的。例如,冰块、树根、贝壳等自然物品经过人们的加工之后可以变成冰雕、树雕和贝雕,这样的工艺品便成为了文化物品。

(2) 文化对于人的行为有着十分重要的规范作用。人作为一个个体,其言谈举止受特定环境中社会文化规则的约束。一个人从小到大会受到文化的熏陶,在文化的轨道中前进并掌握成套的、形形色色的处事交往规则。因此,可以认为人既是社会中的人,同时又是文化中的人。

(二) 系统性

文化的系统性,是指一种文化就是一个自成体系的文化系统。一个文化系统又可分为三个层次：物质文化、制度文化和心理文化。其中，"物质文化是外显性的，是文化的基础；制度文化是文化的关键；心理文化则是文化的主导与核心。文化的这三个层次相互联系、相互作用，共同构成了一个完整的文化统一体。"①

（1）物质文化是通过人类的文化活动上升为社会性的物质形态，多指可以感知的、有形的物质精神产品，属于表层文化。例如，饮食文化、服饰文化、茶文化、工艺品文化、建筑文化等。

（2）制度文化是人类在社会实践活动中建立的各种社会组织、规范和制度，属于中层文化。例如，人际关系中的礼俗文化、行为方式等。

（3）心理文化由人类在社会实践和意识活动中长期形成的价值观念、思维方式、宗教信仰、社会心态以及审美情趣等多种因素构成。心理文化将与人类息息相关的内容借助一定的媒介升华为精神性的观念形态，故又被称为"心态文化""观念文化"，属于深层文化。

（三）共同性

文化是人类改造自然、改造社会的实践活动在物质、精神方面所取得成果的总和。文化是全人类所共同创造的，又为全人类所享有、继承，因而文化具有人类共同性。物质文化以物质实体反映人对自然界进行的利用和改造，因而具有非常明显的人类共同性。不仅物质文化具有人类共同性，在不同社会环境中形成的制度文化、行为文化、心态文化，彼此之间也具有可借鉴性。例如，科学技术发明、科技产品以及先进的管理方式等已经成为全人类共有的文化；具有永恒生命力的文学艺术作品会受到东西方人们的普遍欢迎和喜爱，如西方莎士比亚的作品、我国曹雪芹的《红楼梦》等文学艺术作品受到古今中外读者的喜爱；一些净化生存环境、维护公共卫生等的社会公德与行为规范也普遍得到人类接受。

（四）宗教性

文化具有显著的宗教特性。在人类的发展史上，宗教与政体长期共生共存，两者有时互相利用，有时则政教合一。基督教有过相当长时间的教会统治，而伊斯兰教也曾经在相当大的地域中以教立国。宗教对政治具有不可忽视的影响，因而对文化产生重要影响。物质文化、制度文化、行为文化、心态文化等各种类型的文化都与宗教有着密不可分的联系。例如，建筑、服饰、饮食等物质文化由于受到不同宗教的影响而具有明显不同的风格；宗教对人们的思维、信仰、意识形态有极大的影响力，宗教文化统治了整个欧洲中世纪社会文化的各个方面；基督教、伊斯兰教都曾经长期渗透于社会规章制度、组织形式以及其他形式中。

---

① （① 李建军. 文化翻译论 [M]. 上海：复旦大学出版社，2010：7.）

（五）民族性

虽然文化的共同性决定了某些文化能够为全人类所有，不过文化首先是民族的，其次才是人类的。实际上，就文化的产生与存在而言，文化原本都是民族的。因为人类的文化总体上来看就是由各民族文化共同来构成的。从不同民族的角度出发来分析文化，其自然就具有民族性。民族是一种社会共同体，因此越是古老的社会，文化所具有的民族性就越鲜明。斯大林指出，"一个民族，一定要有共同的地域，共同的经济，共同的语言及表现共同心理的共同文化这里所说的共同地域、共同经济、共同语言、共同心理，都是重要的文化元素。每个民族都有能够体现本民族特色的文化例如，蒙古族善骑马射箭，新疆维吾尔族能歌善舞等。中华民族是以汉民族为主体的多民族共同体，共同的文化正是使 56 个民族统一为一个民族——中华民族的原因。

众所周知，民族区域生态环境的不同造成了文化积累以及传播方式的不同，由此也在一定程度上影响了社会和经济生活的发展，从而形成了民族文化鲜明的"特异性"。我们以犹太民族和希腊民族为例，这两个民族在对待宗教上就大不相同。犹太民族认为，上帝支配着宇宙万物和人类社会，尽管人类的智慧是无穷无尽的，但也无法摆脱神的威力。在犹太民族的眼中，上帝被视为终极的原因和万能的神。这种思想从一开始就占据了犹太人的内心世界，进而慢慢演变成为一种根深蒂固的文化心理。与此相反，希腊民族在人与神的关系这一问题上追求着一种理想与现实的统一，即人与神的和谐统一，这与中国道家"天地与我并生，万物与我为一"的思想如出一辙。如果我们将犹太民族的《圣经》与希腊民族的神话相对照分析的话，就很容易发现犹太民族唯上帝旨意是从，决不会有丝毫的怀疑与违背。而希腊神话表达的则是一种现世的享乐精神，因为人的爱就是神的爱，人的精神就是神的精神口这种不同的文化心理反映在民族性格上，就是犹太人比较孤独执着而希腊人比较活泼开放同样，如果我们把西方文化同东方文化加以比照，我们将发现东西方民族的文化差异更为显著。

（六）时代性

不同的时代有着不同的文化，这是因为任何文化都是在历史发展演变的过程中产生的。也就是说，不同时代产生的自然文化、人文文化和科学文化构成人类文化的生态结构。

（I）在远古时代，人类社会的生活十分简单，他们驯养动物、种植植物、创造文字。原始人引导远古人类进入古代文化的发展时期，创造了原始文化可以说，原始人面临的自然条件基本是一样的，文化以自然物为载体，没有地域的限制，是一种自然文化。

（2）人类进入农业社会以后，对自身价值的认识有了很大的提高和深化，于是产生了人文文化。另外,各个民族、各个地区的生产力发展水平参差不齐,并且这种不平衡必然会反映在社会形态、民俗风情、文学艺术、道德伦理以及宗教信仰等方面,使得人文文化具有了民族性。

(3) 欧洲工业革命之后,蒸汽机的发明、产业革命的完成,促使人类进入近代文化历史阶段,催生了资本主义文化在此阶段中,科学技术在人类社会中的作用日益重要。科技的发展带动了社会的发展,影响着人类生活的方方面面。因此,科学文化在人文文化的基础上应运而生。以近代和现代科学技术为核心的科学文化具有较强的时代性。

由此可见,文化的时代性就在于它动态地反映了人类社会生活和价值观念的变化过程换句话说,文化的依次演进实际上是一个"扬弃"的过程,文化的不断发展,实际上是对既有文化进行批判、继承和改造的过程在某些历史时期看来是先进的文化,在后来的历史时期就失去了先进性,成为落伍、落后的文化.并且被更为先进的文化所取代。例如,汉语中的"拱手"一词,在历史上"拱手"是男子相见时表示彼此恭敬的一种礼节,该词产生于传统的汉民族文化现象中。然而,由于时代的发展和历史的变迁,这种礼节上的动作到今天已经基本上不用了,当前社会中人们相见时的礼节一般为握手、鞠躬等。因此,"拱手"一词在当前社会已经不具备实际意义了,而只是作为文学作品中用来传达某种情感意向的符号而已。

文化的时代性同样可以在英语中找到例证,如英语习语 take eggs for money (上当受骗),这一习语来源于古时候的英格兰地区当时英格兰地区的鸡蛋非常多.可随处得到,所以"用钱买鸡蛋"就被认为是一种愚蠢的行为,是上当受骗了。随着时代的发展以及生态环境的巨大改变,这一情况在当前社会已经无法被人接受,该习语自然也就失去其实用的功能和意义了:总之,文化发展的基本趋势是随着时代的前进而不断进步的,但是在某个历史阶段上,也会出现文化"倒退"的现象.例如,我国明清时期"文字狱"对文化的禁锢;欧洲黑暗的中世纪对文化的专制。但这只是文化发展过程中的暂时现象,不会改变文化随着时代的发展而不断进步的历史趋势。

(七) 阶级性

文化的发展是一个历史演变的过程,我们可把文化的历史分为两个阶段进行分析。

(1) 在无阶级社会里,文化活动是由群体创造的,因而反映这些群体活动的人类文化也带有该群体的共同特征,并为群体所共享。

(2) 进入阶级社会后,很多重要的文化现象(主要反映在意识形态领域)都在不同程度上带有阶级的色彩,某些文化被部分利益集团所占有,有的甚至带有

"反文化"性质。比如,在资本主义社会里,教育、科技等文化成果不仅成为资产阶级的专利品,甚至成为其剥削工具。马克思指出:"每当资产阶级制度下的奴隶和被压迫者起来反对主人的时候,这种制度的文化和正义就显示出自己真正的凶杀面目。那时,这种文化和正义就是赤裸裸的野蛮行为和无法无天的报复行为。"

由此可见,在阶级社会中部分文化具有"阶级性"。不过,人首先要成为人,是一个合乎人的标准的人,然后才能由于受到后天环境的影响而打上阶级的烙印。因此,在阶级社会里大部分文化现象仍然具有人类共同性。

(八)历史继承性

文化是社会历史的沉淀物,是特定历史时期的时代文化,是一种历史现象。因为历史是随着时间的发展而变化发展的,故文化具有很强的历史继承性。人类的每一代人都会继承原有的文化,并在此基础上发展自己的新文化,对社会文化的发展做出应有的积极贡献,由此也导致了历史上文化的不断扬弃和更新。例如,各个国家都有自己的节日、喜庆日,中国在这样的日子里挂红灯就是中华民族数千年来传统文化延续的表现。再如,中国青年逐渐接受了西方新娘穿白色婚纱礼服的习俗,其代表着美丽和圣洁。此外,中国历史上有科举取士的制度,如今人们保留了通过考试选拔人才的形式而扬弃了旧八股文的考试内容,代之以现代科学知识来检测人们掌握知识的程度。

三、文化的分类

文化根据不同的分类标准有着不同的分类形势,下面主要介绍根据角度与层次进行的文化分类。

(一)根据角度进行分类

从不同的角度可以将文化分为不同类型,下面列举一些比较常见的文化分类。

1. 广义文化和狭义文化

在文化分类的众多观点中,比较有代表性的观点认为,可以从两个结构和范畴去理解文化,即将文化分为广义的文化(大写的文化 Culture with a big C)和狭义的文化(小写的文化 culture with a small c)。

(1)广义的文化是指人类在社会历史发展过程中所创造的物质财富、精神财富的总和,可以分为物质文化、制度文化和心理文化三个方面。

(2)狭义的文化是指人类普遍的社会习惯,如衣食住行、风俗习惯、生活方式、行为规范等。

2. 外显文化和内隐文化

克鲁伯和克拉克洪(Kroeber & Kluckhohn)将文化分为外显文化和内隐

文化。

（1）外显文化就是指眼睛看得见的文化。例如，有关衣食住行、社交活动、宗教、礼仪、语言交际、文体活动等。

（2）内隐文化是指一种眼睛所看不见的文化，它通常是指隐藏在习惯性行为、语言行为后的价值体系、思想观念。

克鲁伯和克拉克洪认为，只有真正理解了内隐文化，才能有助于对文化本质的理解。

3. 信息、行为和成就文化

哈默利（Hammerly）对文化作了三个方面的分类。

（1）信息文化。指国家的历史、英雄人物、地理等。

（2）行为文化。指人们的行为、态度、生活方式等。

（3）成就文化。指传统的艺术成就、文学成就等。

4. 知识文化和交际文化

张占一（1990）认为，文化可以分为知识文化和交际文化。

（1）知识文化是指两个文化背景不同的人进行交际时，不直接影响准确传递信息的语言和非语言的因素。

（2）交际文化则是指两个文化背景不同的人进行交际时，会直接影响信息准确传递（即引起偏差或误解）的语言和非语言的文化因素综上所述可知，文化是人类群体不断演进的生活方式，包含一套共有的生活实践体系，这一体系与一系列共有的文化产品有关，以一套共有的世界观念为基础，并置于特定的社会情景中。对于我国英语学习者来说，英语教学里的文化主要是指英语国家的历史、风土人情、生活方式、传统习俗、文学艺术、地理、行为规范和价值观念等。由此可见，这里的文化是广义的，并且既包含知识文化，又包含交际文化。

（二）根据层次进行分类

文化，尤其是广义文化所指对象如此庞杂，形成了包含多层次、多方面内容的统一体系。对此国内外学者在进行文化研究中，曾对"文化"进行过多种结构层次的分析，下面我们采用物质、制度、行为、心态四层次结构进行分类。

1. 物质文化

物质文化是指人类在社会实践中的物质生产活动以及产品的总和，即"物化的知识力量"。它是人类知识和技术的"物化"，它以满足人类最基本的生存需要——衣、食、住、行为目标，直接对自然界进行利用改造，最终以物质实体反映出来。它是可感知的、具有物质实体的文化事物，如建筑、工具、器皿等。物质文化直接反映人与自然的关系，反映人类对自然界认识、把握、利用、改造的深入程度，反映社会生产力的发展水平。物质文化构成整个文化创造的基础。

2. 制度文化

人类在社会实践中建立的各种社会规范和组织体现了文化的制度层面。人类在创造物质文化的过程中逐渐形成一定的规章制度，这些制度即服务于物质财富的创造，又对物质财富创造者有约束作用。随着这样的社会环境不断发展进步，一系列用于规范人类行为的"制度"被制定出来，如婚姻制度、社会经济制度、家族制度、政治法律制度，随之产生的还有大量组织结构，如国家、民族、政治、宗教、科技、艺术、教育等。总而言之，文化的制度层指的就是人类社会的制度法则。

3. 行为文化

文化的行为层面主要是指人类在长期的实践交往过程中约定俗成的一些行为模式，主要体现在民风民俗方面，通常具有鲜明的地域、民族特色，如中国文化中的婚葬嫁娶、待人接物的礼仪等，这些行为文化往往是由少数人发起，在集体中得到认可和使用，经过几代人的传承和发扬，最终成为一种民俗，这些民俗构成了文化的另一层面，即行为文化层。换句话说，行为文化指人类在社会实践中，尤其是人际交往中约定俗成的习惯性定势，以礼仪习惯、民俗风俗、宗教信仰、教育娱乐、社会生活方式等形态出现的见之动作的行为模式，它是一种社会的、集体的行为，不是个人的随心所欲。

4. 心态文化

心态文化层是文化的最高层次，是文化的核心部分。心态文化指的是人类在长期的社会实践和意识活动中形成的价值观、审美观和思维方式。不同的地域或民族，其宗教和历史背景也不相同，人们的思维方式和审美价值观自然也存在很大差异。心态文化层可细分为社会心理和社会意识两个层面。

（1）社会心理指的是社会群体的精神状态以及思想面貌。

（2）社会意识是较社会心理更高一层次的文化，是在社会心理的基础上进行总结、归纳而来的思想文化结晶，即著作或是艺术作品，可以说心态文化层构建的情况可以反映出一个民族的文化水平状况。

四、文化的功能

文化是人类生活的重要组成部分，对于其功能的了解有助于人们深化对文化的认识。

（一）教人为人处世的道理

文化的功能之一是教会我们为人处世的道理。人作为一个独立的个体，从出生的那一刻开始就生活在了一种文化氛围之下。文化为我们提供了现成的行为模式，其教导我们按照特定文化的行为准则去进行一些行为，以便让同一社会的全体成员可以接受自己的行为方式。人这一个体在自身所在的文化氛围的熏陶下，会逐步形成一种本文化或本民族的思维模式、行为准则、生活方式、道德规范以及交往方式，进而形成与本民族文化相符合的世界观、人生观和价值观。唯如此，才能使得个体在特定的社会和文化中应付自如。

如果没有文化的约束和指导，人便无法正常与他人交往和相处，自然会觉得无所适从甚至失落无助。长此以往，整个民族或者社会就会变得混乱无序、凌乱不堪。这是因为，没有文化就没有特定的行为模式，人类就会与世界上其他的动物一样，无法运用自身的智慧进行生存上的竞争或自我防卫，终日挣扎在未知的混沌世界中。

总之，文化能教会我们每一个人最充分地利用人类自身这个物种历经数百万年的进化而积累起来的智慧，使我们能够与他人、与社会、与自然明智而和谐地相处，面对复杂而艰险的生存环境能够从容应对、处变不惊，从而使人类社会以及人类自身健康、顺利地向前发展。①①

（二）人生于世的基本需求

发展到今天的文化已经成为人类的基本生活需求。文化发展是神速和广泛的，文化的因素已经渗透到人类生活中的方方面面，成为了人类生活的必需品。相关专家认为，现今的文化已经发展到这样一种程度，其可以成为满足人们三种需求的主要手段。

（1）基本需求，包括住所、食物、人身保护等。

（2）派生需求，包括食品分配、工作或生产组织、防卫、社会监控等。

（3）综合需求，包括心理上的安全感、生活目标、社会和谐等。

虽然由于文化的差异性导致满足这些需求的方式有所不同，但人们求助于文化的理由却是一致的，即利用文化帮助自己在情感以及生理方面正常而健康的生存下去。

（三）认识世界的有力武器

①文化能够帮助我们正确地认识世界。人通过文化的约束与熏陶会形成一个正确认识世界的人生观和价值观，从而更有利于自身发展并推动人类文化的进步。著名人类学家威廉·哈维兰德（William Haviland，1993）说过这样一句话："... people maintain cultures to deal with problems or matters thal concern them."，这句话的意思是说，人们维系并传承文化，其目的在于应对、解决与文化相关的难题或问题。当今世界中，人们有一个普遍的共识，即"文化之所以问世、进化以及发展的原因，就是因为文化可以为人类、为每一个生在这个世界

---

① （①李建军. 文化翻译论 [M]. 上海：复旦大学出版社，2010：10.）

的人展示一个可以预知的世界。也就是说，文化使人们清楚的认知和了解自身的周边环境，包括自然地理环境、社会经济环境以及人文环境，使人们可以在这样的环境中通过恰当的方式与他人、与自然、与社会交往并安全、顺利的生存下去。"②①

第二节 语言与文化的关系

文化和语言的关系一直是语言界、文化界和外语界热议的话题，许多学者对此都曾提出过自己的看法和观点。下面介绍其中比较有影响力的说法。社会语言学家哈德森（Hudson）认为文化和语言之间是一种交叉关系，他曾对语言下过这样的定义："我们通过直接学习或观察他人的行为而从他人那里学到的知识。"③②可见，哈德森将文化分为以下三类。

（1）个人通过观察他人的言行，从他人那里学到的知识。

（2）个人通过直接学习或是自身体验而获得的知识。

（3）人们共享的普遍认同的知识，不需要互相学习得来，如饿了要吃饭、渴了要喝水等。哈德森认为，语言并非完全通过文化得来，一部分是通过个人总结自身经验或直接习得的，因此哈德森所说的文化和语言的交叉部分便是个人从他人习得的语言。

尽管对于文化和语言关系的看法众说纷纭，但是有一点可以肯定的是文化和语言是不可分割的一个整体。语言是人类社会交际的最重要工具，人类通过语言来认识世界，使用语言作为社会生活的媒介，运用语言进行日常社会交际，组织生产生活，表达思想和抒发感情。文化与语言是不可分离的，语言在社会发展的各个阶段反映着文化，并将其一层层地沉积下来，世世代代相传，成为知识和文化的载体。

此外，文化语言学是从文化学角度对语言进行的研究，把语言看作民族文化的模式和构成民族文化的符号系统，旨在揭示隐藏在语言形式、语言结构、语言运用和语言变化背后的文化内涵。文化语言学认为，人类的文化世界就是语言世界，语言与文化有一种"互塑互动"的作用，要想透彻了解语言的文化属性、文化功能以及文化对语言的影响，就必须深刻揭示语言和文化的关系。因此，语言和文化的关系就是文化语言学研究始终关注的焦点，也是文化语言学的研究对象。

---

① （②李建军. 文化翻译论［M］. 上海：复旦大学出版社，2010：10.）
② （③贺显斌. 语言与文化关系的多视角研究［J］. 西安外国话学院学报，2002.（3）：22.）

一、文化对语言的影响

文化对语言的影响表现在：文化是语言形成和发展的基础，也是制约语言运用的根本。

（一）文化是语言形成和发展的基础

文化与语言的形成有着密切的关系，文化是语言形成和发展的基础，没有文化的语言是不存在的。萨丕尔在《语言》中曾指出，"语言不能脱离社会继承下来的观念，不能脱离文化而存在"。由于语言中的很多方面（如句法结构、词汇意义等）都包含着许多文化因素，因此现代的文化学家认为，语言是一种文化行为。

中西方文化研究比较表明，中国人是以综合性思维为主导，西方人则是分析性思维。前者重悟性，后者重理性。这种思维方式的差异表现在语言上则是汉语结构以意统形，没有形态变化，断句不严，句子结构没有焦点，强调按时间顺序和事理排列，内容上自足，语义、语用因素大于句法因素。而西方语言注重句子结构的完整性，形态有变化，句界分明，句子以限定动词为核心控制各种关系，语言组织丰满，力求言能尽意。从总体上说，汉语是综合性语言，强调语言环境对理解语意的重要性，西方语言是分析性语言，语句本身就表达了一个完整的意义。

词汇是构成语言的基本组成部分，因此文化对语言的影响作用主要是通过词汇表现出来的。例如，由于骆驼在阿拉伯人的生活与文化中起着很重要的作用，因此在阿拉伯语言中至少有 6000 个词汇来表示骆驼的各个部位以及与骆驼相关的各种装备。再如，由于雪的气候条件在因纽特人的生活中有着至关重要的作用，因此在因纽特人的语言中出现了很多种词汇来表示雪地上的洼雪（aput）、正在下的雪（gana）、正在堆积的雪（pigsirpog）等。然而对于一个斐济人而言，甚至没有一个词汇来表示雪的概念，这是因为斐济人常年生活在热带条件下，终年见不到雪，对雪没有任何的概念。可见，一个民族特有的文化背景和地理环境使得该民族语言中出现了一些特有词汇。

（二）文化是制约语言运用的决定性因素

语言的运用受到一系列因素的制约，其中文化是主要因素。众所周知，语境是理解语言的先决条件，而文化则是其中最大的语境，不同的文化背景对语言的理解和运用有着一定的制约作用，同一话语由于不同的文化背景则具有不同的含义，因此了解文化是避免误解言语的必要环节。例如，在汉语言中，朋友、同事见面后都会进行寒暄"早上吃饭了吗"、"一早到哪里去呀"，尽管在汉语言中这仅仅是一种问候的话语，能够使人感到亲切、友好，有利于朋友和同事间联络感情；但是同样的这些话在西方的文化中却不然。如果早上见到一个外国人直接问候"Have you had your breakfast?"他们会以为你要请他吃饭；如果问他"Where are you going this morning?"他会认为你要打探他的个人私事，会感觉不友好。可见，文化在语言运用中起着非常重要的作用。因此，在语言运用的过程中，需要深入地了解一下目的语语言中的文化，进而确保高效、成功的进行交际。

另外，即使在相同的文化背景下，语言文字的运用也会受文化的制约，汉语中的避讳就是一个典型的例子。避讳产生于儒学作为封建社会精神支柱的历史年代。儒学的三纲五常是一种严格的道德规范，与此相适应的是汉语文献中人名、地名、职名、书名等改字避讳的现象非常普遍，对君主、圣人、尊长不但要避他们姓名中的同字之讳，甚至还要避同音字之讳。例如，嫦娥本姓恒，改称嫦娥是为了避汉文帝刘恒之讳；东汉名妃王嫱（昭君），改称明君是为了避晋文帝司马昭之讳；庐山又名匡庐，改称康庐是为了避宋太祖赵匡胤之讳。此外，从民俗学角度来看，避讳也适用于那些隐含不吉利意义的词，如广州话管牛、猪等的肝、舌分别叫润、利；因为肝、舌的同音干、折（蚀）有不吉利意义。上海话管鹅叫白乌龟，因为上海话鹅、我同音，"杀鹅"成了"杀我"。

文化发展对语言的促进和制约作用表现在新词的出现、旧词含义的变更上。

（1）新词的出现。随着科技文化的发展，大量新词进入了人类语言中，如"3G""Wi-Fi技术""蓝牙""安卓"等。

（2）旧词含义的变更。随着时代的变化，语言中有很多词语被赋予了新的内涵或词义发生改变，如"同志"一词古时候指志同道合之人，建国初期指有共同信仰的人，现在还可以指同性恋者。由此可见，文化因素是语言演变的主要动力。

二、语言对文化的影响

语言对文化的影响主要包括：语言是文化的重要组成部分和语言反映文化两个方面的内容。

（一）语言是文化的重要组成部分

语言是文化的重要组成部分，主要体现在以下三个方面。

（1）从文化的内涵可以看出，文化包括物质文化和精神文化。物质文化中语言的作用并不明显，但语言对于精神文化的建设至关重要，精神文化需要语言来表达，需要语言来记载，语言是精神文化得以产生和发展的必要前提之一。因此，可以说语言本身便是文化的一个特殊组成部分。

（2）语言与文化不是生来就有的，是后天习得的。

(3) 文化具有民族性的特点,而语言也同样具有民族性。

以上的这些都充分说明了语言是文化中的一个重要组成部分。

(二) 语言反映文化

语言是一种表达符号,表达人们的思维、认知、交际等,在这个过程中反映不同层次的文化,语言不仅是文化的记录者,还从不同方面反映了各式各样的文化,下面我们就从生存环境、价值观念、风俗习惯和宗教文化、社会现实五个方面来分析语言是如何反映文化的,进一步加深对语言与文化密切关系的认识。

1. 语言反映生存环境

语言的形成与一定的自然地理环境有着密切的关系,特定的地理环境造就了特定文化,特定文化反映在语言中形成特定的表达。因此,语言反映了特定的生存环境。例如,英国是一个岛国,人们靠航海、捕鱼为生,因此产生了很多与航海、捕鱼等词汇有关的经典习语和谚语,如表2-1所示,这些关于海洋、捕鱼的表达充分地反映了英国海洋文明的生存环境和生活方式。

表2-1 有关航海、捕鱼的固定表达

词组	字面含义	比喻含义
poor fish	可怜的鱼	可怜虫
with flying colors	打胜仗的战船归来时彩旗高挂	成功地,凯旋地
any port in a storm	船遇上风暴时只要有个港口,不管好坏,能避开危险就行	危急时任何可解脱的办法
see how the land lies	看清海岸的走势后才确定航线	摸清情况,查清底细
take the wind out of somt'one's sail	船在航行中抢其他船的风路	先发制人,占上风

(资料来源:严明,2009)

2. 语言反映民族的价值观念

语言是民族文化的载体,语言能够反映不同民族的价值观念。

西方原始居民以游牧和狩猎为主,狗在西方有着很重要的地位,被看作是人类的朋友,英语中有很多用狗的词汇来表达人们的日常行为,如 love me, love my clog(爱屋及乌),work like a dog(拼命地工作)。然而,在中国的汉文化中,关于狗的表达中贬义的较多,如狼心狗肺、狗嘴里吐不出象牙等。中国自古以农耕为主,对于中国人的汉文化民族心理来说,牛则是人们耕种的好帮手,关于牛的表达中褒义较多,如俯首甘为孺子牛等。

可见,从不同的语言表达中可以发现一个民族的传统与好恶,因此语言反映民族的价值观念。

3. 语言反映风俗习惯

风俗习惯是社会群体经过长期的共同生活所创造并且共同遵守的生活和行为习惯，是一种社会文化现象可见，风俗习惯的形成过程离不开社会群体的语言表达，而语言的表达中也会反映一定的风俗习惯民间的风俗习惯包括生活方式、社会礼仪、婚姻传统、迷信等。例如，汉语中常用的语言表达"先来后到"、"人敬我一尺，我敬人一丈"，反映的是中国人的处世态度和行为习惯再如，中世纪的英国人习惯把盐罐子放在餐桌的中间，贵宾一般坐在盐罐子的上手，即 above the salt（意为"处于尊敬的地位"），一般客人坐在下手，即 below the salt（意为"处于无足轻重的地位"）。

4. 语言反映宗教文化

宗教文化是文化价值体系的内核，不同的语言都能够反映其所在文化的宗教观念。

汉语文化受佛教和道教的影响颇深。西汉末年佛教传入中国，汉语中便随之出现了一些与佛教有关的语言表达，如"大慈大悲""不看僧面看佛面""放下屠刀，立地成佛"等。同样，道教对汉语的习语文化也有很大的影响，汉语中有一些习语源自道教教义，如"灵丹妙药""道高一尺，魔高一丈"等。"道高一尺，魔高一丈"蕴含的意思是警示世人，人的一生中所面临的困难是无穷尽的，人们每次获得成功的时候都会遇到新的困难和障碍。

然而，英语的语言和文化深受基督教和《圣经》的影响，其中很多习语源于基督教教义和《圣经》经文，如表2－2所示。

表2－2 英语中关于宗教的表达

词组	意义	隐含意义
by God	天呐！上帝啊！	表示不相信、惊奇、烦恼等
good God	天呐！哎呀！	增强惊奇、烦恼或乐趣的语气
please	但愿	强调对未来的希望
for God's sake	看在上帝的份上！	天呐！求求你
so help me God	我答应，我发誓	强调说的是真话

（资料来源：严明，2009）

5. 语言是反映社会现实的一面镜子

语言是反映社会现实的一面镜子。透过语言，可以了解人类社会的各种文化形态。

以亲属称谓为例。称谓方式受民族风俗的影响，从而反映了各社会的家族结构及各家族成员在社会关系中所处的地位：美国人类学家威廉·A·哈维兰（William A. Havilland）在《当代人类学》中将世界上不同的亲属称谓制度归纳为六种：爱斯基摩制、夏威夷制、易洛魁制、奥马哈制、克劳制和描述制。在这些不同的称谓制度中，除核心家庭成员（如父亲、母亲）外，同一家庭成员的称谓在相同的社会关系中没有相同或相应的词语表达，如爱斯基摩制强调核心家庭，特别分出母亲、父亲、兄弟和姐妹，并把其他的所有亲属、姨母和姑母、叔伯舅舅和堂（表）兄弟，合而统称之，不加区分。而在夏威夷制中，同代同性别的亲属都用同一称呼；在一个人父亲的那辈中，一个人的父亲，父亲的兄弟和一个人母亲的兄弟都合用"父亲"一个词来称呼。同样地，一个人的母亲，母亲的姐妹和一个人父亲的姐妹都称为"母亲"。在自我一辈中，堂表兄弟和堂表姐妹是通过性别来区分的，都称为兄弟和姐妹。夏威夷制反映了这种社会缺少单系继嗣，而通常与两系继嗣有关。汉语的称谓是详尽而又具体的，赵元任先生在《中国人的各种称呼语》一文中列举了114种亲属的称呼语，各种又有正式名称，直称及比较文气的称呼；使用何种称谓，视交际场合及交往双方关系的亲、疏而定。

（三）语言是衡量文化水准的尺度

文化有雅、俗之分，语言也有雅、俗之分。语言的雅、俗之分在相同的民族文化背景下的不同阶层中表现得尤为明显。由于各阶层所受的文化教育不同，因而他们所使用的语言也有很大的差异。在某些特定的环境中，语言可能成为具有某一文化范畴的社团或群体的特征。正如美国语言学家萨丕尔（Sapir）在《语言》中所说的那样："语言有一个环境。使用语言讲话的人属于族（或许多族），也就是说，属于身体特征不同而与其他集团分开的集团。"从某种角度上说，语言是身份的象征。社会学家巴兹尔·伯恩斯坦（Basil Bernstein）对美国各层社会中的语言进行比较后发现，下层社会的人习惯使用比较有限的语言代码，他把这种语言叫"大众语言"。与这相对的是中上层社会人士使用的"正规语"。一般说来，大众语言不太准确，概念性差，较少地使用非人称代词"某人"。但大众语言比较生动，表达更有力和更直接。相比之下正规语言有较丰富的表达形式和象征性概括，能表达各种事物的细微差别。

三、文化与语言的相互影响

文化与语言之间是相互影响、相互制约的，文化的发展离不开语言，语言的发展同样需要文化的推动，下面我们对其展开具体的分析。

（一）文化的发展离不开语言

任何文化的记载和传承都是通过语言来完成的，不同文化之间的交流和沟通也是通过语言来进行的,可见语言是文化发展的前提和必要条件。正是借助语言,文化的各个组成部分,如思维、教育、政治、法律、艺术、风俗习惯等得以代代传承。

语言和文化有可变性的一面,语言总是民族的语言,具有民族性,文化总是民族的文化,也具有民族性,但它们都不可能是完全封闭、一成不变的。首先,社会总是在不断发展变化,社 的发展变化归根到底是社会文化的发展变化,语言既然是文化的表现形式,文化的发展变化就不可能不在语言中有所表现。其次,从文化交流方面看,民族文化交流的先导也是语言,没有语言和语言之间的翻译就无法进行文化交流。语言的翻译实际上是语言符号形式的转换和意义的借入,在这种转换和借入过程中也为译语一方带来了外族文化。各民族语言在同其他民族的文化交流中不仅吸收了大量的外来词,也吸收了不少外语的语法成分和语法手段,有时文化的接触还会导致语言面貌的变化。

(二)语言的发展需要文化的推动

文化是语言发展的动力,社会文化的进步可以带动语言的进步,语言体系的发展和完善归根结底来源于文化的不断充实。例如,随着科技文化的发展,科技语言中随之出现了大量的新兴词汇,如"3G""Wi-Fi技术""蓝牙""安卓"等。这种现象在语言中十分常见,这样的例子比比皆是,由此可见,文化因素是语言演变的主要动力。

语言作为文化符号的载体,是一种具有工具效能的知识体系,也是人类对客观世界认知的符号系统。就民族文化而言,民族语言则是它最基本最重要的表现形式之一。在一定意义上可以说,民族语言就是民族文化的模式体现,是民族文化的天然"图腾"。习得一种语言就意味着习得一种文化,要想了解一种文化就必须学习表现这种文化的语言。语言对于文化的建构和传承是以符号的体系形式整体发挥作用的,这使二者具有"同一性"的关系,一种语言的产生、分布、流传总是与相应文化的产生、分布和流传在时间和空间上相一致。语言本身就是一种文化力量和文化模式,人们自幼习得了这种语言,也就把其中包含一切文化观念、文化价值、文化准则、文化习俗的文化符号深深地融进了自己的思想行为中。

第三节 文化差异的语言表现

由于中西方在思维、历史、地理、宗教等方面的文化差异性,语言在表达的过程中也受到了其影响。本节主要对文化差异的语言表现进行分析。

一、思维文化差异的语言表现

概括来说，西方人的思维趋向于个体思维、抽象思维和直线型思维，而中国人则趋向于整体思维、形象思维和螺旋型思维这些思维差异在英汉两种语言中有着明显的反映，在英汉句式结构和篇章布局中都表现得很明显。

（一）句式结构不同

1. 英语形合与汉语意合

中西方思维差异在句式结构上最直接的体现就是英语注重形合（hypotactie）．而汉语注重意合（paratactie）。

（1）英语形合

形合是指句子结构组成部分的完整，结构安排遵循逻辑顺序，句法结构严谨合理。英语的句子通常是以主谓宾为主干，并以此为中心扩充多个从句或短语，句子的各个成分层层搭架，整体上呈现一种由中心向外铺开的空间结构。

（2）汉语意合

意合是指句子内容和含义上的完整。汉语往往不太看重句子结构上的完整，只要能够将意思表达清楚便可。不同于英语句式的发散式结构特征，汉语句子往往是按照时间顺序安排句子结构，以流水式结构层层铺开。

2. 英语句子先部分后整体，汉语句子先整体后部分

西方人注重个体思维和中国人注重整体思维的这一差异反映在句子结构上就是：英语句子部分先于整体，汉语句子则先整体再部分。例如，在表达时间和空间的顺序上．汉语遵循从大到小的规律，英语则正好相反。英语描述时间的顺序为：分—时日—月—年，汉语的顺序则为：年—月—日—时—分；英语描述地址的顺序为：街道—市—省—国家，而汉语则为：国家—省—市—街道。再如，在人名的结构顺序安排上，中国人的名字是先姓氏后名称．而西方国家的人名通常是先名称后姓氏．因为在中国人的传统观念上，代表整个家族意义的姓氏要比代表自己的名重要，姓氏自然要放在名字的前面；西方人更看重"个体"的地位，因此名放在姓的前面。

（二）篇章布局不同

前面我们指出，中国人倾向于螺旋型思维．这使中国人在表达观点时更加含蓄、委婉，即通过旁敲侧击的方式来让读者自己得出与作者一致的意见，而很少直接表明观点。与此不同的是，西方人的思维方式直截了当，喜欢在文章开头便点明要点，然后从正面的角度直接论述，清楚地摆明自己的观点因此，在文章的布局上基本属于头重尾轻型。试比较下面两段语言。

（1）Because most of our production is done in China now, and uh, it's not really certain how the government will react in the run-up to 1997, and since I think a certain amount of caution in committing to TV advertisement is necessary because of the expense. So, I suggest that we delay making our decision until after Legco makes its decision.

(2) I suggest that wr delay making our decision until after Legco makes its decision. That's because I think a certain amount of caution in committing to TV advertisement is necessary Because of the expense. In addition to that, most of our production is done in China now, and it's not really certain how the government will react in the run-up to 1997. 通过对比可以看出，段（1）的表达十分含蓄，他先把与结论有关的原因一一列清之后才点明自己的真正意图。而段（2）则开门见山，直奔主题、他先提出结论，再摆明原因，与段（1）形成了鲜明的对比。事实上，段（1）就是中国商人在进行商业会谈时使用的语言，而段（2）则是美国商人在进行商业会谈时使用的语言。

二、历史文化差异的语言表现

一个民族语言的形成、发展过程也是其历史发展的过程，语言不可避免地会受到历史的影响。因此，不同的历史文化在语言中有着明显的体现，主要表现在两个方面：语言记载历史事件和反映历史文化。

（一）语言记载历史事件

历史典故是语言文化中的一个重要组成部分，也是不同民族传统文化的精华，在汉语和英语中，有许多成语、习语都源于历史事件或是文学著作。中国的文学典故大都来源于古代文学名著或是民间传说神话，也有部分来自传统体育娱乐方面，如象棋或是戏剧等。"楚河汉界""一马当先""步步为营"等都是跟中国象棋有关的成语，"真是马后炮"也是来源于象棋的习语。"鞠躬尽瘁""三顾茅庐""乐不思蜀""言过其实"等成语则是来自中国古典名著《三国演义》。

西方文化的典故大多来自于莎士比亚戏剧，古希腊、罗马神话以及一些历史人物传记等，如 burn one's boats（破釜沉舟），即自绝后路的意思，在古代的战争中有这样一个传统，将军会命人烧毁船只来断绝自己的后路，以示不胜则亡的信心，并通过这样的做法来鼓励士兵的士气。公元前49年，古代有名罗马将军凯撒（Julius Caesar）在征战罗马执行官庞培时，就曾下令焚舟，以示必胜的决心。再如，swan song（临终绝笔），字面意思为"天鹅之歌"，这个成语源于希腊成语 Kykneion asma，在希腊神话中，太阳神阿波罗（Apollo）不仅是光明之神，因为他多才多艺，同时又是诗歌和音乐之神，阿波罗的神鸟是天鹅，因此天鹅这一形象常用来指代文艺 传说天鹅平素不唱歌，只有在临死前才会引颈吟唱，歌声婉转哀伤，凄美动人，这是天鹅唯一一次也是最后一次歌唱，于是西方国家便借用这一典故来比喻诗人、作家或是作曲家临终前的遗世之作，或者演员、歌唱家离别舞台前的最后一次演出。英国文豪莎士比亚、乔叟等在其文学作品中都曾借用过这一典故，如莎翁笔下四大悲剧之一《奥赛罗》（Othello）中.雅戈（Iago）之妻爱米莉亚（Emilia）在关键时刻勇敢地将丈夫的丑行公布于众，在临终前，爱米莉亚将自己比作一只天鹅，唱完自己人生最后一支歌。

（二）语言反映历史文化

英语和汉语虽然所承载的历史背景不同，但都有着极其丰富的成语或习语，因此我们可以找到很多表达方式不同，但是表达含义类似的说法。例如. Sword of Damocles 和中文的"千钧一发"有异曲同工之效。古罗马时期著名的政治家、哲学家和文论作家西塞（Cisse）在《图斯库拉的谈话》中写道：公元前 4 世纪.有个国王名叫狄奥尼修斯，他统治着西西里岛上最繁华的城市叙拉古，他拥有一座非常美丽的城堡，城堡里面有着数之不尽的珍宝：这个国王有一个大臣名叫达摩克里斯（Damocles），他经常对狄奥尼修斯说："你是人世间最幸福的人。"这样的做法引起了狄奥尼修斯的不悦，终于在一次宴会上，狄奥尼修斯质问达摩克里斯："你真的觉得我比任何人都幸福吗？那么我愿意和你交换一下位置。"于是，达摩克里斯便穿上王袍，戴上金冠，坐上了宝座，当他无意中抬头.却猛然发现头顶上正悬着一把用头发丝系着的宝剑，随时都有可能掉下并刺穿他的头顶，达摩克里斯顿觉如坐针毡、心惊胆跳、脸色煞白、浑身发抖，只想立刻逃离皇宫。国王问他："怎么了我的朋友？那把剑很可怕吗？而我每天都看见有这样一把剑悬在我的头顶上，说不定哪天有人垂涎我的权位而图谋杀死我，或者百姓会集体反对我，或者邻国派兵攻打我，风险永远和权利同在。"达摩克里斯终于体会到国王除了财富和权利之外还需要承担的忧虑匚后来，Sword of Damocles 就用来比喻临头的危险或紧急的情况。中国成语"千钧一发"来源于《汉书·枚乘传》中的一句："夫以一缕之任，系千钧之重，上悬无极之高，下垂不测之渊，虽甚愚之人，犹知哀其将绝也。"意指用一根头发悬起千钧（三万斤）的重物，同样用来比喻情况极为紧急。其他一些类似的例子列举如下。

  keep one's powder dry 枕戈待旦
  meet one's Waterloo 一败涂地
  speak of devil 说曹操，曹操到
  two birds 一箭双雕

值得一提的是，虽然有些中英习语表达看似相同，但其实意义有所差别，不能直接互译，如 lock the stable door after the horse is stolen，有许多人将其译为"亡羊补牢"，实则不妥。English Pro verb Explained 对该习语的解释是这样的：

"It is useless to take precautions after something has happened that could have been foreseen and guarded against."意思是当一些可以预见或防范的事情发生以后，再做任何的补救也是于事无补的，这显然和汉语"亡羊补牢"的含义恰好相反，可见典故来源不同，其含义也不尽相同，体现了民族文化的差异性。

历史因素对于语言的影响还体现在有关军事战争的习语方面。中国自古以来便有许多用来形容战事的成语，如"知己知彼，百战不殆""逼上梁山""进退维谷""背水一战"等。西方历史也是战争频繁，因而用来表达战事的词语也有很多。例如：

an apple of discord 不和之因
stick to one's guns 坚持立场
round-table meeting 圆桌会议
arm to the teeth 全副武装

三、地理文化差异的语言表现

地理环境主要包括地理位置、气候条件等方面。地理环境对于一个民族的文化形成起着决定性的作用，而文化因素又决定着一个民族的语言形成。下面我们从气候、地理位置以及自然资源三个方面探讨地理环境因素对语言的影响。

（一）气候条件差异的语言表现

不同的地理位置有着不同的气候特点。亚洲大陆属于亚热带季风气候，冬天低温少雨，夏天湿热；欧洲大陆属于海洋性气候，夏季凉爽，冬季温和。气候的差异对于民族语言的形成有着一定的影响。以中国和英国为例，中国处于亚欧大陆，中国的黄河流域属于典型的温带大陆性气候，其气候特点表现为：四季分明，夏天炎热，冬天寒冷，而英国位于北欧北温带，属于温带海洋气候，其特点为：终年湿润多雨，夏天不热，冬天不冷。由此可以看出，中英两国的夏冬两季气候完全相反。因此，在汉语中，形容夏天的词语有"炎炎夏日"、"酷暑难耐"、"骄阳似火"等，因为中国人眼中的夏天是炎热而难熬的。而英国的夏天十分凉爽，最高温度也不过摄氏27度，因此，在英国文学作品中往往将夏天形容得美好而惬意。再如，对中国人而言，东风是温暖的，西风是寒冷刺骨的，因为中国的东风是从温暖的海洋吹来的，而西风是从北部的寒冷大陆吹来的。与此不同的是，英国地处西半球，报告春天消息的是西风，报告秋冬消息的则是东风。这一点从英汉两首诗歌中就能看得出来。

虞美人
李煜
春花秋月何时了？

往事知多少?

小楼昨夜又东风,

故国不堪回首月明中。

雕栏玉砌应犹在,

只是朱颜改。

问君能有几多愁?

恰似一江春水向东流。

Ode to the West Wind 0 wild West Wind, thou breath of Autumn's being, Thou, from whose unseen presence the leaves dead Are driven, like ghosts from an enchanter fleeing, Yellow, and black, and pale, and hectic red, Pestilence-stricken multitudes: O thou, Who chariotest to their dark winlry bed The winged seeds, where they lie cold and low, Each like a corpse within its grave, until Thine azure sister of the Spring shall blow Her clarion o'er the dreaming earth, and fill (Driving sweet buds like flocks to feed in air) With living hues and o-dours plain and hill: Wild Spirit, which art moving everywhere;

Destroyer and preserver; hear, oh hear!

……

(二) 自然资源差异的语言表现

自然资源对于语言的影响主要体现在自然资源的分布方面,自然资源具有区域性,一些资源的匮乏或是缺失可能造成语言上的差异,如梅花历来深受中国人的喜爱,咏梅的诗句可谓数不胜数,如"遥知不是雪,为有暗香来。""梅花开尽白花开,过尽行人君不来。""宝剑锋从磨砺出,梅花香自苦寒来。"可见,梅花在中国文化中有着举足轻重的地位,它象征着一种不屈不饶,纯洁高尚的品质,然而西方国家早期是没有梅花这一花种的,因此与其相关的词汇或是记载是十分稀少的。再如,竹子这一形象也深受中国文人墨客的喜爱,古人吟诵了很多关于竹子的佳句,如"竹生空野外,梢云耸百寻。""咬定青山不放松,立根原在破岩中。千磨万击还坚劲,任尔东西南北风。""竹外桃花三两枝,春江水暖鸭先知。"等,竹子在中国文学作品中往往赋予其坚韧、清高的象征意义,但英语中我们很难找到与竹子相关的文学记载,连英语单词 bamboo 一词也是外来语。

当然,西方也有一些资源是中国没有或是后来才引进的,如玉米、洋葱和马铃薯等,洋葱和马铃薯是西方人非常喜爱的蔬菜品种,因此在英语的谚语或是俚语中有很多都涉及这两个事物。例如:

know one's onion 对自己的工作很在行

an onion will not produce a rose 乌鸦里飞不出金凤凰

a hot potato 棘手的事或情况

big potato 大人物

a couch potato 懒虫、电视迷

由于西方国家的畜牧业较为发达，农作物主要以小麦和燕麦为主。因此，牛奶、燕麦、面包等是西方国家的主食，与之相关联的语言用法很多。例如：

bread and butter 赖以生存的手段

bread is the staff of life 民以食为天

it is no use crying over spilt milk 覆水难收

milk and honey 多种多样的享受

all bread is not baked in one oven 人心不同，犹如其面

（三）地理位置差异的语言表现

中国和英语国家在地理位置上有着极大的差异，这种差异在英汉语言中也各有体现。例如，欧洲国家受地形、地势的影响，河流多是向西北方向流入大海；而中国，河水多数都是向东南方向流动的，于是就有了"一江春水向东流""请君试问东流水"和"大江东去"等佳句。以英国为例，周围稠密的河流和漫长的海岸线蕴藏着极其丰富的渔业资源使英语中产生了大量与海洋、捕鱼、航海有关的词汇及习语。例如：

to he in the same boat 一片茫然

like a duck to water 如鱼得水

Hoist your sail when the wind is fair. 好风快扬帆。

A small leak will sink a great ship. 千里之堤溃于蚁穴。

而中华民族由于发源于黄河流域，距离大海较远。因此，汉语中的"海"大多具有神秘、遥远的意义，如"天涯海角""海底捞月""苦海无边"等。

四、宗教文化差异的语言表现

（一）宗教在汉语中的表现

自古以来，中国人信奉的宗教主要有道教、佛教和儒教，这些宗教信仰的思想已经广泛而深入地影响着人们的社会生活。从人们的思想观念和文学作品中，我们可以看出宗教信仰对于一个民族的语言带来的影响。

1. 儒教在汉语中的表现

儒教又称"孔教"，起源于春秋战国时期，最早的记载出现于《史记》，其《游侠列传》中写道："鲁人皆以儒教.而朱家用侠闻"。儒教所推崇的儒学思想在中国古代哲学中处于主流地位，对中国封建时期的思想有着极其重大的影响。《辞源》对"儒"的解释为："儒"是"古代从巫、史、祝、卜中分化出来的人，

也称术士，后泛指学者"。据史书记载，孔子曾以"儒"（为富贵人家办理丧事赞礼）为业，于是后人将其创立的学派称之为"儒家"。《汉书·艺文志》记载："儒家者流……游文于六经之中，留意于仁义之际，祖述尧舜，宪章文武，宗师仲尼，以重其言，于道最为高。"按照冯友兰先生的说法，因为这个学派的人都是学者同时又是六经的专家，所以这个学派被称为"儒家"。①

儒教的创始人孔子（公元前551年—公元前497年），名丘，字仲尼，是中国哲学史上最有影响力的人物之一，儒教圣经是十三经，包括《诗经》《尚书》《易经》《仪礼》《礼记》《周礼》《春秋公羊传》《春秋谷梁传》《春秋左传》《论语》《尔雅》《孝经》《孟子》。孔教所提倡的哲学思想对于中国传统思想的形成起着关键性的作用，十三经不仅丰富了汉语文学宝藏，还被广泛应用于汉语文学作品中。

2. 道教在汉语中的表现

道教，又称"玄门"，起源于中国，是中国土生土长的宗教。它创立于东汉年间，奉我国古代伟大的哲学家、思想家老子（姓李，名耳，字聃）为教祖，并兴盛于南北朝时期。与儒教一样，道教也是中国最具影响力的宗教之一，也对中国文化的形成与发展产生了不容小觑的作用。

道教信奉神明，认为制炼丹药、研修法术是修炼成仙的途径。道教崇尚自然，推崇自然无为、清心寡欲的处世哲学，讲求天人合一的最高境界。道教三大经典《道德经》《黄帝阴符经》《周易参同契》所蕴含的世界观和人生观影响了自古以来的许多文学家及其文学作品。

此外，道教主张对立的思辨哲学观，如阴与阳、善与恶等．这使中国人形成了对立的思辨习惯、中庸的处事策略、向善的人文精神和谦虚的交际原则道教对中国文化的影响从很多汉语成语中即可窥见一斑。例如：

"清静无为"喻指面对外界的事物、事件时，采取不干涉、静观其变的态度。清静无为是道教的核心思想，即主张一切事情都应该顺其自然，不必有所作为，也不必有意识地加以触动、变更，这样才算顺应了自然。

"超凡入圣"喻指人的思想、文化等造诣精深。该词原是道教的常用术语，意思是说经过刻苦修行已达到超脱凡人俗世的最高境界，成仙成道，"天网恢恢，疏而不漏"喻指作恶的人一定逃不掉惩罚道家认为，天道像一个广阔的大网，作恶者无法逃出这个天网，必将受到天道的惩罚。

3. 佛教在汉语中的表现

佛教是最早的世界性宗教，是世界三大宗教之一，其余两个是基督教和伊斯

---

① （① 祝西莹，徐淑霞. 中西文化概论［M］. 北京：中国轻工业出版社，2010：185.）

兰教。佛教起源于公元前6世纪的古印度，距今已有三千多年，在东汉明帝时期，经丝绸之路正式传入我国。佛教的创始人为乔达摩·悉达多，后来被人们称为"释迦牟尼"。佛教对于汉语的影响主要体现在汉语表达和古代文学两个方面。

（1）汉语表达

不同于儒教，佛教是一种外来宗教。在佛典传译的过程中创造了大量的佛教词汇，同时也对汉语词汇的结构发展起到了促进作用，不仅如此，由于受到了佛典所用梵语的启发，梵语在很大程度上推动了汉语表达的发展进步。

在译介佛典的过程中，许多佛教词汇由此而生，如"五体投地"原是佛教中最恭敬的礼拜方式。"五体"亦名"五轮"，即"二肘、二膝及顶"，名为五轮，后凡言对某人或某事心悦诚服，倾倒备至，多谓之"五体投地"；"心心相印"出于《祖庭事苑》卷八谓："心印者，达摩西来，不立文字，单传心印，直指人心，见性成佛"，据此，则"心心"前一心指"佛心"，后一心指"人心"，意即以佛心印证众生之心，契合无间，后来形容彼此之间情投意合即为"心心相印"；自由自在，佛教大涅有"常乐我净"四德，即"永恒、恬静、自在和清静的境界"，彻底摆脱各种束缚而能充分主宰之"我"，谓之"自在"，也就是四德中的"我德"。"自由"与"自在"义近，后泛指闲适而无拘束。①①类似的词语还有"万劫难复""回光返照""普渡众生""头头是道""本来面目"等。除了词语之外，由于佛教思想对于中国古代文学思想的影响，大量与佛有关的谚语也应运而生，如"平时不烧香，临时抱佛脚。"用来形容人平时不做准备，到了最后时刻才慌忙应付。"佛要金装，人要衣装"形容穿着打扮对于人仪表美观的作用很大。

中国古汉语大多为单音节词，在传译佛典时产生了大量的双音节词或是多音节词，如望—希望，恭—恭敬，予—给予，奇—奇怪，饥—饥饿，旗—旗帜，巩—巩固，崇—崇高，晴—晴朗等。佛典所用的梵语属于拼音文字，在翻译这些经文的过程中，中国人在语音知识方面也受到了很大的启发，逐步形成了汉语的语音规律，成就了汉语音韵学的巨大进步。梵语对汉语语音的影响主要体现在两个方面：一是切韵的发明；二是四声规律的发明。

（2）古代文学

佛典本身便是古代文学的一个瑰宝，佛典作为伟大的文学作品历来受到文人学者的青睐，如《华严经》《法华经》《楞严经》三大经，还有《四阿含经》《十大般若》等佛经都是蕴含人生真相和哲理的文学典藏。由于佛学对于古代文学的深远影响，古代的诗人学者在创作诗篇或是文集时往往引用佛学的理念，如中国四大名著之一的《西游记》、干宝的《搜神记》等都是典型的受到佛教文化影

---

① （①黄勇. 英汉语言文化比较[M]. 西安：西北工业大学出版社，2007：47.）

响而创作的文学著作。除此之外，有许多艺术形式也受到佛学的直接影响，如敦煌莫高窟的变文、戏曲小说、民间传记等，可以说佛教对于中国古代文学的发展起到了重要的推动作用。

(二) 宗教在英语中的表现

西方文化属于科学文化，其特点是："重物质，轻人伦；价值取向以功利为本位；重分析，轻综合；重概念，忌笼统；强调人权，主张个人至上，重视特殊的辨识。强调人与自然的对立，人对自然的索取。"②①

西方文化的形成与发展也有其独特的渊源，主要受到希伯来文化（Hebrew Culture）、希腊罗马文化（Greek and Roman Culture）和基督文化（Christian Culture）的影响。

(1) 希伯来文化。希伯来文化对于西方文化的影响极为深远。约在公元前3000多年，希伯来民族居住在阿拉伯半岛，人们以牧牛羊为生。随后，希伯来人北迁，到达两河流域，并逐渐发展了苏美尔文化和古巴比伦文化。一千多年以后，希伯来人离开了两河流域，继续向北或向西迁移和发展。"希伯来"的字面意思是"从大河那边来的人"。希伯来人在长期的游牧生活中培养了较强的感知世界的能力。他们善于将事物与其功能联系在一起，因此希伯来文化可以用"实用、公正、道德"来概括。

(2) 希腊罗马文化。欧洲大陆的文化起源追溯至古希腊罗马时期，古希腊位于欧洲大陆的东南部，古罗马位于南部，由于平原较少，多山少河，不适宜发展农业，这样的地理位置迫使他们必须向外开拓经济，发展工商业和海上贸易。在古代，海上贸易存在较大的安全问题，需要冒很大的风险，因此不利的地理位置造就了西方人勇于探险，喜爱尝试新鲜事物，善于创新的性格特点。可以说古希腊人的这种以海商为主的生存方式孕育了西方人"平等"、"民主"和崇尚个人主义的思想意识。古希腊文学、哲学、艺术等都表现了古希腊人对宇宙、自然与人生的理解与思考c随着希腊文明的衰落，罗马文化在继承希腊文明的基础上得以发展。

(3) 基督教文化。基督教发源于公元1世纪巴勒斯坦的耶路撒冷，不过其兴旺发展是在欧洲地区。基督教中的神称为上帝（Gcd）。上帝只有一个，但包括三个位格（Person），即上帝圣父（God the Father）、上帝圣子（God the Son）、上帝圣灵（God the Holy Ghost），统称为三位一体（Trinity）o世人皆为上帝之子，因而人人平等。

《圣经》（丁腿Bible）是基督教的经典，包括《旧约全书》（The Old Testa-

---

① (②李建军. 文化翻译论 [M]. 上海：复旦大学出版社，2010：26.)

ment) 三十九卷和《新约全书》(The New Testament) 二十七卷。其中《旧约全书》是由犹太人用希伯来语书写而成，即犹太教的《希伯来圣经》；《新约全书》主要分为四个部分，即四福音书、保罗书信、大公书信和启示录。

《圣经》是由三十多位作者历时一千多年才创作完成的一部巨著。从中世纪以来，《圣经》渗透到西方社会上层建筑的各个领域中，深刻地影响了西方社会。因此，《圣经》实际上就是一部逾越千年的古典丛书，甚至可以说是人类历史上最有影响的一部文集。

《圣经》作为宗教圣典，是基督教教义的基础，也是基督教信仰的根本。它不仅是一部巨大的宗教文献汇编，而且更是一部伟大的文学艺术杰作。它以小说、历史、诗歌、戏剧、书信等多种体裁，记载了犹太民族、古代地中海地区其他民族的历史、神话、传说、诗歌、民俗、伦理、法律等重要史料，记述了古代信仰，再现了远古生活风情，对西方的社会思想和文化产生了深刻的影响。经过历史的沉淀，《圣经》已经不仅仅是一部宗教经典，更是西方文化的重要支柱。据统计，迄今为止，《圣经》已经有300多种文字的版本，成为世界上流传最广、数量最多的书。

在基督教思想的影响下，西方文化形成了以"自由、科学、平等"为核心的独特价值观。西方文化非常看重"个体"的概念，讲究"天人相分"，即人和自然是对立的两个部分，应该分开来看，人与自然之间应该是一种支配与被支配的关系，季羡林先生曾经提出把"天人相分"看做西方文化的源头。此外，西方文化推崇抽象思维方式，十分看重思维的逻辑性和事物内在的关联性，因而西方人善用抽象的概念来表达具体事物的含义。综上所述可知，基督教作为西方的主要宗教之一，影响了整个欧洲近2000年。它对西方社会文化产生了巨大的、深远的影响，本身也已经成为西方文化的主要组成部分。可以说，基督教是西方文化的核心。因此，说到西方宗教往往就是指基督教，有些学者甚至把西方文化称为"基督教文化"。基督教对于英语这一语言的影响主要体现在以下几个方面。

1. 宗教在英语词汇中的表现

基督教对于英语的影响还体现在英语词汇方面。自从基督教从罗马引入英国之后，英语中出现了大量与基督教有关的词语。例如：

paradise 天堂

bishop 主教

gospel 福音

hymn 圣歌

confession 忏悔

angle 天使

protestant 新教

pray 祈祷

religion 宗教

还有一些词语蕴含基督教的思想。例如，holiday（假日）一词的本意是 holy—day，即圣日的意思；breakfast（早餐）的本意是 breaking the fast，即"解除禁食"；goodbye（再见）一词的本意是 God be with you，即"神与你同在"，类似的词语还有 millennium（一千年），disciple（追随者、信奉者），lecture（演讲、讲座），martyr（受害者、烈士）等。

2. 宗教在英语习语中的表现

习语（idiom）包括比喻性词组（metaphorical phrase）、俚语（slang），俗语（colloquialism）、谚语（proverb）等。习语可以说是语言词汇组成的一个重要部分。英语中有许多习语来自于《圣经》。例如：

An eye for an eye, a tooth for a tooth.

以眼还眼，以牙还牙。

Sow the wind and reap whirlwind.

种的是风，收的是风暴。

英语中还有很多与基督教思想有关的习语。例如：

Man proposes, God dispose.

谋事在人，成事在天。

God bless those who help themselves.

天助自助者。

God shapes the back for the burden.

脊背生来就是负重的。

3. 宗教在英语人名中的表现

英国等西方国家普遍使用的人名也可以看出基督教对其文化的影响，如 Adam（亚当）来源于希伯来语人名. 含义据说为"男人，土，红土"；Joseph（约瑟夫）来源于希伯来语男子名，含义是"愿上帝再添（一子）"；Jaeoh（雅各），雅各是《圣经》中的人物，是以撒次子；Samuel（塞缪尔）来源于希伯来语，意思是"太阳的侍从 John 来源于希伯来语，含义是"耶和华是仁慈的"，女性名字中的 Sarah 来源于《圣经》中的人名 Sarai；Rulh（露丝）来源于《圣经》中的人物路得；Naomi（内奥米）来源于希伯来语，含义是"令人愉快"等。

4. 宗教在日常交际语中的表现

英语中许多日常交际语也和基督教文化有关，如人们在表达感叹或是惊讶时常说的话语有："Oh, my God!" "Oh. Jesus!" "Jesus Christ!" "Dear Lord!" "

Thank God!""Dame it!"等;人们在表达美好的祝愿时会说:"God bless you!""God bless his soul!""God save the mark!"等;人们在发誓时常说:"I swear to God!"等,可见基督教的思想已经深入到西方文化的各个方面。

第三章　英汉思维文化差异与跨文化交际

第一节　英汉文化与思维模式差异对语言的影响

　　思维模式差异直接反映文化信息和语言表达的差异。思维模式制约着语言结构，特别是句子结构的排列分布。思维与语言有着密切的关系。人们常说语言是文化的重要载体，但它首先是思维的唯一载体。语言不仅是一套符号系统、一套语法规则和一组习惯，而且还是人类思维依存及交流的工具。人类的思维是借助语言进行的，没有语言就谈不上严密的思维。人类以外的其他动物之所以没有真正的思维活动，其原因就是它们没有语言这种高级符号代码系统。思维离不开语言，而且借助语言创造了文化，并成为文化的一个组成部分，反过来又受到文化的影响和制约。正如萨莫瓦等所指出："人类语言的应用涉及的远不只是字词，它涉及人类的思维方式，因为语言需要和思维紧密配合、共同协作。语言的运用遵循文化所确定的模式，这个模式不仅会影响人类在组成语句时所采用的词序，而且影响到人类的思维。"①。

　　思维不仅离不开作为材料和工具的语言，并且还支配着语言。语言是思维的重要载体，也是思维的主要表现形式和思维发展的基础。人类在远古时期经过极其漫长的生产生活实践后，产生了进一步认识实践的迫切需要、组织生产的需要和交际的需求，语言在特定的自然条件、生存环境、生产活动、社会制度等客观因素的共同作用下应运而生并发展起来。语言的产生和发展帮助人类更好地认识客观世界和主观世界，从而进一步促进了人类思维的发展，极大地提高了人类认识世界和改造世界的能力，逐步形成了思想意识、哲学观念体系。在特定的外部条件、环境因素、社会制度的共同作用下形成的特定的世界观、价值观对思维会产生影响，使思维具有明显的民族文化的特点。不同的思维模式反过来导致了不同的世界观、价值观、信仰、情感与态度取向等差异，从而造就了不同的社会习俗、行为准则、伦理道德乃至生活方式。这样，特定的思维模式在特定的民族文

---

①　（①A. 萨莫瓦，E. 波特. 跨文化交际读本（第十版）[M]，上海：上海外语教育出版社，2007.）

化的发展进程中逐渐完善。

在所有内存外在的主客观因素中,语言是孕育、筑就人类思维模式的至关重要的因素,或者说语言对特定人群思维模式的形成起到了强有力的暗示、诱导作用。反过来,思维模式又制约着语言的结构,特别是句子结构的分布,是"主体在反映客体的思辨过程中,定型化了的思维形式、思维方法和思维程序的综合和统一"。①人的语言表达是受思维模式支配的,研究语言不能不研究思维。要真正获得某种语言能力,熟练地掌握该语言,关键不仅在于掌握该语言的语音、语法、词汇,还在于对蕴藏于该语言深层的文化结构——文化思维模式(pattern of cultural thought)的认识。②由于英汉两种语言是在截然不同的社会、历史传统和生活规律中逐渐形成的,使用英语与汉语的两个民族在思维习惯与表达方式方面自然迥异。翻译作为从一种语言向另一种语言转换的跨文化交流活动,不仅是一种语言间的形式转换,而且更多地也是一种文化思维模式的转换。可见,翻译受到文化思维模式差异的影响,对翻译进行研究必然要求研究不同语言所反映的思维模式差异。

所谓思维模式(thought pattern)是指人类看待事物、观察世界并进行认知、推理的基本模式,包括思维形式、思维方法、思维路线、思维顺序以及思维倾向等基本要素。它是最为隐含的文化内涵之一,是一切文化特别是交际文化的深层基石。在漫长的历史发展过程中,人们把对客观现实的认识凝固成经验和习惯,借助语言形成思想,赋予思想一定的模式,进而形成一种思维形态。不同的民族不仅有着彼此不同的民族文化,而且还有着各自不同的思维模式。

思维模式的差异反映着使用某一种语言的民族群体千百年以来形成的语言心理倾向。因此,每一种语言都体现着使用该语言民族的思维特征。在特定的历史条件和生存环境(包括地理条件、气候条件、自然环境)以及生活条件和经济社会制度等制约下,历经数千年的发展,英汉两个民族在思维模式上形成了一定差异,正是这种思维模式差异导致其对同一事物产生不同的语言表达方式。而这种差异在英汉两种语言的转换过程中往往被忽视,这就使译文晦涩难懂,甚至出现错误。因此,在翻译实践活动中有必要对源语与译入语民族的思维模式差异及其在语言上的表现方式进行研究,掌握此种差异对翻译的影响,从而尽量减少或避免由于对思维模式的转换缺乏足够的重视而产生的负面影响,减少或避免误译现象的产生。

---

① (①荣开明. 现代思维方式探略 [M]. 武汉:华中理工大学出版社,1989.)
② (②胡超. 文化思维模式差异对跨文化交际的影响 [J]. 外语教学,1998(2):18-23.)

一、中国人重整体思维，西方人重个体思维

整体思维是指在思想上将认知对象的各个部分联合为整体，将其各种属性、方面、联系等结合起来。而个体思维则指在思想上将一个完整的认知对象分解为各个组成部分，或者将它的各种属性、方面、联系分解开来。

中国文化中，传统思维模式最主要的特征是直觉的整体性；而西方思维模式的主要特征则是注重分析的逻辑性。中国传统哲学的出发点是"天人合一"，整个哲学是从人心的体验出发对人生和社会的感悟，并将它推导到对自然的认识；而西方哲学最根本的出发点是"本体论"，以逻辑方法构造为第一原理，提倡"天人相分"，西方哲学认为人生的意义就在于认识客观的本质世界，人在对世界本质的认识中产生思想。

中国哲学中"天人合一"宇宙观的思想由来已久。中国传统哲学认为世界是一个整体，人和自然、主体和客体都包括在一个整体之中。整体中包含了密不可分的部分，要了解各部分，必须先了解整体。注重整体和谐，注重综合概括，强调众多归一的思想，反对孤立地了解某一个体。因此其思维模式和语言观倾向于寻找整体和笼统，重悟性，具有"整体思维"的特点。例如，"这年头什么都要送礼，生要送礼，老要送礼，病要送礼，死也要送礼。"一句话把人的"生老病死"全部概括其中，而且行文形成"复进"的结构。另外，汉语偏好骈偶式结构，从本质上看，也是偏重整体思维所致。

西方文化坚持"天人相分"，即"主客相分"的哲学观点，认为人是万物的中心，人与自然相对分立，人应处于支配和改造的地位。西方文化注重个体成分的独立作用及相互关系，注重细节分析，寻求精确和具体，强调形式结构和规则制约，突出从小到大、由部分到整体，强调"由一到多"，具有"个体思维"的明显特点。①具体到语言上表现为不求全面、周到，但求结构上的严谨性。上一段中的例句，译成英文为："Nowadays you will have to give presents on almost every occasion: presents for childbirth, on the birthday of the aged, to show your care when somebody is ill or some help to make arrangement for somebody's funeral."译文结构严谨，但淡化了原文中"生老病死"的整体思维观念，突出了个体。此外，英语行文以散行为主，从本质上讲，也是偏重个体思维的产物。

二、中国人重直觉经验性思维，西方人重逻辑实证性思维

"中国传统思维注重实践经验，注重整体思考，因而借助于直觉体悟，即通

---

① (①潘文国. 汉英语对比纲要 [M]. 北京：北京语言大学出版社，1997.)

过知觉从总体上模糊而直接地把握认知对象的内在本质和规律。"①中国人对事物的认识较多只满足于对经验的总结和对现象的描述，而较少追求对感性认识的深层思考与对现象背后事物本质的哲学思辨。而英美人的思维传统一向重视理性知识，重视实证，主张通过大量实证的分析得出科学、客观的结论。换言之，西方思维具有浓厚的实证、理性和思辨的色彩，注重的是形式分析和逻辑推理，形成一种理性思维定式。

这种差异在语言上表现为英语注重形合（hypotactie），而汉语注重意合（paratactic）。也就是说，英语注重运用各种有形的连接手段，达到语法形式的完整，其表现形式严格地受逻辑形式的支配，概念所指定界分明，句子组织严密，层次井然扣接，句法功能呈外显性（overt）；而汉语语言表现形式受意念引导，看上去概念、判断、推理不严密，句子松散，句法功能呈隐性（covert）。例如，"A wise man will not marry a woman who has attainments but no virtue."译成"聪明的男子是不会娶有才无德的女子为妻的。"该句中的"a""who""but"都省译了。

三、中国人长于形象思维，西方人善于抽象思维

形象思维指人在头脑里对记忆表象进行分析综合、加工改造，从而形成新的表象的心理过程。而逻辑思维是运用概念进行判断、推理的思维活动。中国人在进行思维活动时，总是喜欢与外部世界的客观事物的形象相联系，结合重现在大脑里的相关物象进行思考。这就是说，中国人的形象思维很发达，喜欢以事物的外部特点为依据展开联想。中国传统文化的重要特征之一是"尚象"，中国人"尚象"的文化传统形成了偏重具象的思维方式。例如，中国文学史中形象类比的手法很丰富。思维的顺序不是由具体到抽象，而是由具体到具体。汉语善于将"虚"的概念以"实"的形式体现出来，重动静结合，虚实结合，给人一种"实、明、显"的感觉，如"揭竿而起""接踵而来""混口饭吃"。中国人擅长形象思维，这是历经数万年的历练，受其汉语言文字的诱导、暗示而形成的。中国文字是由整体象形文字发展而来的会意文字，有书画共源的特点，其起源的形象是原始图画，经后世演化，逐渐由图画形式改为线条成为象形文字，凸现简单的物象，有较强的直观性。现代汉字的写法或结构浸润着丰富的物象，颇具立体感，仍使人将其同外部世界的事物形象联系起来。有些现代汉字甚至仍保留着很强的意象，感即清晰的意蕴。②例如，"舞"字的字形就很容易在人们脑海里勾勒出一个单脚立地翩翩起舞的舞者形象。汉语文字所隐含的物象十分丰富，中国人

---

① （①连淑能．论中西思维方式［J］．外语与外语教学，2002（2）：40-46.）
② （①闫文培．全球化语境下的中西文化及语言对比［M］．北京：科学出版社，2007.）

在思维中长期运用汉语进行思考,逐步形成了形象思维的思维模式。有学者把这种思维称为"悟性思维",即"借助形象,运用直觉、灵感、联想、想象等思维形式,把感性材料组织起来,使之构成有条理的认识,具有直觉性、形象性、主观性、整体性、模糊性等特征"。②①

与中国人不同,西方人所擅长的思维形式则是与外部世界客观事物的物象相脱离的抽象思维,是基于逻辑推理和语义联系的逻辑思维。西方人抽象的逻辑思维很发达,热衷于建立概念体系、逻辑体系。西方文化的重要特征之一是"尚思",西方人"尚思"的文化传统形成了其偏重抽象的思维方式。这其实是受其印欧语系的语言特征的诱导、暗示所致。西方民族的文字也是由图形演变而来,其字母的形成和发展跟汉语的象形文字有很多相似之处。由于西方文化的"尚思"传统,主体抽象思维抽走了具体物象的形象,逐渐形成了概括某一类物象的概念符号即拼音文字,不像汉字那么直观、形象。西方语言使用拼音文字,"强调了人的智力运行轨迹。它的书写形式造成一种回环勾连,如溪水长流斩而不断的流线效果,容易诱导人们去注重事物的联系性。这种状态和语法形式共同起作用,极大地强化了印欧语系民族对事物的表面逻辑联系的感知能力。抽象的书写符号和语音形式与现实世界脱节,容易迫使印欧语系的民族在更多的场合脱离现实世界来进行抽象的纯粹借助于符号的形而上思考。"①②可见,西方拼音文字是通过没有意义的字母的线形连接构成单词这种有意义的最小语言单位,再通过一个个单词的线形排列组成短语、句子和篇章,缺乏象形会意的功能,因而无法诱发形象思维。历经演变,人们逐渐形成了脱离现实世界的物象而纯粹借助于文字符号及其语义联系的抽象思维。有学者称之为"理性思维",即"借助逻辑,运用概念、判断、推理等思维形式,探索、揭示事物的本质和内在联系,具有逻辑性、抽象性、客观性、分析性、确定性等特征"。②③英语民族多用抽象概念表达具体的事物,比较重视抽象能力的运用,英语常常使用大量指称笼统的抽象名词来表达复杂的理性概念和实的概念。这种表达给人一种"虚、暗、隐"的感觉,如"A lot of Diana's appeal comes from her stunning physical presence."("戴安娜之所以受到公众的关注主要是因为她那令人倾倒的身段。"),句中的"present"如果译作"出席""存在"、"到场"等抽象概念,则会让人百思不得其解。

中国人长于形象思维,西方人善于逻辑思维,这种思维模式的差异使得英语具有聚集性,而汉语具有流散性。英语的聚集性是指英语句子可以借助丰富的形

---

① (②连淑能. 论中西思维方式 [J]. 外语与外语教学,2002 (2):40-46.)
② (①辜正坤. 互构语言文化学原理 [M]. 北京:清华大学出版社,2004.)
③ (②连淑能. 论中西思维方式上外语与外语教学,2002 (2):40-46.)

态变化，采用"楼房建筑法"，以主语和谓语为焦点，把各种相关的成分与句子的主干连接起来，构成一个庞大的"主体结构"。阅读时，我们常常可以碰到长达 100~200 个单词的英语句子，有时一个段落就是一个句子。然而，不管句子的附加成分有多复杂，总是与中心成分保持着密切的逻辑关系，句内、段内之间总是条理清楚、逻辑有序。例如：

The election which has Led to your being chosen to preside over this Assembly is attributed to your great country, which has contributed to the development of the history of free nations a tradition of peace that serves as an example of for the Jegal community that we constitute.

这一段就是一个句子，它囊括了近 50 个英语单词，但句子主干很清楚："The election is attributed."由关系代词"which"引导的定语从句分别修饰主语"election"和"country"，而定语从句中又有两个由"that"引导的定语从句分别修饰"tradition"和"community"。这样一环套一环，环环相扣，逻辑非常周密、严谨。

汉语的流散性是指汉语缺乏丰富的形态变化，句子一长，就容易造成逻辑混乱，所以只能化整为零，用大量的短句、散句、流水句来表达意思。例如："她身材苗条，个子高高的，前额突出，鼻子翘起。"这句话由四个短句构成，若译成英语则是："She was a slim and tall girl with slightly bulging brows and a turned-up nose."这样，中文的四个短句就变成了一个简单的英语句子。

需要注意的是，抽象与具体的分类只是相对而言，英语存在着大量的非常具体的描述，汉语中也不乏抽象的表达。在英汉互译过程中，抽象与具体应当视特定的情况进行转换。

四、中国人注重螺旋形思维，西方人注重直线形思维

以整体性为基点的中国思维模式，把事物作为有机整体进行笼统的直觉综合，重领悟而轻形式论证。在观察事物时，采用散点式思维方式，是一种螺旋式思维模式。而以个体性为基点的西方思维模式，把复杂的事物分解成独立的结构要素，逐个进行研究，因而更多强调逻辑分析，注重形式论证。在观察事物时，采用焦点式思维方式，思维模式呈线性。这一差异同样是汉英两种语言文字诱导暗示的结果。汉字很容易勾起人们对现实世界里事物形象的想象或联想，因此，中国人在长期使用这种意象化的语言过程中，思维线路逐渐发展成螺旋形即曲线形或圆形，且循环上升，具有明显的间接性。中国人在思考或运用语言时，经常不厌其烦地重复某些词语或句式；在行文方式上，中国人撰写的文章往往是以笼统、概括的陈述开头，每个段落里经常含有似乎与文章其他部分无关的

信息。作者的见解或建议要么不直接表达出来，要么就是轻描淡写地陈述。可见，中国人语言表达含蓄委婉、模棱两可、态度模糊。在说话、写文章的时候，中国人通常把思想发散出去后还要收回来，让它落在原来的起点上。这样的螺旋思维导致了汉语的螺旋式语篇结构，即以反复而又发展的螺形式对一种问题加以展开，尽量避免直接切入主题，讲究"起、承、转、合"的八股文章就是很典型的例子。

西方语言的拼音文字则不易勾起人们对现实世界里事物形象的想象或联想，因此，西方人在长期使用线形连接和排列的抽象化的文字符号的过程中，思维线路逐渐发展成直线形，具有明显的直接性。西方人在思考或运用语言时，往往不愿重复前面已使用过的词语或句式；在行文方式上，一篇西方人撰写的论文总是有一个固定的中心论点，文章中的所有细节都按照与该关注点的关系进行安排。文章的开头部分往往明确地表达出作者的见解。可见，西方人语言表达直截了当、干脆利落、态度鲜明。西方人宇宙观主张"天人相分"，认为事物之间是独立的，一切都在向前发展变化。所以直线形思维的西方人认为，说话、写文章的时候直接表达必定优于间接表达，并且说话人的立场应一贯保持，不能用无关的信息掩盖真实的观点。英语的语篇一般按直线展开，通常包含四个部分，即导入、主题、支撑、结论。切入主题后就开门见山地先陈述段落的中心思想，即主题句，再从数个方面对主题进行阐述，最后得出结论。在语言表达上，英语句式结构多为重心在前，头短尾长；而汉语句式结构重心多半在后，头大尾小。例如，"I met with the foreign teacher from Australia on the new campus at 7：30 yesterday evening, whom most of your classmates liked most." 译成汉语为"昨晚7点半在新校区，我碰到了那位最受你们大多数同学喜爱的来自澳大利亚的外教。"

五、中国人强调主体，西方人强调客体

中国文化以人本为主体，西方文化则以物本为主体。中国人本文化主要表现为以人文为中心，以人生为本位。道家的代表人物老子曾说："人法地，地法天，天法道，道法自然。"而儒家先哲对世界的认识主要不是出于对自然奥秘的好奇，而是出于对现实社会政治和伦理道德的关注。例如，孔子的哲学以"仁""礼"为中心，"仁"寻求人伦关系规范化，"礼"要求社会有序化。先哲们谈论人生哲学的目的是"究天人之际，通古今之变"，关注的焦点是人道，而非天道，是人生之理，而非自然之性。这种人本文化在长期积淀中形成了汉民族本体型的思维模式。

西方物本文化主要则表现为以物本为主体，以自然为本位。西方人偏重于对

自然客体的观察与研究，如亚里士多德认为"求知是人类的本性"，培根推崇"知识就是力量"。西方人以认知自然为视觉焦点，崇尚自然、认识自然、探索自然，最终征服自然，主宰宇宙。这种物本文化的长期积淀则演变形成了西方人客体型的思维模式。

汉民族强调人与自然的统一，对思维的主体和客体没有严格的区分，所以汉语中常常会出现一些主动和被动不分的句子。例如，"一锅饭四个人吃"也可以说成"四个人吃一锅饭"，体现了汉语注重意合、主客体之间相互交融的特点。西方民族则强调人与自然的对立，对思维的主体和客体有严格的区分，所以英语中的主动句和被动句有明显的标记特征。例如：

"The novel was written by a black woman writer." 与 "A black woman writer wrote the novel." 不但主语不同，而且谓语的形态也不一样，反映出英语注重形合、主客体之间相互区别的特点，主动和被动两个范畴泾渭分明。汉民族较注重主体思维，而西方民族则较注重客体思维。这两种思维模式差异在语言上表现为：汉语常用有灵主语（animate subject），即用有生命的人和动物所充当的主语（或潜在的主语）；而英语则常用无灵主语（inanimate subject），即用无生命的物体或抽象概念所充当的主语。汉语较多使用主动句，表达较主观；而英语中被动句的使用频率远远高于汉语，表达较客观。

六、英汉思维模式差异对语言的影响

思维模式的差异表现在语言表达方式上为遣词造句、谋篇布局各自有别。这里主要探讨英汉句法结构与表达上的明显差异，因为句法结构与表达最能体现思维模式的特征。

1. 形合逻辑与意合逻辑的表现

无论在单句内部还是在句群结构上，英汉两种语言的最显著差别就在于英语重形合（hypotactic），汉语重意合（paratactic）。这是因为英美人的分析思维偏向形成了一种强调以经验为基础，着重形式逻辑论证的理性思维定式；中国人的整体思维偏向则形成一种强调意念流而比较忽视逻辑形式论证的思维定式。英语句子重形合，强调结构的完整性和形态的严谨性；汉语句子重意合，强调内容或表意的完整性。英语句子的句法构筑和信息传递借助于词语的裸露的、丰满的形态变化，是显性的，以形统意；汉语句子的句法构造和语义信息的传达借助于意义的整合，是隐性的，以意统形。英语高度形式化、逻辑化，句法结构严谨完备，以限定动词为核心，重分析轻意合；而汉语则不太注重形式，句法结构不必完备，动词的作用没有英语那么突出，重意合轻分析。英语句形合的突出特点是空间搭架形式，即以主谓结构为主干，以谓语动词为中心，通过大量反映形式关系的动词不定式、分词、介词、连接词、关系代词、关系副词等把句子其他各个成分层层搭架，呈现出由中心向外扩展的空间图式。汉语句意合特点的突出表现则是时间的先后顺序，即通过多个动词的连用或流水句形式按时间先后顺序和事理推移的方法，把事情一件一件地交代清楚，一层一层地铺开，呈现的是一个时间顺序的流水形图式。所以，复合句成了英语的特色，连动句、流水句则是汉语的特点。例如："It was an ok! woman, tall and sharply still, though withered by time, on whom his eyes fell when he stooped and turned."这句复合句译成汉语，可以分割成小句，按照逻辑事理排列："他站住，转过身来，定睛一看，原来是个年迈的妇女。她身材修长，虽受岁月的折磨而显憔悴，但风韵犹存。"

2. 从部分到整体与从整体到部分的表现

英美人思维上个体优先，从局部出发，从部分到整体，强调形式结构程式。中国人思维上则整体优先，从全局出发，从整体到部分，强调整体平衡、整体程式。这种思维模式的差异表现在语言上：汉语表示时间或空间，排列顺序为从大到小；英语则常常是从小到大。在表达时间上，中国人的排列顺序是年、月、日、时、分；而英美人则是分、时、日、月、年。中国人表达空间概念的顺序是国家、省、市、街道；英美人则正好相反，其表达空间的顺序是街道、市、省、国家。在社会关系的属性上，中国人遵循姓氏、辈分、本名的顺序，从整体到个人；而英美人则是本名、中名、姓氏，遵循的是个体、部分、整体的顺序。另外，在造句时，汉语句子的时间状语和地点状语的排列顺序也常常是从大到小；英语句子则刚好相反，从小到大。例如："上周星期一每隔两个小时我就要在那儿坐一会儿。"（I sat there for a while every couple of hours on Monday last week.）再如："他在云南省昆明市郊的一个小厂里工作。"（He works in a small factory in the suburb of Kunming City, Yunnan Province.）

3. 直线思维与曲线思维的表现

在表达思想时，英美人的思维更直截了当，他们习惯把要点放在句首先说出来，开门见山，然后再把各种标志一一补进；而中国人则习惯于从侧面说明、阐述外围的环境，最后才点出话语的信息中心。也就是说，英语的话语结构呈直线形，而汉语的话语结构则呈螺旋形。这种差异，在语言上表现为英语句式结构多为前重心，头短尾长；而汉语句式结构多为后重心，头大尾小。例如：" He had flown in just the day Before from Beijing where he had spent his vacation after the completion of the construction job he had been engaged in. " 而汉语则说："他原来参加一项建筑工程，任务完成之后去北京度假，前一天才坐飞机回来。"

4. 抽象思维与形象思维的表现

英美人擅长用抽象概念表达具体的事物，比较重视抽象思维，而中国人则更习惯于运用形象的方法来表达抽象概念，不太重视纯粹意义的抽象思维。在语言上表现为英语常常使用含义概括、指称笼统的抽象名词来表达复杂的理性概念；而汉语则习惯于使用具体、形象的词语来表达虚的概念。例如："Popular rejoicing will go on for a week throughout the country."（在全国，庆祝 活动将持续一个星期之久。）英文中的抽象名词"rejoicing"（庆祝）译成汉语 加上了具体化的名词"活动"。

5. 思维模式差异对英语翻译的影响

翻译"是语言的翻译，也是思维的翻译"。①①思维是语言转换的基础，这就决定了语言的具体转换必然受到思维差异的限制。英汉思维模式的差异给英汉互译实践带来了障碍。

理解方面的影响。由于英美人抽象思维较发达，抽象表达在英语里使用得相当普遍；中国人形象思维则相对发达，往往缺乏英语中相应的抽象表达手段。因此，英语中大量的抽象表达法难以用汉语对应地翻译出来，相反，汉语中许多具体的表达法也难以在英语中得以形象地体现出来。例如：①Is the emigration of intelligence to become an issue as absorbing as the immigration of strong muscle? （知识分子移居国外是不是会与体力劳动者迁居国内同样构成问题呢？）句中的"intelligence"和"muscle"词义抽象，译成汉语需使之具体化。②"菱很小，但很嫩，吃到嘴里满口生香（Though the water chestnuts were small, they were tender and delicious.）句中的具体描述"吃到嘴里满口生香"，若直译成英语，势必使译文晦涩、冗长，所以改译成抽象描述"delicious"。

英美人较中国人更注重形式逻辑，因而英语中较多使用形式连接手段，意蕴也较为丰富，常给翻译带来困难。例如：

"My friend and I had just finished lunch at an expensive restaurant when we realized that we didn't have enough money to pay the bill."（我和我的朋友在一家豪华的饭店里刚用毕午膳，突然意识到所带的钱不够付账。）英文句中的连接词"when"很容易被中国人按常规理解为"当……时"译出，显然不合原意。其实在意义上，全句中的主要部分不是主句，而正是"when"引导的从句。

表达方面的影响。英语重形合，汉语重意合。这是英汉句法结构上最主要的异质特征，往往给翻译带来障碍。英语形合特点与汉语意合特点的负迁移严重影响着译文表达的准确性和流畅性。英译汉中，相当数量的形式连接 手段不必对应地译成汉语，而应通过语义连接手段在字里行间表现出来；汉译英则与之相反。例如：①"The weather was so hot that he found it difficult to stand it."若

---

① （①但汉源. 思维习惯与英汉翻译中的解说方式［J］. 外语学刊，1994（6）：38－40.）

一字一句对应地译成汉语"天气是如此地热,以致他感到难以忍受",那么句子的西化成分"如此……以致……"势必影响译文的流畅性。而地道的汉语完全没有必要机械地显现该连接词语,"天气太热,他感到难以忍受"。② "人不犯我,我不犯人;人若犯我,我必犯人。"该句汉语英译时,若不把隐含的表示假设和并列关系的语义连接成分用形式连接词语 if 和 but 显现出来,那么译文会显得过于松散,不够准确。所以,该句汉语可按照英语句子结构严密、完整的要求而英译为:"We will nol attack unless we are attacked; but if we are attacked, we will certainly counterattack."

英语句子中,主谓提挈功能较强,主谓这一主干结构突出;而汉语句子则相反,有的句子较为松散,甚至无主语。这一差异也常造成英汉互译的障碍。例如:① "不一会儿,北风小了,路上浮尘早已刮净,剩下一条洁白的大道来,车夫也跑得更快。"(鲁迅《一件小事》)该句汉语被英译成:"Presently the wind dropped a little, the loose dust had been blown away, left the road way clean, the rickshaw man quickened his pace." 该译文中套用了汉语的流水句式,动词完全为限定动词的过去时态,分句之间也没有连接词语,不符合英语表达规范。应改译为:Presently the wind dropped a little. By now the loose dust had all been blown away, leaving the road way clean, and the rickshaw man quickened his pace." ② "他五岁时,碰到了一次车祸,变成了植物人。"汉语连动句英译时,首先应确定哪个动词为句子主谓结构这一主干中的谓语,然后运用适当的表示关系的词语,把其他的动词结集化为关系词结集,这样才能突出主谓结构,才符合英语的表达习惯。所以该句可译为:"He became a vegetable at five in a car accident."

在外语教学中,应该重视向学生讲授英汉思维及语言表达方式的差异,注重对学生进行母语与译入语的对比修辞的讲授,把重点放在有效排除思维模式引起的负迁移上。①①

第二节 思维差异对跨文化交际能力的影响

一、中西方思维模式差异对跨文化交际的影响

螺旋式的逻辑思维使得中国人喜欢用间接的交流方式。在语言表达上,一般习惯从侧面说起,阐述外围的环境或摆出事实的证据,最后点出话语的信息中

---

① (张全. 英汉文化思维模式差异对翻译的影响[J]. 曲靖师范学院学报, 2000 (2): 58−60.)

心，表明自己的态度和观点，给一个简单的表态和评论。中国人用英文进行跨文化交际时受汉语思维的影响，也追求含蓄、委婉，不像英语本族人那样把自己的意思明白地传递给对方，这种失误多体现在篇章组织结构、交际风格、交际方略、交际规则、礼貌规则等方面。

1. 汉语的委婉表达使西方人不得要领

中国人的言语交往具有"含蓄""变通"的特点，而西方人习惯于古希腊式的逻辑思维和语言风格，喜欢直截了当。因此，在实际交流中，只有了解双方思维的差异，才能进行成功的交际。中国人在接受邀请时，半推半就地应承"我尽量来"（I'll try to come.），这样的答复让英美人很难琢磨：到底来还是不来？该不该算他一份？一般英美人的回答非常干脆。如果答应就说"I'm glad to be invited, I'll certainly come."；如果不能接受邀请，就说"Thank you for your invitation. But I have made an appointmenl with John."之类的话，让对方清楚地了解确切的意思。一位中国商人写给美国商人的信可能是这样的篇章组织结构：

Because most of our production is done in China now, and uh, it's not really certain how the government will react in the run-up to 1997, and since I think a certain amount of caution in committing to TV advertisement is necessary because of the expense. So, I suggest that we delay making our decision until after Legco makes its decision.

Scollon, R. & Scollon, S. W.（2000）将中西方语篇差异用以下公式表示出来①①。

中国人的篇章组织结构公式：

Y (topic, background, or reason)

X (commit, main point, or action)

西方人的篇章组织结构公式：

X (commit, main point, or action)

because of

Y (topic, background, or reason)

这表明西方人偏好开门见山式的行文风格。上一封信，西方人可能会这样写：

I suggest that we delay making our decision until after Legco makes its decision. That's because I think a certain amount of caution in committing to TV ad-

---

① （①Scollon R, Scollon S B K, Jones R H. Intercultural communication: a discourse approach[M].北京：外语教学与研究出版社，2000.）

vertisement is necessary because of the expense. In addition to that, most of our production is done in China now, and it's not really certain how the government will react in the run-up to 1997.

2. 中文的篇章结构让西方人觉得"重点不突出"

有学者在美国加利福尼亚对中国留学生的英文作文做过一个调查,研究结果表明,虽然中国留美学生在句法结构上没有大问题,但是他们仍难以写出得体的学术文章、学期报告或论文等。对抽样作文所做的评语一致指出了"重点不突出"和"欠黏着性"两大缺陷。①胡超(1998)通过论证分析后认为中国英语学习者英文作文不理想的最根本原因是中西方思维模式的不同。英语的话语结构呈直线形(linear),以主题句(论点)始,一层层地展开主题进行论述;而包括汉语在内的东方语言的修辞结构呈螺旋形(Circular/Spiral),往往绕着主题直接展开讨论,从各种间接角度来说明问题,常使读者不知所云、难得要领。

3. 中文的描述在西方人看来主观性太强

西方思维严格区分主客体,一方面,它以主体为中心;另一方面,它注重客观事物对人的作用和影响。西方哲学家和科学家善于充分发挥个人的潜能和创造力来探求客观世界的本原。通过对客体的观察和实验,他们做出自己的判断,提出一些相关的理论。然而,在中国的传统思维里,主体和客体是相互融合的。在这个统一体中,认知主要是通过"悟性"或直觉获得的。这一区别造成了英汉两民族不同的语言心理倾向:英语重物称,汉语重人称。因此,英语的一个显著特点就是非人称主语句(又称无灵主语句)和被动句多,常常选择不能施行动作或无生命的词语作主语。在英语被动句里,强调动作的施行者,就将其置于句尾由by连接;不必、不愿或不便言明动作的施行者,就干脆将其省略。相对而言,汉语习惯于用人称化的表达,主语常常是能施行动作或有生命的物体,所以汉语中主动句多。请看例句:

It has been known for a long time that there is a first relationship between the heart and the liver.

长期以来,大家知道心脏与肝脏的关系是最主要的。

The famous hotel had been practically destroyed by the big fire.

大火几乎使这家有名的旅馆全部毁灭。

They were given a hearty welcome.

他们受到热烈欢迎。

A good idea suddenly occurs to me.

---

① (Richard M. Coe,胡曙中.英汉对比修辞研究初探[J].外国语,1989(2):42—48.)

我突然有了一个好主意。

The year of 2008 has witnessed the successful host of 29th Olympic Games in China.

中国 2008 年成功地举办了第 19 届奥运会。

The sight of the river always reminds me of my childhood.

一看到那条河，我便想起了我的童年。

His survival of the accident surprised every one.

他从事故中生还，大家都很惊讶。

Grief and pain tore at the little girl.

那个女孩悲痛万分。

英语无灵主语句的运用可以使句子结构紧凑、句式简洁、表达客观和语义隐含，从而克服汉式思维，避免汉式英语。请比较下面几个汉语句子的两种不同的英文表达：

（1）有些人成功，有些人失败，根本区别不在机会的多少、而在于能否抓住机会。

Some people succeed. Some people fail The essential difference is not the number of opportunities. It is whether they can take advantage of opportunities. （结构松散）

One essential difference between those who succeed and those who fail lies in the way they can take advantage. （结构紧凑）

（2）人们看到的是一栋破旧房子，位于一条人去楼空的小巷，景象很凄凉。

a. People see an old and dilapidated house. It is situated in a deserted lane. It boles dismal. （句式繁杂）

b. The old and dilapidated house in a deserted lane makes a dismal picture. （句式简洁）

（3）不同的人对退休持不同的态度。

a. Different people have different attitudes towards retirement. （主观表达）

b. Attitudes towards retirement vary from person to person. （客观表达）

（4）我会永远忘不了这个教训。

I will never forget this lesson. （主观表达）

This lesson will take root in my mind. （客观表达）

（5）由于不知道什么知识将来会更有用，所以选课时很难做出正确的选择。

Because one can not know what kind of knowledge will be more useful in the future, he/she can not make a sound choice when taking a course. （因果关系外显）

One's inability to predict what kind of knowledge will be more useful in the future prevents him from making a sound choice in taking courses. （无灵主语隐含因果关系）

（6）我激动地说不出话来。

I was too excited to say anything.

Excitement deprived me of the power of speech.

一般来说，中国人对以上表达法会倾向于选择 a 句。虽然以上各句中的 a 句在语法上并没有错，但与 b 句相比，要么显得结构松散，要么显得句式繁杂，要么属于主观表达，这与英美人重客观的思维方式是有差异的。

4. 中文"美文"在英语里是"拙文"

汉民族"天人合一"的思想使得中国人在思维上重悟性，注重自我的体验，强调客观融入主观，喜欢托物寄情。在语言运用上讲究四六骈体、声律对仗，堆砌华丽辞藻，重复同义近义，滥用主观性修饰语，有"文必秦汉、诗必盛唐"的说法。这种行文风格与英语的行文风格格格不入。有一首名为《咏老儒》的诗是这样写的：

秀才学伯是生员，好睡贪鼾只爱眼。

浅陋荒俗无学术，龙钟衰朽驻高年。

在这样一首短短的小诗中，每一句都有重复同义近义的现象：第一句中"秀才"，"学伯"，"生员"，是同一概念；第二句中"好睡""贪鼾""爱眼"，是同一概念；第三句中"浅陋""荒俗""无学术"是同一概念；第四句中"龙钟""衰朽""高年"是同一概念。作者用这种重复堆砌的方式生动地描述了一位腐朽的老儒形象，但这样的行文方式在英文里是不可想象的，同义重复是英文写作之大忌。

英语则在理性思维的影响下行文一般讲究写实的风格，慎用词语。西方人最推崇的表达方式是看似平白无华、质朴自然，实则精心构筑的修辞文本。建立在论辩和说服传统上的西方修辞最为核心的原则就是："不示人以其艺术性的艺术是最高的艺术。"英国作家吉利斯在其《商务写作》一书中写道："使你的文章更具亲和力的一个最好的办法就是避免长句。成功的作者俘获读者 通常是以简洁的语言佐以想象力的词汇。你用每一个词都应有理由，更多的词语和更长的句子只会使你的文章模糊不清，而不是使其更吸引人。"吉利斯告诉读者在写作时尤其要避免两个不良习惯：①重复使用词语；②好用陈词滥调。英语用词力求简洁恰当的特点也可以从以下经典句子中看出："Brevity is the soul of wit." "A proper word in a proper place is good English." To be or not to be, that is a question. "等。英文写作，尤其是商贸文体写作应注重客观运用表达事实和传递具体信息的文字（至少文本给人的感觉应是如此），不提倡过分张扬，矫揉造作，空洞无物，重复堆砌的行文方式。美国著名的电脑公司 IBM 的广告就是如此：

例：Advertisement for IBM Software Company：

What's on the best－seller list in IBM personal computer software？People prefer IBM personal computer software for a variety of reasons. Because, for just about anything you want the IBM personal computer to help you do, there's software to help you do it, software to help you improve productivity, efficiency and planning. To help teachers teach and students learn, or help you become an even more astute game player. Every program in our software library makes IBM personal computer a truly useful tool for modern times. That's why a lot of buyers like you have made them best sellers. And the library is still growing.

So the best way may well be yet to come.

（陆道夫，2001）

广告用词是极普通的词语，口语化。该广告对 IBM 个人电脑软件的宣传也是如实交代：它可以帮你提高生产力、效率和计划；它可以帮助老师教课和学生学习或者让你成为高明的游戏玩家。

中文的堆砌华丽与英语的直接明快的特点在中国一些旅游景点的英汉介绍上常有表现，比如：

这里 3000 座奇峰拔地而起，形态各异，有的似玉柱神鞭，立地顶天；有的像铜墙铁壁，巍然屹立；有的如恍板垒卵，摇摇欲坠；有的若盆景古董，玲珑剔透……神奇而又真实，迷离而又实在，不是艺术创造胜似艺术创造，令人叹为观止。

3000 crags rise in various shapes... pillars, columns, walls, shaky egg stacks and potted landscapes... conjuring up fantastic and unforgettable images.

该译文充分考虑了中西方思维差异和审美心理差异，省略了中文里的一些华而不实的描写，将中文的主要意思以符合英语表达习惯的方式译出，容易让外国游客理解。

在交往中人们往往以自己的经验和感觉去"以己度人"。西方人追求简洁明快的表达风格在中国人看来可能过于直白而接受不了。中国人的这种思维模式具有明显的笼统性和模糊性，又会让西方人捉摸不透。在跨文化交际中，只有克服定型的思维方式，从对方角度思考问题，才有可能做到有效的沟通。

5. 汉语的松散句式违反英文的句式规则

汉语靠直观思维来认识把握外在世界，这种充满感受和体验精神的思维 方式反映在语言组织上就是习惯用"意合"法来组词构句,追求语句各意群、成分的内在关系的联结与对应,不滞于形而以意统形。只要可以"意会"的,很多成分就可以不出现。汉语在句法方面较典型的是关联词使用要少得多,甚至可以没有。像温庭筠的名句"鸡声茅店月,人迹板桥霜"等就是突出的例子。可见,句式松散是汉语行文的又一个突出特点。

与汉民族相比,西方人更习惯严密的逻辑推理,反映在语言上就是重形态。在句法上从句套从句,修饰语接修饰语,关联词一一坐实。句子虽长,但文意丝毫不乱。比如:

中文:中国政府将继续坚定不移地奉行独立自主的和平外交政策,同世界各国建立和发展友好关系,反对霸权主义和强权政治,维护社会发展,促进人类进步。

译文:The Chinese government will unswervingly pursue its independent foreign policy of peace by establishing and developing friendly relations with other countries and opposing hegemonism and power policies so as to safeguard world peace and promote social development and progress of mankind.

中文的句与句之间的关系隐藏在字里行间,从逻辑关系上看,"奉行"是该句的主要动作,"建立、发展、反对"表"奉行"的方式,译文用显形关系词 by 短语表示出来了;该中文句里的"维护、推动、促进"表示目的,译文用表目的的连词短语 so as to 将这种语义关系译出。

汉语受华夏文化传统思维和审美心理的影响,长期以来形成了独特的艺术魅力:以意统形、概括灵活、言简意赅、音韵和谐。这些特点互相融合,体现在汉语的各个层次,深深融入国人的审美情趣之中。但这种"美"的表达方式只能在特定的中国文化中才能显现出来。如果在英美文化中移入这种汉语思维方式,那么,中文的"美"就很可能不美了。

三、语言思维与跨文化能力培养

我们知道,语言思维就是处理我们所听到的、说出我们想说的,听与说的中间就是我们的思维。我们的思维就是处理我们听到的输入信息,说出我们思维后的输出信息。

人类的思维过程就是运用语言工具进行思维组织、意识架构的建筑过程。语言是形式和内容的统一,是声像和表象的统一,是语言文字、实物表象与抽象概念"三者"的统一。所以,人类的语言就是一个多层面建构起来的复合体。语言造成的隔阂不是表象造成的隔阂。语言虽然不通,但心里的表象则是相通的。语言是从表象中概括抽象出来的,它不能离开表象而独立存在,我们要遵守语言思维形成的这个规律，在学习和接受语言时，要领悟语言的内涵，就要具体探求语言所指的实物表象；要明确语言的概念，就要研究事物表象所具有的外延形式和内在性质，这是人类意识循序渐进或螺旋式上升的基本形式。当今世界，开放、交往、互通互联、互利互惠已是大势所趋，人类的语言也不会以一代之，它必须是集聚各民族语言之精华、以九九归一的形式融为一体的。人类的语言互相学习，取长补短，这是人类社会发展的需要，是不可阻挡的趋势，符合人类进化方向，它是不以个人意志为转移的客观规律。

结合这些知识，我们怎样修炼我们的思维？或者说通过何种途径进行修炼，才能使得我们的思维更加科学与真理呢？

修炼语言的思维要遵守事物的基本规律，从简单到复杂、从低级到高级、从单一到组合、从孤立到包容。下面我就讲一些语言思维修炼的基本方式方法，以及英语思维养成的方法、途径、原则。我们先要掌握一定的词汇量，不能死学死记，也不能机械地学习，一个汉字一个英语单词这样学习的效果并不好。语言是语形、语音、语义三位一体的辩证统一，所以学语言的时候要建立语形、语音、语义的相互关联、辩证统一。在学习语形时，既要知道这单词怎么写，又要知道它怎么发音和所代表的含义。这些都要在大脑思维中同时进行，并产生大脑镜像，即这个单词的具体镜像是什么样的图形、是什么样的物体、是什么样的事情。在使用英语时，我们的大脑就可以直接产生英语相关的大脑镜像，直接理解英语的具体含义，不需要从英语到中文、再到英语的过程。

在学习英语的过程中，从英语到中文再到英语的思维过程是客观存在的。大家一定见过用汉语标记英语的例子：

七上八下 seven up eight down

不三不四 no three no four

马马虎虎 horse horse tiger tiger

不管三七二十一 no care three seven twenty one

用美国语言学家乔姆斯基的观点转换生成语言学来看，主要包括基础和转换两个部分，基础部分生成深层结构，深层结构通过转换得到表层结构，语义部分属于深层结构，并为深层结构做出语义解释。语音部分属于表层结构，并为表层结构做出语音解释。这样用汉语说英语在深层结构的语义和表层结构的语音上都是错误的。

从英语到汉语再到英语的思维过程中，中间还要有母语的思维，思维也是需要时间的，同时，中间转化成母语，再输出目标语言，这样的错误率相对来说是比较高的。

要解决这个问题，只有掌握了语言的逻辑思想规律和最根本的语言法则，才能在英语和母语之间自由转化，实现英语思维，像母语一样自由使用。语言的符号语言点、线、形以及元语言和元思维是我们进入英语思维的最有效的途径，因为符号语言点、线、形，元语言、元思维本身就是事物最根本的逻辑思想规律，是我们理解和学习语言从一种境界到另一种境界升华的必由之路和最有效的路径。

我们大脑里有个叫作收敛区（Convergence Zone，简称 CZ）的动态区域，这个动态的意思是指它的存在并不限于某一个大脑区域，可能是布满大脑各部分或者甚至是随机分布。它的功能就是把概念分散储存，当需要调用概念时，就会采用相反动作把零散分布的信息再化零为整组合出需要的概念。在大脑处理图形时就是以 CZ 的方式进行分解，把一个对象的图像分解成若干个点、线、面，整个处理过程仅在瞬间便可完成。

英语也是符号语言点、线、形三要素形成的文字，英语所有的记忆都会被大脑分解成最简单的形式，存储在大脑相关的记忆区里，用的时候再以最简单的方式调出组合成具体的文字信息。巴赫金认为，个人意识依靠符号、产生于符号，自身反映出符号的逻辑和符号的规律性。单个意识本身就充满着符号，因为意识是在集体的、有组织的社会交往过程中，由创造出来的符号材料构成的。只有交流思想及相应的符号内容，只有在社会的相互作用过程之中，意识才成为意识。

关于内部心理与感受，巴赫金认为，内部的心理不是物体，而是符号。心理感受是机体与外部环境接触时的符号表现，所以内部心理只能作为符号来理解。感受依靠符号材料实现，感受就是内部符号，可以说在这种材料之外，任何感受都不存在。但同时也应该看到，没有内部符号也就没有外部符号。巴赫金还论述了心理的符号材料，它们可以是一个机体的运动或过程，如呼吸、血液循环、身体运动、发音动作、内部话语、面部表情、对外界的反应等，并指出心理符号材料主要是话语——内部言语。

这些都跟元语言和元思维的调用组合和逻辑思想相关联。大脑存储知识信息点之间的相互作用，就产生了知识信息点之间的逻辑判断，各种相同信息的知识信息点就形成信息链，让大脑进行它需要信息的选择，在大脑思维后输出信息。这就是大脑知识信息点之间相互作用的触发定律、信息链之间的合理选择定律、信息思维的理解定律。由此可见，大脑中的英语信息点和汉语信息点的信息相同，就会形成一个信息链，让大脑快速合理选择思维、输出信息。如果英语信息点和汉语信息点的信息不同，就不能形成一个信息链。遇到不同的信息链，大脑就要经过再次或者多次选择，从而找到思维需要的信息，这样表现出来就是费时费力。大脑中存储的知识信息点信息不充分，再次或多次的选择就会产生错误。

因此，我们要把握语言文字基本转化的逻辑思想规律。元语言和元思维是各种语言文字和思维思想的总括，不是机械的总括，而是思维意义上的总括。元语言和元思维可以操作各种语言文字和思维思想，使各种语言文字和思维思想在元语言和元思维平台上互相会话、互相理解。元思维跟英语思维和母语思维都不矛盾，而是兼容并包。母语越好，大脑存储的知识信息点就越多，语料也就越多、越好，思维就越活跃越丰富，这些知识信息点同时也促进了英语的学习。

只有掌握了元语言和元思维的逻辑思想规律，才能有效学习英语和母语、使用英语和母语，兼容并包，有效地提高英语水平。掌握元语言和元思维的逻辑思想规律，就可以科学规律的学习英语，用元语言和元思维在英语和母语间架起一座语言和思维的桥梁，实现互通互容，合二为一，成为一体。英语和母语最后都统一为元语言和元思维，这样就不存在思维障碍，不存在反应时间，不存在英语是英语、母语是母语，从而实现英语母语化交流。

我们鼓励大家建立情境，在语言的情境下思维和学习，大脑就建立了直接的反射，而不是间接的反射，这样我们的学习效果和效率就会提高。那什么是情境呢？就是反应语言的具体有形或无形的环境，既包括实物的环境，也包括文化的情感的环境。情境可以自己设定，也可以自己安排，按照实际情况，任何情境我们都可以创造出来。学习语言要多说、多练，只有这样，语言才能 厚积薄发，实现语言的真正突破，真正掌握语言、驾驭语言，实现语言给我们带来价值。

大家要问，那么多的词汇、句子，怎样才能很好掌握呢？语言最常用的 2000 个左右的词汇是应该掌握的，要分清这些基础的词汇有没有直接建立大脑镜像的一一关联，不能死记硬背地记下这些基础词汇。刚开始学就要按科学的方式方法，建立情境地学、建立镜像地学，不要死学死记。如果我们已经记下了很多基础词汇，那是很好的学习基础，只要我们努力，问题是可以解决的。我们重新在情境下建立单词与事物的对应，多次重复训练，就会自动建立起单词和事物的一一对应。这样就变成了我们大脑思维的镜像、思维的直接素材、直接语料，从而跨越了中间母语的翻译过程，实现了英语的直接对话，使我们的英语变得有效，更有价值。

语言、言语与思维有密切的联系。语言、言语是人类交流的工具，也是思考的主要工具，是思想的直接体现。语言是由一定的词语（含词形、词音、词义）按语法结构组成的、表达交流思想的工具；言语是运用语言表达交流思 想的过程。言语不是空洞的声音流，而是有确定意义与内容的心理现象；言语的意义（词义和句子的意义）就是思维的内容，就是人们的思想观念；语法结 构和语法规则也是人类思维逻辑规律的具体表现。个人思维水平的差异直接影响言语水平的不同。人们要进行间接、概括的抽象逻辑思维更需要借助语言。因此，语言和言语是思维最合适的"物质外壳",思维必须领先词句与言语表现,思维的最后结果都必须以此举其作为承担者。若离开了语言、言语,人们的思想就无法清晰准确地表述。个体语言掌握和言语的运用在人的思维发展中起重大作用。实践证明,言语能促进人的思维和思维品质的发展。

第一,思维及思维的基础形式(概念、判断、推理)是客观现实本质特征及其规律的反映,思维与客观事物之间有必然联系;语言、言语只是客观事物的标志、符号,它和客观事物之间没有必然联系,只是代表思维来反映客观现实,所以二者不能等同。

第二,语言、言语中的词汇与思维中的概念,并不完全等同或同一。统一概念可由多个不同词汇来标志,如"仁"既代表果实的概念,又可代表道德概念。

第三,思维是精神现象,不具有物质性,而语言是其物质外衣,具有一定的物质性(词形、语音),所以二者不能混淆。内部言语具有发音器官隐蔽性的特点。人在默默思考时,它的肌肉组织向大脑皮层发送动觉刺激。但是这种内部语言不等于思维。

第四,思维与语言、言语常出现矛盾现象。人们在用语言材料表达思想时,会出现词不达意、心口不一的现象。

第五,语法规则和思维规律也不是等同的。各个民族语法规则虽有共性,但其差别性十分明显;而不同的民族之间,思维的规律虽有某些差异,但其中共同规律性是主要的。

为了增进学习,我们可以在安排情景和组织活动的情境下学习一些常用的句子。这样,我们说话的时候就有更多的语料组织、更丰富的语言结构安排、更加地道的语义表述。或者我们背诵一些英文名篇,这样能更好地提升自己对语言的整体把握,使我们的语言更加合理、更加有次序、更加完整。

我们学习语言——一个单词、一个句子、一篇文章,也许我们今天学了,明天可能就忘了。这是任何人都有的问题,那我们怎么办呢?我们的成功之路只有一条,那就是坚持不懈,忘了就再学、再记。只有这样,才能逐步掌握和实现我们的目标。这个过程也是循环运动的过程,记住了、忘记了,再记、再学,正是在这样的循环运动中我们对语言的理解更加深了、更加完整了、更科学了。只有这样,学习才能不断进步,从一个个的小进步汇聚成大进步,一个个的大进步汇聚成彻底掌握。只有这样,才能达到准确、流利、生动、通畅、自然、美妙的语言境界,像母语一样自由使用、交流、沟通。

在语言学习过程中,我们不断学习新的知识,不断更新知识体系,丰富我们的头脑。

第三节　跨文化交际中言语交际能力与思维模式

一、英汉语言中的语义文化差异

通过英汉语言比较研究，我们认为影响英汉语言的文化差异主要有以下四个方面：语义文化差异，语法文化差异，语篇文化差异和语用文化差异。何谓语义？语义是客观世界通过人类思维在语言中的反映。AJ. Ayer 对语义的释义是："一个句子，对某个人来说，只有当他知道如何去验证该句子试图表达的命题时才会有实际语义。"语言学家 Ruth M. Kempson 认为"词的意义取决于它对句子意义的贡献，而句子的意义则取决于词和把词联结成句子的语法关系"。由此可见，在英语中，句子是能够表达完整意义的语法单位，语篇是由一个或几个句子组成的"语义"单位，语义的确立有赖于词、句所依托的情景即句子、语篇。

从横向的、跨文化的角度来看，语义的差异反映了不同文化价值观念的差异。语言总是在一定的语境中运用，并在情景中起一定的作用，语言与情景之间的关系密不可分。情景既包括讲话者的环境，如讲话内容、参与者、讲话媒介等，也指语篇内的环境，即上下文（context）。社会文化通过各种具体情景语境来表现，情景语境制约着对意义系统的选择。在不同的情景下，同一个词会有迥然不同的意义。语篇是在情景语境的制约下通过对意义的选择生成的。现代英国语言学派创始人 Firth 说，每个词在不同的上下文中会成为含义不同的另一个新词（Each word when used in a new context is a new word）。请看 power 一词的例句：

I will give you all my help within my power. I will try my best to help you. 我会尽力帮助你的。（生活用语）

Which political party is in power now?
目前哪个政党是执政党？（政治用语）

What is the power of this engine?
这台发动机的功能有多大？（物理用语）

27 is the third power of 3.
27 是 3 的立方。（数学用语）

可见，英语词义比较灵活，词的涵义范围较宽、较为多变，词义对语境的依赖性比较大；而汉语词义比较严谨，词的涵义范围比较窄、比较精确固定，词义的伸缩性对语境的依赖性比较小。请看下列两个句子：

He is the best student in his class and he is now getting better and better.

He is the worst student in his class but he is now getting better and better.

两个句子中的 better 由于上下文不同，所依赖的具体语境就不同，因而词义和意义各不相同。第一句中的 better 表示越来越优秀，而第二句中的 better 则属于差的范畴。

首先，语言的基本功能是交流思想，这与说话者和听话者的心理活动密切相关，尤其是说话者的意图。其次，社会文化背景也影响语义。因为对全人类来说，某词的所指意义（referential meaning）是相同的、统一的，但该词在人脑中引起的联想和印象却因时因地因人而异。

1. 联想意义的产生对语义的作用

词的文化联想是文化集团根据自己对某一事物的认识而产生的联想。在文化联想中，很多人可以想到事物醒目的特征、习性、传说、与文艺的关系、历史事件以及文化集团中与之有关的社会风俗等。文化联想有两种：属性联想和习惯联想。

（1）属性联想。属性联想主要指从客体属性方面产生的联想。客观事物由于普遍具备某种明显属性，在不同的语言中就会有共同的联想意义，如汉语中的"狐狸"和英语中的 fox 都会让人产生"狡猾"的联想。不同集团所接触的客体若属性不同，那么对这一客体的联想意义就有所不同。汉语的"东风"预示着春天的来临，而英国人却偏爱西风，因为在英国，东风从欧洲大陆吹过，代表着寒冷，西风则给英伦三岛送去温暖，带去春天。所以，汉语常常有赞美东风的文句，而英语却不乏歌颂西风的诗篇，雪莱的《西风颂》就是最好的例子。

（2）习惯联想。习惯联想在各语言之间常常不同。英语中的 13 是一个不祥的数字，据说在耶稣最后的晚餐上，第 13 个人是叛徒犹大，耶稣遇害的日子恰好也是 13 号，但对中国人来说，就无此联想。中国人一说到"乌鸦"就感到晦气，原因是曹操赤壁之战前所作的《短歌行》中有"月明星稀，乌鹊南飞，绕树三匝，何枝可依"之句，接着在战役中大败。后人认为诗中的"乌鸦"是凶兆，自此便忌讳乌鸦。中国人千百年来受中国诗词的熏陶，对"垂柳、杨柳"有一种诗情画意的联想。willow 在英国人头脑中则没有这层含义和联想，"垂柳"的英语表达是 weeping willow，weeping 是"下垂的"意思，但同时也有"哭泣"之意，因此英国人对垂柳的钟爱远远不及中国人。汉语说"吹牛"英语叫 talk horse，因为中国文化起源于农业，与耕牛关系密切；西方文化源于游牧，和奔马关系密切，即使犁地也是用马，而不用牛。汉语中有很多与牛有关的词语，如"老黄牛""牛脾气""牛角尖""对牛弹琴"。英语中带马的词语很多，像 work like a horse（像牛一样地干活），as strong as a horse（力大如牛），a willing horse（认真工作的人），hold one's horses（沉住气）等。

2. 语义差异与价值观念差异

从文化的角度来看，语义的差异反映了不同文化价值观念的差异。根据《韦氏大学词典》（第九版）的定义，individualism是"主张个人正直与经济上的独立、强调个人主动性、行为与兴趣的理论，以及由这种理论指导的实践活动"。在欧洲，个人主义的萌芽与中世纪的神权中心、封建关系中心相对立，它在近代资本主义发展的历史进程中起了积极的推动作用。在美国，个人主义者的典型形象是移民初期身携长枪与斧头的拓荒者。他们勇于进取，珍视个人权利，敢于漠视政府和法律。在众多现代西方社群中，人们普遍把注重个人自由和个人权利视为实现自我价值的积极表现，"个人主义"作为这一精神的概括自然被赋予了积极意义。

《现代汉语词典》对"个人主义"的定义是："一切从个人出发，把个人利益放在集体利益之上，只顾自己、不顾别人的错误思想。"中国社会主张个人服从集体，崇尚"大公无私""破私立公""毫不利己，专门利人"。在这种文化氛围中，"个人主义"便自然地成为与"集体主义"相对的贬义词，与它相关的是"自私自利""损人利己损公肥私"等受到否定的概念和行为。该词的"感情意义"同"概念意义"和"内涵意义"浑然一体。由此可见，接受一个语言符号具有既定的文化内涵。在很大程度上，接受一个语言符号的形式就意味着接受其内涵，包括褒或贬的感情意义。这种现象可说是文化对个体施行的"符号暴力（symbolic violence）"。

3. 语义演变与价值观念演变

从历史的角度看，语义的演变与文化的沿革息息相关。语言学家陈原在《语言与社会生活》一书中指出："语言中最活跃的因素——词汇，常常最敏感地反映了社会生活和社会思想的变化。"汉语中"老板"曾是带有明显贬义的称呼，有"剥削者"的嫌疑，如今在经济大潮中，"老板"成为广大人群十分羡慕的字眼。英语中gay一词本意为"欢乐的、愉快"，现在演变为带有"同性恋"这样的内涵。Boy scout原意为"童子军"，现带有贬义，表示"幻想而不切实际的人"。patriotic本是褒义词，但在美国，由于越南战争，它成了贬义词。这些词语内涵的改变都折射了社会生活的变迁，成了时代变迁的风向。

4. 语义文化差异交际的影响

美国著名语言学家Edward T. Hall于1976年提出了强交际环境文化（high context culture）和弱交际环境文化（low context culture）的概念，来区别不同文化中交际对环境的依赖程度。根据Hall的观点，在强交际环境的条件下，人们交际时，有较多的信息量或蕴涵在社会文化的环境和情景中，或内化于交际者的中心；相反地，明显的语码则负载较少的信息量。也就是说，强交际环境文化中的人们对微妙的环境提示较为敏感。而弱交际环境中，交际过程中所产生的信息量大部分由显性的语码负载，相对地说，只有少数的信息蕴涵在隐性的环境中，在弱交际环境文化中的人们习惯侧重语言本身的力量来进行交际。东方文化属于强交际环境文化，西方文化属于弱交际环境文化。美国人习惯于从已经说出来的东西中寻找涵义，而中国人则更习惯于从没有说出来的内容，如说话的场合、当时的情景、语句的文化内涵、某种沉默、某种姿态、某种状态中去寻找涵义。

比如，一位美国人请朋友到家里做客，他对一位中国朋友说："I'm going to have a party tonight at my home. Come if you want." 这位中国人听了他的话感到迷惑不解，不知应不应该去做客，因为他认为这种邀请似乎太不正式了，疑这位美国人没有诚意。所以，他经过三思还是没有去。从中国的文化角度看，这种邀请似乎不够盛情，语气不够强。其实，这位美国人是诚心诚意的。他对朋友的邀请看上去不太正式，但他的诚意已蕴涵在他说的话里了。美国人追求的是一种平等，他想邀请你，但又不想把来做客这件事强加于你。

再如，一位中国人指着另一位中国人开玩笑地对外宾说："他有气管炎。"翻译直接把这句话译成了 He suffers from tracheitis。这位外宾听了非但不笑，反而感到莫名其妙，问道："So what? Why are you laughing so hard when he is suffering from tracheitis?" 汉语的"气管炎"一词与英语中的 tracheitis 都是一种疾病的名称，但汉语的"气管炎"在使用中被附加了文化色彩，具有"怕老婆""惧内"的涵义，这是通过汉语的谐音"妻管严"实现的一语双关。因此，"气管炎"应译为 He is a hen-pecked man。这样翻译无论从信息传递还是从译文所产生的效果上看，都更贴切、自然，对等再现了原文的意思。上述例子表明，文化的差异对语义的理解有着直接的影响。

如上所述，语言中的语句是无穷的，语句之间的关系、词与词之间的关系似乎也是千变万化的，但也不是没有规律可循。现简略地归纳几种主要的语义关系与语义性质。

（1）语义同义关系。语义同义关系也称为语义相同（sameness of meaning），如汉语中的傻、笨、蠢，英语中的 politician。句子中间的同义关系则称为释义关系（paraphrase），如 He loves his parents 与 He loves his father and his mother。同义关系是语义关系中最普遍、最重要的一种。

汉语中的"我、鄙人、在下、兄弟"等均指第一人称单数，它们在用法上的差异在于说话者与听话者之间相互关系的不同，而不是语义上的不同，所以语义不能与用法等同。

（2）语义相近关系。在一组词中，如果所有词的词义成分中有一个共同的成分，就叫做语义近似。汉语中的姨（aunt），姐妹（sister），尼姑（nun），女人（woman），女演员（actress），母牛（cow）等，这些词不是语义全部或主要部分相同，而是在语义的某一特性上相同或近似，都是"女的或雌性的（female）"，又如叔叔（uncle），兄弟（brother），和尚（monk），男人（man），男演员（actor），公牛（ox）等，它们的语义特性都是"男的或雄性的（male）"。

（3）语义差异关系。这是与"语义相近"相对的关系。英语的 dog, tree, car, girl, aunt 的相似处在于它们都是实物（physical object），而 shadow, mirror, image, reflection, lap 等词的相似处在于它们都是影像（image）。这两组词之间的差异是"实物"与"影像"的差别。（4）反义关系及对比关系。在我们日常的观念中，①young/old, hot/cold, ② dead/alive, married/single, ③ parent/child, husband/wife, ④ go/come, up/down, ⑤ north/south, spring/winter, morning/evening, Sunday/Saturday 等都是反义词，但它们之间的关系并不一样。例①表示的是反义关系，在语义学中又称为可分级反义词（gradable antonyms）；例②这些词称为双分反义词（binary antonyms）或互补词（complementariness），它们是不可分级反义词；例③和例④为对立词（converses），又可称为关系反义词（relational opposiies）；例⑤可通称为多项不相容词（semantic incompatibles），表示的是对比关系（contrastingness）。

（5）下义关系。英语词 finger—thumb, organ—liver, human—boy, dwelling—cottage 均属下义关系。这种先系又称语义内包关系（meaning inclusion），即一个语言符号的意义包括在另一语言符号的意义内的一种关系。finger 为上义，thumb 为下义，因为 finger 包括了 thumb 的词义成分。与之相应的句子关系叫含蕴关系（entailmeiit）。①The car is red 句子中的 red 含有句子②The car is colored 中的 color 的词义，我们就说①与②的关系是含蕴关系。

（6）歧义现象或模糊现象。在 I've found the button. 这一句中，button 一词可以有两个不同的意义：①纽扣，②按钮（电器开关）。故这个句子既可译为"我找到了那颗纽扣"也可译为"我找到了那个开关"，因此这个句子的含义模糊。除了因一词多义或语法关系造成歧义现象外，还有由于所指不明确而造成的模糊现象。例如，It was too hot to eat 可有不同的理解：①it 作无人称代词，表示天气，此句可理解为"天太热，不想吃东西"；②it 可指某样食物，如烤鸡，那么此句可译为鸡肉太烫了，不能吃"；③it 指某物，如一条狗，那么此句也可理解为"这只狗感到太热，吃不下东西"。这种由于不明确而引起的模糊现象，我们称之为不明确现象（vagueness）。

二、英汉语言要素与跨文化交际

1. 英汉两种语言文化差异

英语和汉语属于两种不同的语言体系。英语属于印欧语系,汉语则属于汉藏语系。二者在语言、语义、修辞、词序、词的构成、词性变化、句法结构等方面存在着很大差异;双方历史、文化背景发展不同,地理环境、风俗习惯及社会制度也存在着很大差别。正是这些差异和差别决定了中西方各具民族特点的文化,进而决定了受不同文化熏陶的人的思维习惯、审美情趣等。英汉语言不但承载着不同的民族文化特色和文化信息,而且与文化传统紧密相连,不可分割。现从文化传统和风俗习惯、地理环境和思维方式以及价值观和审美情趣等几个方面对英汉语言的文化差异进行比较。

2. 文化传统和风俗习惯

由于历史、地域、文化背景、风俗习惯的不同,中国人和西方人往往对同一事物的思维、理解、看法不尽一致,甚至有很大差异。因此,不同的文化传统语言承载的信息感应不可能等效,因而绝对不能简单地对号入座,要讲究语用意义对等,即从语用学的角度考虑,遵循交际中的合作原则,包括礼貌原则、策略原则、满意原则和呼应原则等。

(1) 称呼。中国人的生活词典以"尊"字当先,一开口少不了"兄弟、哥哥、姐姐、叔叔、伯伯、大娘"之类的称谓,尤其是对待年长者。可是外国人对这点看得很淡,除了自己的亲戚外,他们不会轻易加敬称。若你加了,他们会感到非常不舒服,或许还会产生错误的想法。同样是问路,中国的孩子会说:"老奶奶,请问去邮局怎么走?"美国的孩子会说:

"Excuse me, will you tell me the way to the Post Office?"

(2) 打招呼。中国人见面打招呼常用的几句话是:"您吃了吗?""您去哪儿?"这两句话在中国文化中没什么具体含义,只是一种礼节性的打招呼的方式,相当于英语中的 Hello 或 Hio 前一句如按字面意思译为 Have you had your dinner? 或 Have you eaten yet? 往往使外国人误以为你想请他们吃饭。再如,后一句译为 Where are you going? 或 Where have you been? 外国人听了会不高兴,认为你有干涉别人私事之嫌。英语国家的人打招呼通常以天气、健康状况、交通、体育以及兴趣爱好为话题,如我们非常熟悉的英语句型:Lovely day, isn't it? How are you? 等。

现将中国人和英语国家的人初次交往的禁忌归纳为"七不问",即不问对方年龄 (age),收入 (income),体重 (weight),宗教信仰 (religion),婚姻状况 (marriage),吃了吗 (Have you had your dinner?) 和去哪儿 (Where are you going?)。

（3）赞扬与答谢。在英美国家，赞美也是人们交谈的话题，赞美的内容主要有个人的外貌，新买的东西、出色的工作或取得的好成绩等。对别人的赞扬，他们最普通的回答是 Thank you！而中国人总爱抬高别人贬低自己。比如，听到老外赞扬 You look very beautiful today，没有经验的中国人通常会直译回答："哪里，哪里。"或"你过奖了。"英美人会被这种回答弄得莫名其妙。

一般来说，中国人在家庭成员之间很少用"谢谢！"如果用了，听起来会觉得很怪，或相互关系上就有了距离。而在英美国家 Thank you 几乎用于一切场合的人际交往，即使在父母与子女，兄弟姐妹之间也不例外。当别人问道："Would you like something to eat/drink?" 我们通常客气一番"不用了"，"别麻烦了"等。按照英美国家的习惯，你若想要，就不必推辞，说声 Yes, please 即可，若不想要，只要说 No, thanks 就行了。这也充分体现了中国人含蓄和英美人坦率的不同风格。

3. 地理环境和思维方式

人类赖以生存的地理环境包括四个重要方面：位置、气候、地形和自然资源。一定的文化实体总是存在于一定的地域空间内，不可避免地要体现该地域的自然面貌特点，反映到语言上就会使语言之间产生明显的差异：地理位置决定了当地的自然条件，特别的自然环境和条件对人们的心理、思维和行为习惯等造成一定的影响，这一影响在语言中的体现非常直观。从历史传统和现实生活来看，英语民族长期过着航海生活，因而英语中与大海、航海或源于航海的词语比比皆是，如 a sea of troubles（无穷的麻烦），follow the sea（当水手），keep one's head over water（奋力图存），Hoist your sail when the wind is fair（好风快扬帆）等。从这些例子可窥见"海"字的踪影。这些词汇在以大陆文化为根基的汉语中就没有对应词。

中国是大陆国家，土地至关重要，所以汉语中有许多与"土""土地"有关的词语，如土崩瓦解（collapse like a house of cards），土生土长（locally born and bred），土里土气（rustic）等。在比喻花钱浪费，大手大脚时，英语的表达是"spend money like water"，汉语则是"挥金如土"。

汉语中有许多关于山川、四季、农耕等方面的习语，如山重水复疑无路，柳暗花明又一村（The hills and streams have no end, there seems to be no road beyond; but dim with willows, bright with followers, another village appears）；一日不见，如隔三秋（A day's separation seems as long as three years），其意思就是 miss sb very much。英语中的 As you sow, so you must reap（种什么，收获什么）不如汉语的"种瓜得瓜，种豆得豆"那么具体。

受长期农耕文化的影响，汉语中形成了"民以食为天"（People regard food as their primary want/Food is the first necessity of man）的传统，产生/大量与此有关的习语，如"吃饱了撑的"（be restless from overeating have so much surplus energy as to do sth. senseless），"吃不了，兜着走"（get more than one bargained for; land oneself in serious trouble），"吃大锅饭"（eat from the same big pot—get the same pay whether one works hard or does not work at all），"吃里扒外"（eat sb.'s food and cater to his enemy; live on one person while secretly serving another; betray one's own side），"吃软不吃硬"（susceptible to persuasion rather than coercion）等。这些说法或表达在英语中比较少见，必须按照它们的实际含义根据上下文来翻译。

由此可见，汉英两种语言在地理方位和农耕表达上的差异同样反映出不同的文化内涵。只有了解了这一差异，我们才能创造某种"异国情调"，恰当地进行语言转换。

4. 价值观念与审美情趣

价值观念包括伦理道德、意识形态、宗教信仰以及风俗人情等可以作为"为人处世"准则的观念，一般被认为是特定文化和生活方式的核心。这方面的差异表现在汉英两种语言上，有时十分明显，有时相当隐晦。作为文化构成的深层因素，它既是社会文化的组成部分，又是社会文化因素在人们心中长期渗透、积淀的结果，持久地影响着人们的态度、需要和行为方式。

（1）亲属关系。中国素有"礼仪之邦"之称，在数千年的文明史上，由于长期的农耕生活方式和儒家"长幼尊卑"的观念，中国文化形成了自己的一套道德规范和礼貌准则，其各种亲属关系和社会关系被规定得非常清楚和严格，如"伯父""叔父""舅父""姑父""姨父"这一组词指称父母间辈的男性亲属，不得混淆。这些亲属"亲疏有别，权利义务不同"，不加以区分是不行的。而对具有长期商业传统、推崇个体主义文化价值的英语民族来说，亲属关系和社会关系就没有中国传统文化那么清楚和严格，如英语中对非直系亲属，长一辈的一律称为 uncle 或 aunt，小一辈的叫 nephew 或 niece，而同辈人不分男女，一律称 cousin，这与丰富的汉语亲属名词相比简单多了，但对中国人来说简直不可思议，因为汉语中不但要分清男女、长幼，还要讲究"堂""表""血亲""姻亲"之别，甚至还要弄清"姑表""姨表""舅表"等"辈分"和其他亲属关系。在英美等西方国家中，孙子和爷爷可以相互直呼其名，以示亲昵。但这种称呼对受汉文化熏陶的中国人来说，不仅是"没大没小"简直是"大逆不道"。

（2）宗教信仰。一个民族的宗教信仰是文化的一个重要组成部分。中、英两国都有着悠久的历史，在历史的长河中形成了各自的宗教习俗，与宗教信仰有关的习语也大量地出现在英汉语言中。英美人有着信奉基督教的传统，与此有关的习语，如 Go to hell（见鬼去吧；下地狱去吧）这样的诅咒；God bless you（上帝保佑你）这样的祝福。God helps those who help themselves（自助者，上帝助之）这样的激励。佛教传入中国已有一千多年的历史，与此相关的习语，如借花献佛（borrow a flower and present it to the Buddha as a gift；make a gift of sth. belonging to sb. else），放下屠刀，立地成佛（A butcher becomes a Buddha the moment he drops his cleaver；A wrongdoer may become a man of virtue once he does good），谋事在人，成事在天（Man propose, Heaven disposes；Man propose, God disposes）等。

（3）审美观念。不同的民族有不同的审美观念，这一点同时也反映在不同民族的语言中。"猫头鹰"（owl）在西方文化中是"聪明""智慧"的象征，如 as wise as an owl；而在汉语中，它是一种不祥之鸟，听到猫头鹰叫，人们认为会带来灾难。"蝙蝠"在中国文化中因其谐音为"福"而被视为"福"鸟，但在西方文化中却是邪恶的象征。喜鹊在汉文化中会引起"喜讯到来"的联想，如"喜鹊报喜，乌鸦报丧"；而在西方文化中没有如此联想。"蜗牛"（snail）在美国是吉祥幸福的象征，在客人临行时送蜗牛，含有"慢慢走，祝你一路平安"的意思，而汉语则没有此意。各种语言都有用动物进行比喻的习语，英汉语言也是如此。最典型的莫过于对"狗"的态度。狗（dog）忠实于主人，这种特性引起西方人对狗的好感，视狗为宠物，用来喻指人时多为褒义，如 top dog（重要的人），Every dog has his day（人人皆有得意之事），还有 Love me, love my dog（爱屋及乌）；而在中国人眼里，狗的忠实特性却有"仗势欺人"，"为虎作伥"之嫌，在汉语里用"狗"比喻人时多带贬义，如"狗咬吕洞宾，不识好人心"，鲁迅先生的"痛打落水狗"更为人们所熟悉。英语中 You are a lucky dog 是赞叹"你真是个幸运儿"若直译为"你真是只幸运的狗"，在中国人眼里肯定是不会引起美好、愉快的联想。

5. 英汉语言的语法文化差异

语法是语言结构的法则，包括词的构成和变化规则以及组词成句构篇的规则，我们知道，语言是人们进行交际、思维的工具。在同一民族内部，人们可能会因为年龄、性别、职业和各自所处的社会层次不同而使用不同的语汇表达各自的思想，但在语言的表达方式和手段上都认同并遵循同样的法则。这些语言规则是一个民族长期沿袭下来的言语表达习惯，是民族思维方式或程序的反映，是思维长期抽象化的结果。它的形成极其复杂。研究一个民族语言思维的规律，可以从一个侧面窥视出一个民族的心理特征和认知特征。从这个意义上说，语法反映一个民族的意识和语言个性。我们试图对比分析英汉语言的语法和构词方法，从一个侧面揭示英汉两个民族在思维与表达方面的某些文化特点。

英汉两种语言属于不同的语言类型,放有不同的形态结构模式。汉语属于分析型语言,没有形态变化,其语法关系主要靠词序和虚词表达。英语靠词的形态变化表达语法意义,词序比汉语灵活,但相对固定,虚词很多,用得相当频繁。

形态变化、词序和虚词是表达语法意义的三大手段。这些语法手段在英汉两种语言中具有不同的特征。

(1) 英语有形态变化,汉语没有严格意义的形态变化。所谓形态变化,即词的形式变化,主要包括构词形态和构形形态两个方面。

①构词形态。构词形态,即起构词作用的词缀变化(affixation),包括大量的前缀(prefix)和后缀(suffix)。英语的词缀数量多,种类齐全,灵活多变,常常一缀多义。汉语利用词缀构词仍处在发展中,不论数量或种类都不及英语。下列同义句的英汉表达方式的差异生动地说明了这一点。

He moved astonishingly fast.

He moved with astonishing rapidity.

His movements were astonishingly rapid.

His rapid movements astonished us.

His movements astonished us by their rapidity.

The rapidity of his movements was astonishing.

The rapidity with which he moved astonished us.

He astonished us by moving rapidly.

He astonished us by his rapid movements.

He astonished us by the rapidity of his movements.

——O. Jespersen

他行进的速度快得令人惊讶。

他行进的速度之快,令人惊讶。

他的快速行进使我们感到惊讶。

我们对他的快速行进感到惊讶。

英语通过词形变化,改变词性,用这些词灵活组句,可以表达一个几乎相同的意思,汉语没有词形变化,就难以用那么多的句式表达同样的意思。英汉互译时,往往要改变词性、转换同类,才能通顺地表达原意。

②构形形态。构形形态,即表达语法意义的词形变化。例如:

我给他一本书。I gave him a book.

他已给我两本书。He has given me two books.

他爸爸常常给他一些书 oHis father often gives him books.

汉语中的"我""他"没有形式变化，同一个词可以表示主格、宾格或所有格；"书"没有形式变化，可以表示单数或复数，动词"给"也没有形式变化，可以表示现在，过去或已完成的行为。但英语对应的词 I，me，he，him，his，books，gives，gave，has given 却有形式变化。

英语的动词、助动词和情态动词常常结合起来，运用其形态变化，表示动词的时态、语态和语气。汉语没有这类变化，时态、语态和语气有时虽可借助一些半独立的词语表示，但多数隐含在句中上下文里。例如：

They told me that by the end of the year they would have been working together for thirty years.

他们告诉我，到（那）年底，他们一起工作就有 30 年了。

New factories are being built all over the country.

全国到处都在兴建新工厂。

现代英语的形态变化主要是动词、名词、代词、形容词及副词的变化，还有上述的词缀变化。这些变化有：性、数、格、时、体等。有了这些变化，一个词或词组常常可以同时表达几种语法意义，例如从词的形态判别它的词类、在句中的作用与其他词的关系等。汉语没有形态变化，一般要通过借助词语、安排词序、隐含意义或用其他办法分别表达语法意义。例如：

Thus encouraged, they made a still bolder plan for the next year. （由于）受到了这样的鼓励，他们为第二年制定了一个更大胆的计划。（过去分词短语 Thus encouraged 含被动意义，作状语，表示原因；形容词比较级 bolder 含有 过去相比的意义）

I regret not having taken her advice. 我后悔没有听她的劝告。（not having taken her advice 是动名词完成体的否定式，作动词的宾语）

The book is said to have been translated into many languages. 据说此书已译成多种语言。（双重被动式，其中 to have been translated 是不定式完成体的被动态）

汉语的数量助词（如"们"表示复数）、动态助词（如"着""了""过"表示动词的体）与结构助词（如"的""地""得"表示定语、状语与补语），虽类似于英语的形态变化，但这些词的使用在汉语里通常缺乏普遍性：有的场合一定要用，有的场合可用可不用，有的场合甚至不能用。英语形态变化的使用有严格的规则，往往带有强制性。例如，汉语可以说"学生们"，但在"两个学生""他们是学生"中，却不需要加"们"而英语的 student 都要加 S。

（2）英语词序比较灵活，汉语词序相对固定。形态变化与词序有密切的关系。形态变化越多的语言，词序越灵活。英语的语法意义可以通过词序或虚词表达，在许多情况下也可以用形态标志表示。形态、词序和虚词这三大语法 手段互相配合或交替运用，使英语词语和从句的位置比汉语灵活。

第一，英汉句子的倒装。英汉句子的主要成分如主语、谓语动词、宾语或表语的词序基本上相同，一般都是主动宾（表）。但与汉语相比，英语词序倒置的现象比较多。H. Fowler 将英语词序的倒装现象归为九类：

① Interrogative inversion（疑问倒装）

What in the world do you mean? — C. Dickens

你的意思究竟是什么呀？

② Imperative inversion（命令倒装）

Come you, everybody!

大家都来吧！

③ Exclamatory inversion（惊叹倒装）

What a beautiful voice you have! —B. Shaw

你有多么好的嗓音啊！

④ Hypothetical inversion（假设倒装）

A pair of black eyes might have done some execution had they been placed in a smoother face. —W. Thacheray

一对乌溜溜的眼睛如果长在一副更细净的面庞上，就足够迷人了。

⑤ Balance inversion（平衡倒装）

Inexpressible was the astonishment of the little party when they returned to find that Mr. Pickwick had disappeared. —C. Dickens

当这一伙人回来发现 Pickwick 先生不见了的时候，那惊愕之态简直无法形容。

⑥ Link inversion（衔接倒装）

Such are the rewards that always crown virtue.

——W. Shakespeare

这样的报酬常常是美德所应得到的。

⑦ Signpost inversion（点题倒装）

By negation is meant the denial or absence of facts.

否定是指否认事实或不存在事实。

⑧ Negative inversion（否定倒装）

Not a finger did I lay on him. —R. Quirk

我从没有指责过他。

⑨ Metrical inversion（韵律倒装）

Good friend, for Jesus' sake, forbear

好朋友呀，看在耶稣的份上，请你住手．
To dig the dust enclosed here,
别来挖掘这块土丘，
Blessed be he that spares these stones
那肯保存这几块石头的，但愿他添福添寿，

这些倒置现象，部分是由于语法的要求，部分是出于修辞的需要。英语词序能够如此灵活倒置，形态变化和运用丰富的连接词是两个重要原因。汉语缺乏形态变化，少用或不用连接词，词序相对固定。除了诗词或某些惯用的句式外，汉语语序的改变大多是把宾语提到动词或主语之前，从而引起宾语句法功能的改变，如"她文章写得好""酒他喝得太多"。英语有结构性倒装（functional inversion），也有功能性倒装（functional inversion），汉语则功能性倒装居多。英语形态变化规则要求句中词语之间保持语法关系一致（grammatical concord），有了这种一致的关系，词语之间只要前后呼应，就容易灵活安排。

第二，英汉句子的定语位置。汉语的定语一般在名词的前面，而英语的定语在许多情况下可以通过形态变化或借助连接词置于名词的前后，位置比较灵活。例如：

① a very important question

A question of great importance

一个很重要的问题

② at an unprecedented speed

at a speed unprecedented

以空前的速度

英语的修饰词和被修饰词有时借助形态变化或连接词还可以相互转化，从而改变其修饰关系，汉语则往往不能有类似的转化。例如：

③ Her sparkling eyes betrayed her great excitement.

The sparkle of her eyes betrayed her great excitement. 她闪亮的眼睛说明她非常激动。

英汉的定语一般都紧挨着名词，但英语的定语有时可以远离名词，借助语法关系前后一致的原则，中间插一些别的词语。这种情况若不细加分析，往往导致误译。

The second aspect is the application by all members of society, from the government official to the ordinary citizen, of the special methods of thought and action that scientists use in their work. 第二方面是使用科学家在工作中所运用的特殊的思想方法和行动方法。社会所有成员，从政府官员到普通百姓，都要使

用这些方法。

汉语没有形态变化，少用甚至不用关联词，没有定语从句，名词之间的定语也不宜太长。英语借助形态变化、丰富的关系词和其他连接手段，定语可以前置，也可以后置，后置的短语和从句可以很长。例如：

An element is a substance that cannot be broken down into simpler substance by ordinary chemical means. 元素是一种物质，这种物质不能同一般化学方法再分解成更简单的物质。

翻译英语定语时，必须根据原文的意思和汉语的习惯灵活处理。即使是翻译英语的单词定语，有时也要改变其位置，转换成汉语的谓语或其他成分，因为汉语不习惯在名词前面用过多的定语，尤其是在口语里。例如：She had such a kindly, smiling, tender, gentle, generous heart of her own.

她心地厚道，为人乐观，性情温柔，待人和蔼，器量又大。

A little yellow, ragged, lame, unshaven beggar.

一个要饭的，身材短小，面黄肌瘦，衣衫褴褛，瘸腿，满脸短髭。

第三，英汉句子的逆辑思维。英语常用包孕许多修饰成分或从句的复合句或长句，句中各部分的顺序比较灵活。汉语表达同样意思时，主要借助词序和虚词，常见短语、分句、流水句，按照一定的时间和逻辑顺序，有先有后，有主有次，逐层叙述。这些英汉句子里的语序常常不同，甚至完全相反。一般来说，句中若有叙事部分和表态部分，英语常常是表态部分（判断，结论等）在前，叙事部分（事实、描写等）在后，即先总提后分述，或先讲结果后追叙过去，汉语的顺序往往相反；句中若有长短部分，英语常常是先短后长，即头轻脚重（end-weight），汉语的顺序则往往相反，汉语的时间顺序和逻辑关系常常按照由先到后、由因到果、由假设到推论、由事实到结论这样的次序排列，而英语可以借助形态变化和丰富的连接词语，根据句子的意思和结构的需要灵活排列，顺序往往与汉语不同。试比较：

I Believe strongly that it is in the interests of my countrymen that Britain should remain an active and energetic member of the European Community.

我强烈地认为，英国应该继续是欧洲共同体中一个积极而充满活力的成员，这符合我国人民的利益。

I was all the more delighted when as a result of the initiative of your Government, it proved possible to reinstate the visit so quickly. 由于贵国政府的提议，才得以这样快地重新实现访问，这使我感到特别高兴。

由于英汉思维习惯和表达方法的差异，改变语序、重组结构便成了翻译中的一种常用手段，对长句的翻译尤其如此。例如：

I believe that 1 speak for every sincere and serious representative in the United Natioas—so I am encouraged to believe by

The speeches to which we have already listened this morning—When I say that the anniversary must be an occasion for an honest assessment of our failures in the past, matched by an equally determined will to do better in the future , so that we can escape from frustration and turn the anniversary into an inspiration and an achievement.

这次周年纪念会应该是一个老老实实地评估我们过去的失误的时机，同时也应该是一个表达我们有同样决心要做好今后工作的时机。这样，我们就可免遭挫折，并可把这次周年纪念变成一种鼓舞和成就。当我讲这番话时，我相信——今天上午我们听到的发言也使我相信——我是代表联合国每一位真诚和 严肃的代表讲话的。

这是一个多重复合句，通过连接词与形态变化把八层意思连接起来，先表态，后叙事，其语序几乎与汉语的表达习惯相反：5—6—7—8—4—1—3—2。

（3）英汉都有大量的虚词，但各有特点。英语的虚词（form words），也称结构词（structural words）或功能词（functional words），包括冠词（articles）、介词（prepositions）、助动词（auxiliary verbs），并列连接词（coordinators）和从属连接词（subordinators）等，汉语的虚词（empty words）包括副词、介词、助词（particles）和连词等。英汉虚词都是与实词（notion words/full words）相对而言的，在句中主要起辅助和连接等作用。英汉虚词各有特色，不仅种类不同，用法也不同。

第一，英语有冠词，汉语无冠词。英语的最大特点是经常使用冠词和不定冠词，而汉语没有冠词，英译汉时可以省略。有时一个冠词之差，意思大不相同，这时汉语就要用不同的词语来表达。例如：

① out of question 毫无问题

out of the question 不可能

② take the chair 主持会议

take a chair 坐下

③ She was with a child. 她带着一个孩子

She was with child. 她怀孕了

第二，汉语有丰富的助词。汉语的最大特点是有丰富的助词，助词分为动态助词（如着、了、过）、结构助词（如的、地、得）和语气助词（如吗、吧、啊、呀）。这些助词的作用相当于英语的形态变化，能够表达丰富的语气色彩。例如：

他早来啦！（确定语气）

Why, he's been here a long time!

这回我可亲眼看见啦！（感叹语气）

This time I've actually seen it for myself.

她真来啦？（疑问语气）

Has she really come?

今天不会下雨吧？（揣测语气）

It isn't going to rain today, is it?

你好好想想吧！（提议语气）

Just think it over.

咱们走吧！（商量语气）

Let's go.

语气助词（emotional particles）是汉语最重要的特征之一。英语没有这类词，句中的语气一般要借助语调（intonation）或其他办法来表达。例如：

You must be feeling rather tired.

你一定觉得有点儿累。

你一定觉得有点儿累了。（较肯定的语气）

你一定觉得有点儿累了吧。（半信半疑的语气）

第三，英语常用介词，汉语少用介词。英语介词除了单独作为一类词使用外，还可以构成形式多样的合成介词和成语介词。这类词和短语不仅数量大，而且使用十分频繁，与汉语相比，显得相当突出。汉语介词大多是从动词"借"来的。严格地说，"现代中国语根本就没有真正的介词"（王力，1984）。英译汉时，英语的介词常常被译成汉语的动词。例如：

What is he at ?

他正在干什么？

It looks as if we are in for a storm.

看来我们免不了要碰上一场暴风雨了。

There were 20 votes for her and 12 against her.

支持她的有20票，反对她的有12票。

第四，英语常用连接词，汉语少用连接词。英语表示并列和从属关系的连接词不仅种类和数量比汉语多，而且使用率也比汉语高。除了与汉语相似的连接词（例如，not only but also 不但而且，if 如果，because 因为，unless 除非，when 当……时候等）以外，英语还有连接代词、关系代词、连接副词和关系副词（who, whom, whose, that, what, which, when, where, why, how 等）。这些词在句中使用相当频繁。汉语有些副词（才、就、也等）经常与连词配合使用，既起副词的修饰作用,又起关联上下语句的作用(只有……才、如果……就、即使……也等),这类副词有时也可以单独起关联作用。例如:

This was the period when Einstein began the research which resulted in the creation of his famous Theory of Relativity.

就在这期间,爱因斯坦开始进行一项研究。经过这项研究,他创立了著名的相对论。

Even if you go there it won't do any good.

去了也是白去的。

Only after I had heard explanation did I understand what it was all about.

听了他的解释,我才知道是怎么回事。

汉译英时,常常要增补连接词。例如:

火车未停,请勿开门。

Don't open the door until the train stops.

喝水不忘挖井人。

When you drink water, think of those who dug the well.

无事不登三宝殿。

I wouldn't come to you if I hadn't something to ask of you.

4. 英汉语言的语篇文化差异

语篇或话语(discourse),一般用来指文章、会话、面谈等比句子更大的语言单位。语篇的形成和样式表现了意义交流时的社会语境。语篇的特征与文化的许多特征有密切联系。一方面,不同社会文化背景下的人所使用、制造的语篇也不相同。另一方面,不同的语篇也建构着不同的个人经验和社会现实。

(1)汉语的意境与英语的动态。以马致远的《天净沙 秋思》为例:枯藤老树昏鸦,小桥流水人家,古道西风瘦马。夕阳西下,断肠人在天涯。

此词篇幅很短,只有五句话,二十八个字。前五句不用一个动词,似乎只是九组词汇的意象排列,似乎散漫无神,毫无章法可言,其实不然。前三组九景:有远有近,有明有暗,有哀有乐。这些景以"断肠人"为中心,以"夕阳"为背景,以奔波为线索,形象十分鲜明、逼真,九景皆活。作者以"夕阳西下"一句作为前面写景与后面抒情的过渡,把意境和情韵巧妙组合,使各个分散的景点联结成完整和谐的意境,构成一幅令人伤感的暮秋黄昏行旅图。该词通过意境构成语篇结构上的衔接与连贯,充分体现了汉语"形散而神合"的特点。

下面是此词的译文,让我们来看看这首译文词的句法特征。

Crows hovering over rugged old trees wreathed with rotten vine the day is about done.

Yonder is a tiny bridge over a sparkling stream,
And on the fat bank, a pretty little village.
But the traveler has to go on down this ancient road,
The west wind moaning, his bony horse groaning,
Trudging towards the sinking sun?
Farther and farther away from home.

(席建国，徐新，1999)

从形式上看，译文用了 63 个词，篇幅比原文长得多。译者用 5 个动词（hovering over, wreathed, moaning, groaning, trudging towards）和 3 个句子（the day is about done, Yonder is a tiny bridge over a sparkling stream, the traveler has to go on down this ancient road）使译文句法结构完整，叙述和描写 情理逻辑性强，语义上更加简明易懂，与原文形成了鲜明的对比。4 个现在分词（hovering over, moaning, groailing, trudging towards）从形式上将原文隐含的意境译活了，使整个画面更富于情景的立体动态和诗情画意，但明确的文面形式也使读者失去了许多遐想。由此可见，英语句式注重动态而汉语句式以 静制动。

（2）汉语的言理与英语的言意

《孙子兵法—始计第一》的最后一段：

"兵者，诡道也。故能而示之不能，用而示之不用，近而示之远，远而示之近，利而诱之，乱而取之，实而备之，强而避之，怒而挠之，卑而娇之，佚而劳之，亲而离之。攻其不备，出其不意。"

《孙子兵法》共 13 章，约六千字。作者使用了"舍事而言理"的叙述方式，将战争中的计与战、力与智、利与害、全与破、迂与直、输与胜等相互冲突、又相互联结的辩证关系分析得鞭辟入里，处处显示其特有的哲理之光。这段语篇是用排偶句展开的，句际没有用"黏合剂"或"路标式"的衔接手段（连接词：当……，如果……），主要是靠成对反义词（能—不能，用—不用，近—远）和动词（卑—娇，佚—劳，亲—离）起到前后呼应、承上启下的衔接功能，不仅文章观点鲜明而且语篇文气舒展，具有很强的说服力，充分体现了汉语以话语（言理）为中心的篇章结构。这类句式也被称为话题说明句，即句子以题旨或语义为中心，语篇和话语的意图要从语境中去理解。根据申小龙教授对此书语篇结构的统计：语际主要靠"意合法"连接，占 92%，而连接手段仅占 7.4%。

请欣赏袁世榕的精湛译文：

All warfare is based on deception. Therefore, when capable of attacking, feign incapacity; when active in moving troops, feign inactivity; when near the enemy, make it seems that you are far away; when far away make it seem that you are near. Hold out baits to lure the enemy. Strike the enemy, when he is in disarder. Prepare against the enemy, when he is secure at all points. Avoid the enemy for the time being when he is stronger. If your opponent is of choleric tamper, try to irritate him. If he is arrogant, try to encourage his egotism. If the enemy troops are well prepared after reorganization, try to wear them down. If they are united, try to sow dissension among them. Attack the enemy where he is unprepared, and appear where you are not expected.

译者翻译第二句"故能而乐之不能,用而示之不用,近而示之远,远而示之近",用了4个时间状语引导词(when)衔接语篇,尽管省略了主语(you),但句式仍然是典型的英语句子结构。第三句的前半部分"利而诱之,乱而取之,实而备之,强而避之",译文用了3个时间状语引导词(when)衔接语篇;第三句的后半部分"怒而挠之,卑而骄之,佚而劳之,亲而离之",译文用了4个条件状语引导词(if)衔接语篇,显然这是语法成分完备的句子结构;最后一句"攻其不备,出其不意",译文用了两个地点状语引导词(where)衔接语篇,这同样是典型的英语句式。由于这段译文使用了4组状语引导词,且句子的主谓宾语齐全,句子结构高度形式化,表义高度逻辑化。从句法角度来看,是"化隐为显";从翻译理论的角度来看,是"得意忘形",整个语篇以言意为重。

(3)汉语的流感与英语的动感

《红楼梦》第六十五回"贾二舍偷娶尤二姨,尤三姐思嫁柳二郎"中有这样一段对白:

兴儿连忙摇手说:"奶奶千万不要去。我告诉奶奶,一辈子别见她才好。嘴甜心苦,两面三刀;上头一脸笑,脚下使绊子;明是一盆火,暗是一把刀;都占全了。"

这段文字是典型的汉语口语体。说者(兴儿)机关枪似地一口气说完了选段话,可说是一吐为快,畅快淋漓。此段口语,句式自由,语感活泼,节奏欢快,如行云流水。尽管整个句子语法核心成分(主语和谓语动词)淡漠,无结构可言,句间也无各种连接词,话语只是根据意义和语势的跳动铺排,自然展开,但丝毫不影响语义表达的逻辑性。充分体现了汉语流水短句的修辞效果;简捷,明快,活泼。由于话语中使用了一系列对比:嘴甜一心苦,上头一脚下,一脸笑一使绊子,明一暗,一盆火——把刀再加上句子音节数量上的平衡对称,声调平仄相谐,语义流高低升降有序,抑扬顿挫协调,使全句节奏感强,读来有种跳跃感。语感使全句文意贯通,浑然一体。

请欣赏翻译家杨宪益夫妇的译文:

Hsing—erh threw up his hands in dismay," She'll give you sweet talk when there ＊s hatred in her heart, she's so double-faced and tricky. All the time she's smiling she tries to trip you up, making a show of great warmth while she stabs you in the back. That's the way she is."

杨宪益夫妇把兴儿这连珠炮似的一串话翻译得神韵俱佳，语气自然流畅，一气呵成，读来毫无翻译的痕迹。译者在心领神会原文的基础上，在翻译时补上了"嘴甜心苦……都占全了"这一串流水句省略的主语和谓语动词，并用3个显性语篇功能词（when, all the time, while）把语法成分完备的单句串联起来，构成了一个语际衔接紧密、连贯自如的语篇，实属地道的英语。但其句式显得有些书面化，一定程度上失去了原文口语的流感语势。

从以上对比和分析看，汉语句式灵活多样，不拘一格，一般不考虑句子的语法是否完备，上下文是否使用连接词，常常以词序、意境（情境，语境）事理、语势等为中心表达意义，语篇的衔接与连贯主要靠叙事的事理逻辑和语境等隐性关系来实现，读者需要通过"悟"才能达到对整个句子和语篇意义的理解；而英语多受制于语法形式和句子结构，句子以动词为中心，注重句子结构的形合，在很大程度上，只有在语法统辖下，句子才能通顺，表意才能准确无误，语篇的衔接与连贯主要靠完整的句法形式和各种显性功能词语来体现。

第四节 英汉语语用文化与跨文化交际

一、英汉语篇文化

著名语言学家 Michael A. K. Halliday 认为，语言是"社会符号"注重语言结构与社会功能的联系，注重语篇与情景的联系。任何语言使用都有语境，有语篇必有语境。语篇理解离不开语境，离不开作为一种资源的经验。书面语篇没有任何外部语境，所以必须在阅读过程中创造内在的语境。此过程就是读者用其推理、演绎及认知能力构拟话语和题旨语境之间的相关性，而 Grundy 认为理解语篇就是证明其与语境的相关性。

上述例文使我们看到英汉语言中的词汇语境对于语篇理解十分重要。由于语篇必须是衔接与连贯的，词汇之间存在着多种语义关系，因此可以做由此及彼的推理。从语篇推导语境需要以上下文中的词汇作为推理依据，并以此激活图式。要靠词汇了解语篇的经验意义、信息内容、甚至人际意义。Martin 的评价系统理论就系统地论述了词汇对人际意义的影响。从语篇推导语境就不能不重视词汇，因为"词汇意义对语句结构的解释起着积极作用"。

从单句语篇推导语境往往要依靠词汇作为语境线索。词汇不仅影响语法 结构，语法结构也体现在词汇上。在语篇层次，无论是衔接还是连贯都离不开词汇，所以理解语篇的信息内容离不开。由于某个词使语篇难以理解时，我们可以在语篇中寻找一个意义相对明确、与疑难词之间存在某种搭配或共现关系的词作为语境线索。所以，整个过程是从语篇推导语境，然后再从语境回到语篇，达到对语篇的理解。

语境线索是语篇中的一个词或词组，该词或词组可以激活相应的语境，借以确定另一个词或几个词的情景意义。Gee 在论述情景意义时，举了下面一个例子：

The coffee spilled, get a mop.

The coffee spilled, get a broom.

Gee 解释说，第一句由 mop 激活，第二句由 broom 激活，加上对这类事情的经验，即可获得 coffee 的不同情景意义。第一句中 coffee 指"咖啡茶"，第二句中指"咖啡豆"，这个理解当然是对的，但 mop 激活了什么他未交代。其原文是：In the first case, triggered by the word "mop" and your experience of such matters, you assemble a situated meaning... 人们会问：What is triggered? 文中未提。从句法看可能是 you，但 trigger 的宾语一般是某种动作或状态。那么起什么作用也就没有交代清楚。事实上，mcp 激活了 your experience of such matters，激活了我们脑子里有关打扫卫生的图式。在这个图式里，作为图式成分的拖把和溢（泼、洒、流）出的残汤、水、茶、咖啡茶等液体联系着，扫帚和固体垃圾联系着。在语言里则体现为搭配（collocation）。这里说的搭配是一种语义关系，并不局限于动宾、补足、修饰、并列等句法关系，但常常潜在地有这种关系。此处的 mop 和 broom 是语境线索，是这个语境线索激活了有关图式，根据图式中 mop 和 broom 的不同联系，决定了 coffee 两个不同的情景意义，从而了解语篇的意义。

再来看一个汉语例子：烟酒切忌登楼。

这是写在宁波著名的藏书楼"天一阁"楼梯口一块牌子上的话，意思似乎清楚，但仔细一想觉得有矛盾：烟酒如何登楼？"登"字成了语境线索，它激活的图式中"登"的动作只能与人联系，不能与无生命的东西（如烟酒）联系。这样就出现了在语境中无联系的成分，其相应的两个词在语言中却被放在一个搭配之中。这时联系直接语境进行推理就受到阻碍，于是得联系我们的常识进行推理。常识告诉我们登楼的必是人，这里一定是以物代人。这又符合我们的语言知识，有时人们由于某种原因可以用隐喻语言以物代人，这里就是如此。"烟酒"首先指"抽烟喝酒"的动作，然后再指抽烟喝酒的人。但并非抽烟喝酒的人都不能登楼。句中"登楼"限制动作的特定场合，所以并非统指一般抽烟喝酒的人，如平时抽烟喝酒的人登楼时不抽烟喝酒，按理还是允许上楼的，所以这句话隐含"不得在楼上抽烟喝酒"之意。用"烟酒"而不正面提人是出于礼貌需要。这里"登"字作为语境线索确定了"烟酒"的情景。

单句书面语篇既无上下文又无外部语境，所以推理的结果是语篇的直义，而其中的逻辑推理时常是概率性的。"由于调用的前提不同或对前提有不同的理解，结论可能不同"（程雨民，1990）。

词汇语境线索在解决歧义、表面搭配不当、词的临时组合、词义笼统、新词词义等方面有助于理解。可以说，我们对语篇的理解建立在语境线索解歧的基础之上。这是语境线索的一个重要功能。

1. 一词多义

英语中一词多义常给理解造成困难和歧义。例如：That was an act to legalize abortion. 该句中的 legalize 作为语境线索，激活了议会程序图式，赋予 act "法案"的情景意义，排除了其"行动"之意。这就解决了产生歧义的可能。又如，I was going to take the plane to Chicago, but it was too heavy. 读到 take the plane to Chicago，人们自然会理解为"乘飞机到芝加哥"。但当读者读完这个句子，就会把 plane 理解为"刨子"。事实上，heavy 起了语境线索的作用。太重不好随身携带，那么，如果不太重就可以携带了，可见是个可以携带的物品。这就排除了"飞机"的意义，因为飞机再轻也不能携带。

2. 搭配不当

一个词究竟是用于本义还是比喻义，语境线索可以帮助确定。例如，The climate was just right for growing sugar. 在人们的经验中，糖不能种植，但文中的 growing 激活了"种植"的图式，其中只有植物可作为图式成分，因此在否定 sugar 字面理解的同时，确定了 sugar 作 sugar-cane、sugar-beet 的意义。sugar 比喻性地替代了从中提取 sugar 的植物，这样就解决了表面不搭配的问题。

3. 临时组合

有些临时组合，特别是名词作定语与另一名词的组合常常令人费解。这种情况下语境线索往往可赋予这种组合情景意义，从而使语篇意义清楚明了。例如，He is a coffee-after person. 这是一位美国教授在说她丈夫。看起来不符合英语句式。理解的困难在于 coffee-after，然而，恰恰是 coffee 为我们提供了理解的语境线索，激活了一个喝咖啡的图式。咖啡虽然任何时候都可以喝，但大多数美国人早晨都要喝咖啡。这样的话是常可听到的：You get up in the morning and go online before getting your coffee. Coffee after? 通常 coffee 是早餐时喝，coffee after 当指 coffee after breakfast0 用 coffee-after 修饰 person，说明此人经常如此，已成习惯。所以这句话的意思是"他总是早饭后喝咖啡"。对于临时性组合，词汇语境线索可激活有关图式，经过推理，帮助理解。

4. 词义笼统

英语中有些形容词的意义很泛、很笼统，如good，sound，great，在语言使用中人们很难把握其确切意义，因此特别受语义分析家的重视。Ziff（1960）举了一个很说明问题的例子：This is a good strawberry. This is a good lemon. 他解释说，草莓取其甜，good strawberry 应该甜；柠檬取其酸，good lemon 应该酸。这里 good 的意义取决于它所修饰的词，因而获得两个完全不同的意义。

5. 新词词义

不认识的新词也影响我们的理解。例如，The rally also spilled over to other Chinese dot－coms. Chinese dot－coms 说明"搜狐"股票反弹带动了其他中国网络公司。有时 dot－com 写成一个词，并用于所有格，如 Analyze the reason for Dotcom's hard situation o 还有做定语的，如 dot－com industry，dot－com company，dot－com layoffso 这说明我们对 dot－com 的理解正确。rally 作为语境线索为我们推理提供了依据，理解了新词"网络公司"的意义，从而获得语篇的信息。

6. 文化语境

文化语境或意识形态对理解也有差异。例如，对 "8888 is a good number" 这句话，中国人和英美人都能接受，但理解不同。中国人认为这个数字吉利，而英美人则认为便于记忆。可见，文化背景不同，赋予语言的意义也不同。

二、英汉语用文化

人们在社会上的言语交往都是在某个特定的社会语境（social context）中进行的，这主要是指说话人使用语言和听话人理解语言的客观共处环境，包括交际活动发生的时间、地点、场景、参与者、话题、面部表情、体距等可感知的、具体、直接的物理因素，还包括交际参与者的文化背景、伦理价值观念、宗教信仰、家庭背景和所处社会地位等精神因素。言语交际表现为发话者和受话者双方相互作用的过程，发话者将交际意图隐含在一般言语行为之中，受话者通过对言语行为的分析、推导，达到对该意图的理解。也就是说，受话者在首先接受了指称意义的基础上，根据语境对发话者的语用意义进行推导，因为有限的语言形式总是不能完全容纳它所要表达的全部信息和意义。

Could you do it for me? 这个句子若从字面意义去理解，其施为意义是"询问"（question）听话人是否具有做某事的能力，但实际上是表达"请求"言语行为。这就表明，一个话语的施为用意可以间接地通过实施另一类施为性言语行为表达出来。因此，译者必须正确理解原文的用意，准确表达作者的意图性，不能停留在句子表面形式上，因为用意是意义的一部分，而意义的确定必须取决于某一特定的用意。

虽然人类思维和语言存在共性，两种语言的符号关系有时相同或相近，但人类历史源远流长，不同文化环境的人对大自然和社会的认识深浅程度不一，角色也不相同。这导致一种语言符号在另一种语言符号中不可能全部对等，甚至出现语义空缺。但人们使用语言都出于自身的某种意图，即表现意图的意向性，它是人类所有语言的使用者共存的。只不过相同意图可能使用不同的语言手段或表现形式罢了。因此，译者应关注原文所使用的环境、参与交际者的身份和原文所反映的社会文化因素，以把握话语的主要功能或语用意义。

1. 语用用意

语用用意指言语行为，如请求、抱怨、称赞、拒绝等。语用用意可以用直接方式表达，但大多是间接语用用意。有时，同一个话语在不同的语境下可以表达不同的语用用意，这就给第二说话人提供了刻意曲解语用用意的可能性。例如，①这件衣服很漂亮，可惜我今天带的钱不够了。②那就下次再买吧。

一般情况下，①的话语的语用用意是请求："请你借钱给我"。但由于①没有明说，所以他的语用用意实际上是不确定的，既可以看作是请求，也可以看作是对事实的陈述。于是②就刻意曲解①的语用意义，把请求当作了陈述语句，②的言外之意是"我不想借钱给你"，间接拒绝了①的请求。

2. 隐含意义

隐含意义的最大的特点就是，话语的字面意义与说话人所要表达的真实的语用意义往往不吻合，说话人要表达的内容超过话语的字面意义。隐含意义要从说话人的说明话语中推理而得。例如：

(After dating for some months, the girl wants the boy to make a proposal for marriage. But the boy does not want to marry at present.)

Girl: Darling, I want to dance like this forever.

Boy: Don't you ever want to improve?

女孩很想和男孩结婚，但由于害羞不便直接要求男孩娶她，于是就通过话语的隐含意义表达自己的愿望，让男方推断她的话语意图。女孩的"真想永远这样跳下去"隐含"真想永远和你在一起""想和你结婚"等意思。男孩是能够推断出女孩的含意的，但他不想马上确定关系，给予承诺，就选用了刻意曲解的策略，避免直接回绝令双方难堪。

3. 语用习惯化

习惯化表示的是语言使用的倾向，但这一倾向在具体的语境和场合下可能会有所改变。I think he was a bit shorter than you are. 我想他比你矮点。英语中 I promise，I think 之类的词语的使用已趋于规约化，我们很少把它们与转述行为联系到一起。其实，由于汉语规约化造成的人们对转述现象的熟视无睹，汉语中也存在这种情况。例如，汉语中的"咱"和"咱们"原本是包括听说双方的概念，但人们常爱用来指代听话人。例如：

老支书：喜旺呀，你就别推辞了！大伙选咱，那就是信任咱。
——邵力《李双双》

老支书试图劝说喜旺担当重任。而采用"咱"这种称呼会使喜旺感到支书对他特别亲近。这样，他就容易接受建议。现实生活中，由于人们喜欢通过使用"咱"字来表达对别人的建议，所以"咱"原先的转述意味就渐渐被人们忘记了。这是非语言意义的习惯化所致。

4. 语用语法化

语法化是语言形式与其意义之间关系的相对固定化，因此它不受语境和场合的影响。语法化的东西具有相对稳定的特点，不容易随便打破。例如，在科研论文中，作者明明是在转述自己一个人的观点，却把别人也拉扯进来，虽然作者使用了"我们认为……"之类字眼，但其实读者都明白这根本没有别人什么事。吕叔湘（1985）说："由于种种心理作用，我们常有在单数意义的场 所用复数形式的情形。"最常见的是"我＝我们"这类用法"实在代表一种谦卑的口吻"，所以在阅读文献时，人们不再会把"我们认为"理解为作者在转述除他本人以外的什么人的论点。所以，虽然转述引导语能够表明作者的确是在转述，但"我们"已丧失原来的意义，已变为自我话语转述类型。

5. 词汇语用学

词汇语用学（Lexical Pragmatics）主要关注语言使用中不确定性词义的语用处理，它涉及语用学与语义学、词汇学、认知语言学等之间的界面研究，包括词义的语用收缩和语用扩充等信息加工，特别是话语理解中特定词汇信息的语用处理，如何对交际中的词语、结构进行语用处理，尤其是影响语用处理的社交语用制约和认知语用制约因素与选择方向，还有如何通过话语中某一特定词语或结构触发语用推理、确定语用待选信息等。

近年来，国内外一些著名语言学者认为词汇语用学涉及的面较广，如词汇语义观、交际概念及其作用、词义习得、概念习得及其内在性、词义处理、词汇语用能力的发展等。在很多情况下，由于句法学、语义学等的局限，使人们从语用学的角度关注使用中的语言选择与理解，包括词语或结构的语境化处理。词汇语用学所关注的重点是交际中类似语用触发语（Pragmatic triggers）。虽然信息处理以语境中的话语或言语行为为单位，但 往往就是其中某个词汇局部结构的出现，传递了特殊的交际信息或用意；有时喻式用法的出现也是因为某个词汇或局部结构的缘故。例如，①巴特尔正式签约尼克斯，中国三大长城 NBA 重聚首。②中国足协工作不力，对足球 环境的不干净负不可推卸的责任。

此处的"长城"和"不干净"属于喻式用法，而非原型用法。话语理解也会因为类似词语的出现，需要听话人付出更大的语用推理等认知努力。例①中"三大长城"喻指王治郅、姚明和巴特尔三位在美国 NBA 效力的中国篮球运动，因而"长城"远离其原型特征，例②中"不干净"也属于喻式用法，喻指与足球有关的黑哨、赌球、假球等隐含信息，而非其原型意义。类似现象为词汇语用学提供了很好的事例，因为词汇语用学的最终目的，在于解释话语理解中如何对词语或结构的语义信息和其在使用中语境信息之间的信息差进行语用 搭桥，亦即如何对它们进行以语境为依托的语用充实。

6. 语用收缩

词义的语用收缩是指交际中某词语编码的意义在特定语境中的特定所指，是其意义在语境中所指范围或含义的缩小。根据词典释义，某一词语或结构所表达的意义可能是多义的，且有的词语所承载的信息可能具有很强的概括性或含糊性，但使用中该词语的选择及其意义的理解具有语境顺应性，因而理解话语时听话人必须进行语用加工。例如，"长"在《现代汉语词典》中被释义为"两点之间的距离大小"，不但有程度之分，还可指空间信息和时间信息；但在理解话语时，面对不同的语境条件，听话人对整个话语进行语用加工和对该词语进行意义收缩的条件是不一样的。例如：

（1）a. 你的头发太长，该剪了。

b. 长颈鹿的脖子很长。

c. 白云机场的飞机跑道很长。

a 与 c 中的"长"传递的信息不同，不仅因为它是形容词，主要是语境条件不一样，这制约了听话人对其意义的选择与理解，决定了对其程度进行语用收缩的方向与参照点不同。请看带"红"的句子：

（2）a. 把纸放进颜料以后，纸就变红了。

b. 他一跑步脸就发红。

c. 这西瓜没熟，还不红。

d. 我喜欢买红苹果，不喜欢青苹果。

"红"在《现代汉语词典》中的定义有 5 种：

a. 像鲜花或石棉花的颜色；

b. 象征喜庆的红布；

c. 象征顺利、成功或受人重视、欢迎；

d. 象征革命或政治觉悟高；

e. 红利。

如果仅参照类似的释义，我们无法对 a 与 d 中的"红"进行语境条件下的合理解释，因为 a 与 d 中的"红"不仅表示的程度不同，而且所指范围也有差别。a 接近"红"的原型意义，b 和 d 中的"红"不仅远离以上释义，而且所指范围也存在差异，存在部分与整体之间的关系。b 和 d 体现的是表面特征，而 c 则表示内在特征。类似信息加工就是一种在特定语境条件下的语用充实，某一词语在话语中表达的信息就是受制于该语境的语用信息。例如：

（3）a. 下课后，同学们纷纷回家了。

b. 因一胜、两平、两负，申花队的球迷要求主教练下课的呼声越来越强烈。

c. 如果企业经营不善，我会主动下课的。

（4）a. 本架飞机很快就要着陆了。

b. 刘翔希望自己尽快着陆，否则明年将无所成功。

c. 中国已顺利进入经济软着陆的快车道。

例③和例④中，"下课""着陆"的交际意义都是在各自原型意义的基础上，参照特定语境条件进行的语用收缩。意义或所指范围的缩小受制于特定的语境条件，是在该条件下进行的语用加工，其中只有③与④中的"下课""着陆"才具有原型特征，其他都远离原型意义，因而话语理解等信息处理并不是一个寻找原型意义的过程。

总的来说，语用收缩是为获取最显著语境效果的一种语用信息加工，对某一词语或结构的意义进行语境条件下的语用收缩的目的，在于使其意义更加具体化、语境化。该过程涉及推理，且与话语理解中会话含意的推导过程没有什么区别。但 Wilson 认为词语的收缩有程度、方向之分。例如：

（5）a. As I worked in the garden, a bird perched on my spade.

b. Birds wheeled above the waves.

c. A bird high in the sky, invisible, sang its pure song.

d. At Christmas, the bird was delicious.

因为语境条件不一样，听话人对 bird 的原型意义进行语用收缩时的方向自然有所区别。bird 在 a 中可指小麻雀，在 b 中指海鸥，在 c 中指云雀，在 d 中则多指鸡肉，而非鸟肉。听话人对相关语用信息的收缩就会有明确的导向，即存在语用搜索的方向，否则话语理解就难以实现或漫无边际。因此，仅根据原型特征进行交际信息的语用选择是有缺陷的。

7. 语用扩充

语用扩充就是原型意义或常规意义的语用弱化、延伸。交际中某一词语传递的信息通常不是其词典意义，也不仅是结构的组合意义，存在原型意义的语用弱化与扩散，即在话语理解时听话人可能选在特定语境条件下的延伸意义、非刻意的松散意义，也包括类别的延伸与扩展。例如：

(1) They all like to play with the bold man.

(2) France is hexagonal.

(3) 在大家面前，茜茜表现得像个公主。

(4) 老王简直就是一头老黄牛。

以上话语中 bold, hexagonal, "公主"和"老黄牛"的原型意义并非是说话人希望表达的精确信息，因而听话人往往也不会去解读它们的刻意用法（即字面意义）。例（1）中的 bold 和例（2）中的 hexagonal 都不表示严格意义上的秃头和包含六个 30 度角的标准六边形，属于一种近似用法；例（3）属于喻式用法，并不表示所指对象就是一位公主，而指她具有公主的某些特征，如傲慢、漂亮、有教养或温柔等；例（4）也不等于说明从生理等方面看老王是一头老黄牛，而是指他具有牛的某些特征，如强壮、结实、吃苦耐劳、忍让等，是其特征的延伸与喻指。再如：

(5) a. 数学老师在黑板上画了一个圆圈后，就开始讲解什么是直径和半径。

(6) b. 学生围成一个圆圈，继续听着老师的讲解。

a 中的"圆圈"应是典型的、具有几何意义的圆；而 b 中的"圆圈"则不能被解释为几何意义上的圆，只可能表示近似于圆的信息，是原型意义的一种语用扩充。近似用法在日常交际中较为常见，如语用含糊，也涉及信息的语用扩充。在多数条件下，无论话语生成还是话语理解，只需追求近似或含糊信息，便可成功地实现交际。同时，某些词语或结构往往具有近似用法的特征与倾向，如"12"和"一打"，虽然它们具有基本相同的语义信息，但在实际运用中后者更趋向含糊，并非一定表示数学信息"12"，属于近似概念。

第四章 跨文化翻译与文化对比

第一节 文化翻译概述

一、文化

(一) 文化的内涵

关于"文化"一词,随着社会和近代科学的不断发展,人们对文化内涵研究的兴趣仍然非常浓厚,文化也日益成为人们专门探讨的一门学问。

(1) 在我国 20 世纪 70 年代出版的《辞海》中,广义文化的概念是指人类社会历史实践过程中所创造的物质财富和精神财富的总和;狭义上的文化概念是指社会的意识形态以及与之相适应的制度和组织机构。

(2) 社会语言学家戈德朗夫和本尼迪克特则从跨文化语言交际的角度进行研究,他们直接将文化定义为:"文化是由人们为了使自己的活动方式被社会的其他成员所接受、所必须知晓和相信的一切组成。作为人们不得不学习的一种有别于生物遗传的东西,文化必须由学习的终端产品'知识'组成。"

(3) 根据 1974 年美国出版的丁腥 New World Encyclopedia 一书中给" culture"的定义,文化是一定群体所共享的精神、艺术观点的总和,其内容包括传统、习惯、道德伦理、社会关系等。

中西方关于文化内涵的说法可谓见仁见智。文化就是人们所觉、所思、所言、所为的总和,不同的民族创造了自己特有的文化,也被自己的文化所塑造。

(二) 文化的构成与分类

1. 文化的构成

由上述文化的内涵可知,文化的构成很复杂。具体包括民族的个性、时间和空间观念、言语和非言语的符号、价值观、行为规范、社会群体及其相互关系等。

2. 文化的分类

按照不同的分类标准,可以对文化进行不同的分类。

(1) 按照文化内涵进行分类

1) 知识文化。它是指非语言标志的,在跨文化交际中不直接产生影响的文化知识。

2）交际文化。它主要是指在跨文化交际中直接发生影响的文化因素。外显交际文化是指那些比较外显，如生活方式、社会习俗等。

内隐交际文化则往往不易觉察和把握，因而它更为重要且需要人们给予更多的关注。只有对内隐交际文化进行深入研究，才能满足一些深层次交往的需要。

（2）按照表现形式进行分类

1）物质文化。它是指人类在社会实践中的物质生产活动以及产品的总和。它是可感知的、具有物质实体的文化事物。物质文化构成整个文化创造的基础。

2）制度文化。这些制度既对物质财富创造者有约束作用，又服务于物质财富的创造。总而言之，制度文化指的就是人类社会的制度法则。

3）心态文化。它是指人类在长期的社会实践和意识活动中形成的价值观、审美观和思维方式。具体而言，心态文化又可以被分为社会心理和社会意识两个层面。

①社会心理是指社会群体的精神状态以及思想面貌。

②社会意识是比社会心理更高一层次的文化，是在社会心理的基础上进行总结、归纳而来的思想文化结晶。

4）行为文化。它主要是指人类在长期的实践交往过程中约定俗成的一些行为模式。

（3）按照文化层次进行分类

1）高层文化又称"精英文化"，是指相对来说较为高雅的文化内涵。

2）深层文化又称"背景文化"，是指那些隐而不露的文化。深层文化和前面所提到的内隐交际文化类似。

3）民间文化又称"通俗文化"，是指那些与人们生活密切相关的文化内涵。

（4）按照对语境的依赖程度进行划分

1）高语境文化是指对语境的依赖程度较高，主要借助非语言符号进行交际的文化。其主要代表国家有中国、日本、韩国等。

2）低语境文化则是指对语境的依赖程度较低，主要借助语言符号进行交际的文化。在这种文化中，人们之间的差异或异质性较大，因为语境或交际参与者身上所蕴含的潜在信息很少。

由于高、低语境文化的人群对语境的依赖程度不同，当来自这两种文化的成员在进行交际时，需灵活地调整自己的交际策略和交际方式，使沟通顺利进行。

（三）文化的属性与特征文化的属性

（1）文化的历史属性

不同的时代有着不同的文化，这是因为任何文化都是在历史发展演变的过程中产生并逐渐累积起来的精神成果。人们对于事物的名称、观念也会随着历史的发展发生变化，可以根据文化词对特定的历史时期大致进行推断。

文化的历史属性还在于它动态地反映了人类社会生活和价值观念的变化过程。并且文化发展的基本趋势是随着历史的前进而不断进步的，这只是文化发展过程中的暂时现象，不会改变文化随着时代的发展而不断进步的历史趋势。

（2）文化的民族属性

任何一种文化都与本民族的生产、生活关系密切。同时由于不同民族的发展历程、生活环境和生活态度的差异性而衍生出民族文化的独特之处。文化的民族属性主要体现在物产的民族化、习俗的民族化以及观念的民族化。

1) 物产的民族化往往受制于其所处的地理位置、气候等客观环境。

2) 习俗的民族化是指由于不同民族受到各自发展历程的影响，而形成独具其民族特色的习俗。

观念的民族化。思想观念属于意识形态的范畴，它往往是由社会教育如家庭教育、学校教育等逐步形成的人生观和价值观。

（3）文化的地域属性

文化的地域属性是指由于不同民族所生活地域上地理环境的差异，与之相关的气候、地形、生活方式、社会结构、社会背景也会有所不同。

2. 文化的特征

（1）社会性特征

文化作为一种社会现象，其社会性特征主要包括以下两个方面的含义。

1) 文化可以规范人的行为。人作为组成社会的重要分子，其言谈举止受到特定文化环境的影响。人在社会中接触相应的文化规范，并掌握一些基本的处事交往的规则。

2) 文化并不是自然就有的，它是人类通过创造性的活动而逐渐形成的。

（2）阶级性特征

1) 在无阶级社会里，文化活动是由群体创造的，因而反映这些群体活动的人类文化也带有该群体的共同特征，并为群体所共享。

2) 进入阶级社会后，很多重要的文化现象都在不同程度上带有阶级的色彩，某些文化被部分利益集团所占有，有的甚至带有"反文化"性质。由此可见，在阶级社会中，部分文化具有"阶级性"。因此，在阶级社会里，大部分文化现象仍然具有人类共同性。

（3）宗教性特征

文化具有显著的宗教特征。在人类的发展史上，两者有时互相利用，有时则政教合一。宗教对政治具有不可忽视的影响，因而对文化的影响也很深远。

物质文化、制度文化、心态文化等各种类型的文化，都与宗教有着密不可分的联系。宗教对人们的思维、信仰、意识形态有极大的影响力，宗教文化统治了整个欧洲中世纪社会文化的各个方面。

（4）共同性特征

文化是人类改造自然、精神方面取得成果的综合体现。物质文化以物质实体反映人对自然界进行的利用和改造，因而具有非常明显的人类共同性。除物质文化之外，在不同社会环境中形成的制度文化、心态文化，彼此之间也具有一些共性和相互可借鉴性。

（5）继承性特征

文化是社会历史的沉淀物，是特定历史时期的时代反映。因为历史是随着时间的发展而变化发展的，故文化具有很强的历史继承性。

（四）文化的功能

1. 社会性功能

（1）规范功能

具有规范作用的文化主要指的是维护社会治安以及人与人之间关系的伦理制度、婚姻制度以及亲属制度等。社会的不断发展也带来了同样多的社会问题，社会也变得很复杂。相应的法律制度、政治制度等的出台可以有效保证社会公正，使人们实现共同发展。

（2）教化功能

文化的教化功能主要体现在文化对于人的影响上。中国人受到中华文化的熏陶，形成典型的华夏人的性格特点。每一个人都会受到本民族文化的熏陶，进而形成具有本民族性格特征的人。西方人则培养公民的守法意识为基本准则。中国注重道德建设，而西方则注重法制建设。这就是文化的教化功能的具体体现。

（3）凝聚功能

文化具有巨大的凝聚功能，其主要表现在对内和对外两个方面。对外则团结起来，一致对外。具有相同文化背景的人或族群往往具有很强的文化认同感。

（4）整合功能

文化的整合功能可以使文化各部分密切联系并构成一个有机统一的整体。1）协调各部分，使风俗习惯、生产力的发展等都和谐统一，实现共同发展。

2）规范同一国家或同一民族的观念、意识等，使其成为一种共同的文化模式。

2. 心理性功能

心理性功能指的是文化满足心理需求的能力。这些精神文化可以陶冶人的心性，还可以养神。

人的心理需求还有很多，如艺术的需求、认知的需求、自我实现的需求、信仰的需求等。

3. 生理性功能

人的生理性需求也就是生存需要或基本要求，与人类的衣、食、住、行具有密切的关系。

1）基本需求，包括住所、人身保护等。

2）派生需求，包括食品分配、防卫、社会监控等。

3）综合需求，包括心理上的安全感、社会和谐等。

社会生产力水平的不断提高使得人们的生理性需求也越来越高，人们开始追求更高层次的物质享受。

二、翻译

（一）翻译的定义

关于翻译定义的叙述，随着翻译事业的发展，从新的视角对翻译定义的探讨版本多样，层出不穷。

（二）翻译的分类

（1）按照涉及的语言符号即翻译所涉及的两种代码的性质给翻译进行分类。

1）语内翻译是指在同一种语言内部用一种语言的符号对另一种语言的符号所做出的阐释。

2）语际翻译是指一种语言文字的意义用另一种语言文字表达出来。

3）符际翻译是用语言符号解释非语言符号或用非语言符号系统阐释语言符号。

（2）按照所涉及的语言给翻译进行分类，翻译可分为母语译成外语、外语译成母语两大类。

（三）翻译的过程

翻译作为一种复杂、艰苦的思维过程，它有别于其他任何语言活动的过程。

（1）有学者从符号学的角度将翻译过程描述为信息输入、黑箱、信息输出三个阶段。

（2）根据杨自检的观点，翻译的思维过程包含了形象思维、灵感思维的交错运用，翻译的思维过程不是一维的抽象思维。

翻译是以语言为媒介、以译者为主体的创造性活动。其翻译客体是具有整体性、系统性、可读性、稳定性、可译性、可读性、外伸性等特征的文本。

（四）翻译的价值

1. 翻译的社会价值

翻译的社会价值与时代的变化和发展共存。翻译的社会价值具体体现在翻对社会交流与发展的推动作用，它取决于翻译活动的社会性。

此外，翻译的社会价值还在于对民族精神和国人思维的深刻影响。具体体现在以下两个方面。

（1）翻译有利于民族精神的塑造。

（2）翻译通过改造语言最终改造国人的思维方式。

2．翻译的美学价值

翻译实践中的任何一部佳品，都体现着译者对美的追求和美的价值呈现。

（1）翻译家许渊冲认为：求真是低要求，求美才是高要求。

（2）严复的"信""达""雅"中的"雅"字，现代翻译学家赋予其新的含义就是要求译文应该具有美学价值。

就翻译本身而言，它不仅是单纯地对语言进行转换的过程，移植到译文中的一种审美和创造美的过程。翻译的美学价值体现人们对美的追求和人文理念。

3．翻译的文化价值

就目前而言，人们对翻译的认识与理解也在不断深入与提高。因此，翻译的文化价值也备受重视，其文化价值指的是应该从文化的高度去认识翻译。

翻译因人类相互交流的需要而生，促进文化交流为其翻译的目的或任务。一个民族或个人的文化价值观也会影响其对其他文化的态度。总而言之，当时的译者对翻译的文化价值已经有所认识。

4．翻译的创造价值

翻译的创造价值具体可以体现在以下三个层面。

（1）从社会层面而言，翻译作为一种以交流为基础的社会活动，同时也为译者的创造力奠定了基础。

（2）从语言层面而言，为了真正导入新的事物、观念和思路，文学语言艺术的翻译就是在源语的基础上对语言符号转换并创造的过程。

（3）从文化层面而言，翻译中导入的任何异质因素，具有创新性。其创造价值蕴藏着一种求新求异的敢于打破自我封闭局限的创造精神。

5．翻译的历史价值

纵观人类文明发展史，不难发现历史的每一次重大进步与发展都和翻译有着密切关系。然而翻译作为跨文化的人类交际的活动，也有着不可避免的历史局限性。

翻译活动很大程度上受制于人类认识水平和世界认识水平等诸多因素。这句话指出了翻译的历史价值观，包含以下两方面的含义。

（1）可以基于人类的翻译实践去考察人类的历史发展进程。

（2）可从历史发展的角度来看翻译活动不断丰富和发展的内涵以及不断扩大

的可能性，就具体的翻译活动来说，翻译对原文的理解和阐释都不是译者一次就能彻底完成的。在翻译实践中，既要清醒地意识到翻译活动的历史局限性，又要以辩证发展的眼光来看待这种局限性。

三、文化与翻译的关系

有史以来，资深的翻译研究者都比较重视文化与翻译的关系。文化与翻译作为两种社会现象，两者之间关系密切，翻译实践也丰富和利于文化的发展。

（一）翻译对文化的作用

一个民族的文化发展不仅要依靠自身文化，还应以辩证的眼光吸纳外来文化。

（1）翻译对译语文化的丰富和促进作用。有史以来，翻译作为促进民族文化发展的一个重要手段，在知识和文化的多维传播方面起着重要的作用。

（2）翻译在引入新思想、新知识的同时，无形中丰富了译语文化的语言和文学，有时甚至对本民族语言的形成起到了促进作用。

（二）文化对翻译的作用

1. 文化对翻译过程的干预

翻译作为两种文字间的转换和两种语言体系的接触活动，也是一种文化传输和移植，甚至是不同程度文明的接触过程。译者作为受到所属文化影响的个体，即使在文化中极力克服其个人的主观因素，但仍带有译语文化的烙印。文化对翻译过程的干预在很大程度上受制于译者在特定社会所形成的独特的文化取向。具体体现在以下几点。

（1）译者心态的开放和保守对翻译风格和内容都有很大的影响。同时，译者在翻译过程中采取哪种翻译方法也都受到特定时代人们观念的影响。

（2）译本的更迭是文化发展和变迁的结果。

文化对翻译过程的干预也大都通过译作来体现。可以通过这些方面的对比来观察该地区或国家文化的发展程度和社会面貌。

2. 文化对翻译形式的影响

文化对翻译形式的影响具体体现在以下几个方面。

（1）隶属于制度文化的政治制度在某种程度上对翻译活动进行的方式造成影响。

（2）文化的强势、弱势影响着翻译活动方式。这里所指的强势和弱势是指在某一文化领域或文化整体的强与弱。

（3）翻译过程在很大程度上受制于民族心理的开放程度。

（4）翻译活动的规模受制于对文化的需求程度。

总之，文化与翻译关系密切，翻译中涉及的文化因素非常复杂，译者只有对两种语言熟练驾驭并深化对两种文化的对比和理解才能有效提高翻译质量。

四、文化翻译的倾向

20世纪以来，由于世界性语言——英语的影响，以英语为核心的西方翻译理论已经成为引领世界的翻译理论。

20世纪80年代，以苏珊－巴斯奈特和西奥·赫曼斯为代表的文化翻译论派出现。该理论强调多学科结合的多元化翻译。

谈到翻译，我们无法回避"为何译""选何译"和"怎么译"等现实问题。人们可以根据自己的思想和偏好，对翻译行为进行内容选择、价值分析和效果评价等，可以追求内涵的呈现。

文化具有鲜明的地域性和民族性特征。一种语言所承载的文化会让另外一种语言的读者感到陌生甚至茫然。在翻译时也会因为这种陌生文化现象而茫然不知所从。

在文化翻译过程中，主要存在两种翻译倾向，一是以语义为中心的异化倾向，强调语义的适应性；二是以文化为中心的归化倾向，强调文化的适应性。

以语义为中心的翻译观主要是强调文化的字面属性，即主张通过字面意思来达到文化的原汁传播，但实际上这种翻译常文化知识是通过语言学习的途径来了解和获得的。因此，文化翻译以文化为中心，强调文化的内涵属性，即主张通过字面转换来凸显内涵，这种翻译常常会让译文读者产生误解。中文和英文的对应词有时意思并不完全相同，因而不能简单地进行字面对译。

翻译的目的是为了向读者传递相关的语言文字信息和文化内涵信息，翻译要让读者理解原文的含义。但在跨文化的语言翻译过程中，文化因素往往成为翻译的实质性障碍。

译者的翻译观。译者翻译观是译者在从事翻译活动时的主观倾向，它对翻译目的的确立、方法的取舍和译文的质量等产生直接影响。是追求字面等值还是追求文化精神内涵，这往往需要译者来拿定立场。

译者的生活背景。人们所生活的时代和社会环境、所受教育的方式和内容等，对他们的价值观、人生观的形成产生重要影响。

译者的生活背景对译者的价值观、人生观的形成产生重要影响，进而影响到他们的翻译行为。

（3）译者的素养。译者语言功底的厚薄和文化素养的高低，也直接影响到翻译的质量和效果。

五、文化翻译的目的

翻译除了语言文字的转换外,也包括文化价值的传递,而译者的基本任务就是将陌生的文化概念和文化信息消化转换为读者可以理解和接受的信息。

任何行为都有一定的目标或目的,翻译也是一种行为,因而也具有一定的目的性。翻译能使文化和语言不同的群体达到学习和交流的目的。

翻译是一个跨文化的语言符号间的动态转换过程,文化是翻译的重要内容,而翻译则是文化交流的工具和手段。翻译已经成为文化传播的手段和工具。无论是从宏观的社会价值体系的角度,还是从微观的生活应用角度,翻译是不同民族间增进文化理解和交流的钥匙。世界上,文化传播的较量一刻也没有停止过。

(一) 文化的流向和文化翻译倾向

文化是一种意识形态,是建立在经济发展的基础之上的上层建筑。文化存在实力上的强弱之分,不同文化间的交流存在不平等和不对称的现象,而弱势文化则常常处于被动接受状态,以改变自身来适应强势文化的冲击。纵观古今中外,文化的传播无不是以经济发展为强大的后盾。我国古代的汉、唐、明等朝代,国力强盛,对周边国家产生着深刻的影响。西欧的文明也归功于翻译。

随着政治、经济和科技交流的日益频繁,文化间的相互渗透是不可避免的。在世界上的不同民族的不同历史时期,为了达到促进本民族的生存与发展的目的,都不断地通过各种方式和手段吸纳其他民族文化的精髓,或者向外推介本民族的文化,包括以和平的渗透和武力征服的方式来进行文化意识形态的输出。

当今的美国和欧洲各国家,除了其经济实力外,英语成为世界性的语言也为其文化输出和传播文化提供了工具性的便利。

(二) 翻译的目的

1. 翻译中译者导向的目的

任何翻译都是为一定的目的服务的。而整个翻译行为的目的是由翻译过程的最高准则来决定的,翻译目的的确定往往是由多方面的因素决定的。译者对翻译具有明显的主观目的性,而这些目的性可以通过为翻译发起人服务,为适应时代与社会文化环境而表现自己的立场、态度,展示自己的翻译动机等途径来实现。

2. 为了文化交流和传播的目的

翻译承担着文化输入和输出的双重任务。为了实现文化的健康而有序的交流,既可以保持本族文化的特色,又能吸取外域文化的精髓。

文化存在两个层面的含义,一是文化内涵,一是文化形式。前者主要是思想意识形态方面的传播;后者主要是语言形态的呈现。文化传播的宏观目的是引起译文读者对该文化的兴趣,可以让译文读者变被动接受为主动索取。从效果论来看，前者比后者的影响要深远。

为了达到和实现文化交流和传播的目的，翻译通常有拿来翻译和拿去翻译。拿来翻译和拿去翻译是一种主动型的积极翻译，是为了充实本域文化，增强本域文化的实力和活力，它通常对原文化材料具有一定的选择性，即主动而积极地择优而译或者择缺而译。

送来翻译和送去翻译也是一种主动型的翻译，对于文化的接受者来说则是被动地吸收，有时甚至会以牺牲本域文化的代价去适应。

（三）目的条件下的文化翻译

为了达到文化交流和文化传播的目的，只有首先让文化引起译文读者的兴趣，而读者的兴趣首先是建立在理解的基础上的，一旦有了兴趣，读者会主动去学习和了解相关文化知识。

翻译的目的是交际，不仅仅受原文的限制，还会被译文读者的反应所影响。要以译文读者在其认知范围内能有效理解和吸收外域文化作为翻译的最终目的在文化语言形式和文化内在含义上做出适当的取舍。

翻译是一种基于原文的文本处理过程，"原文仅仅是译者使用的多个'信息来源'的一种"，其地位不再是"神圣不可侵犯"，译者可以根据翻译的目的，决定原文的哪些内容可以保留，哪些需要调整或改写。

在进行文化翻译的过程中，首先要注意文化内涵的传真，其次要注意读者的接受能力。

1. 为了文化内涵的传真的需要

文化词承载着文化群族的价值观、是非观、审美观等精神理念内涵。相同字面表达的词语，在一种文化环境中所包容的文化内涵与另外一种文化环境中所包容的文化内涵并不一定存在对应的关系。

2. 为了适应读者的接受能力的需要

忽视传播对象的文化认知能力，就很难得到预期的文化传播效果，进而无法激发兴趣和求索的动力。在进行文化翻译的过程中，即确定传播对象，并据此确定翻译标准和翻译策略，对翻译方式做出选择或取舍。

在交际过程中，交际双方要想达到预期的交际目的，就必须有共同的背景知识。文化缺省是一种具有鲜明文化特性的交际现象，不属于该文化的信息接收者在碰到这样的缺省时便会出现意义真空，无法将语篇内信息和语篇外的知识和经验结合起来。

3. 为了有意识地维护和传播本域文化的需要

在跨文化翻译过程中，保持本域文化特色和优势地位，是很多爱国人士追求的目标。

在腐败的清王朝统治期间，西方列强首先向中国进行的是以基督教义为代表的意识形态的殖民化活动，这种大规模的文化殖民的形势很大程度上弱化了中国的传统文化和伦理。这就需要爱国人士进行翻译时能维护和传播本域文化。

第二节　文化翻译的原则与策略

一、英汉文化翻译的原则

（一）文化翻译原则的研究

谈及翻译的原则问题，众人的说法不一。有人对翻译提出"译学无成规"的说法，认为翻译只是一种纯粹的实践活动。

由此可见，翻译原则是指导翻译实践的科学依据。历史上大量的翻译实践也证明，合理采用翻译原则对翻译实践活动进行指导会收到事半功倍的效果。

（1）译文应和原作一样流畅。

（2）译文应完全复写出原作的思想。

（3）译文的风格和笔调应与原文的性质相同。

随着现代文化信息传递理论的发展，翻译的原则也在不断地发展。奈达在《语言·文化·翻译》这本书中提出，他进一步发展了"功能对等"理论。当奈达把文化看作一个符号系统的时候，文化在翻译中获得了与语言相当的地位。因为翻译是随着文化之间的交流而产生和发展的，其任务就是把一种民族的文化传播到另一种民族文化中去。

（二）文化再现原则

1. 再现源语文化信息

翻译的过程实质上就是信息传递的过程。因此，译者在翻译的过程中要深刻理解原文中所承载的文化信息，并在译文中完整地再现出来，切忌不能只拘泥于原文的字面意思。

2. 再现源语文化特色

再现源语文化特色是指译者在文化翻译的过程中，力求保持源语文化的完整性和统一性，尤其不得随意抹杀或更改源语的民族文化色彩。

二、文化翻译的策略

（一）翻译策略的概念

翻译策略是一个与翻译实务密切相关的概念，是每个翻译工作者与翻译研究者都需要弄明白的问题。具体而言，翻译策略主要涉及三个基本任务：一是明确翻译目的，解决为什么而译、为谁而译的问题；二是确定所译文本，解决翻译什么、为什么要翻译这个文本的问题；三是制定操作方式，解决怎么译、为什么要这么译的问题。策略具有明显的解决具体问题的对象性、针对性和预测性，着重理论分析和归纳性理据分析，同时又鲜明地指向实践。

当译文保留原文中所有的交际线索，以求保留原文的风格时，就是"直接翻译"。反之，当译文只求保留原文的认知效果，保留原文的基本意义，对原文的表现形式做较大的改动时，这种翻译就是"间接翻译"。

翻译策略是译者为达到或完成其整体目标而选择的一整套最佳翻译方式。翻译不仅是一种语际交际，更是一种跨文化交流。由于英汉两种文化中的人们在地理位置、文化背景、价值观念、生活方式等方面存在着很大的区别，而且英汉两种语言也属于不同的语系。因此，在翻译策略选择上文化因素往往是译者必须考虑的首要因素。

由于语言本身的特点、翻译目的的复杂性和翻译"形势发展"的多变性，翻译策略的采用是没有统一固定模式的。在翻译实践过程中，虽然译者可以采用各种各样不同的翻译策略，但自古以来的种种翻译策略可以大致分归为两大类：一类为"归化式"翻译策略；另一类为"异化式"翻译策略。前者的目的在于"征服"源语文化，试图从内容到形式将源语文本"完全本土化"；而后者则相反，其目的在于"译介"源语文化，使目标文本读起来像源语作品一样。从方便讨论的。

（二）归化与异化

归化与异化是对两种翻译策略的称谓。关于归化与异化的概念自翻译活动出现就一直存在。随着20世纪末的翻译的文化转向，翻译作为跨文化行为的性质越来越引起翻译研究者的注意，归化与异化之争开始浮出水面，并正式取代了直译与意译之争而逐步成了当今翻译理论研究的热门话题。作为一位解构主义翻译思想的积极创导者，韦努蒂通过对西方翻译史的研究，批评了以往翻译中占主导地位的以译入语文化为归宿的倾向，并提出了解构主义思想来反对译文通顺的翻译策略。解构主义的翻译思想本质上不是要"求同"，而是要"存异"。

人们对归化与异化概念的理解和定义不完全一致。归化翻译指的是以译入语文化为归宿的翻译，使译文流畅、通顺。异化翻译则指的是以源语文化为归宿的翻译，使源语文化的异国情调得以存续。在文化翻译中，归化、异化翻译策略都有着各自的价值和用途。

关于直译、意译的概念，我国翻译界一直存在不同的看法。直译是把忠实于原文内容放在第一位，把忠实于原文的译文形式放在第二位，把通顺的译文形式放在第三位的翻译方法。意译却是把忠实于原文内容放在第一位，把通顺的译文形式放在第二位，而不拘泥于原文的形式的翻译方法。

综合而言，直译指翻译时要尽量保持原作的语言形式，包括用词、修辞手段等等。由于直译对译文在译入语方面作了必要的调整，不是逐字逐句对照，但文字通顺，读者能看懂。意译不注意原作语言形式，包括句法结构、用词、修辞手段。

作为翻译研究中两个二元对立的重要概念，直译、归化是两对既相互联系又相互区别的术语。这两对概念都有相互重叠的方面，符合译入语的语法规范等等；异化和直译都追求与原作的等值，尊重源语的语法和表达规范。其区别主要表现在以下三个方面：首先，直译、意译是针对两种语言的不同结构和特点提出来的，属于语言层次的讨论；异化、归化将语言层次的讨论上升到文化、诗学和社会政治层面。如果说直译、意译讨论问题的角度较小的话，两者不在一个层次上，后者指导前者。其次，直译、意译在本质上是翻译的方法或技巧，而异化、归化则是翻译策略；如果说直译、意译讨论问题的角度较小的话，异化、归化则从更加宏大的角度来考察问题，两者不在一个层次上，后者指导前者。最后，既然直译、意译主要从语言层次这一平面上来讨论问题，那么它们之间的对立性、排斥性便更加明显。异化和归化除了排斥性和对立性之外，更有兼容性和并存性的一面。此外，在翻译研究中，直译、意译是两种翻译方法，而异化和归化是两种不同的翻译策略，只是在近些年的英文学术著作中得到阐述。在当今世界多元文化的语境下，异化与归化的交锋和对话已经成为中国和世界翻译界的一个热点话题。在中国翻译史上，异化翻译的典型代表人物应该是鲁迅。这一时期也是我国翻译理论和翻译实践蓬勃发展的黄金时代。鲁迅以睿智的眼光、独特的视角挖掘出传统翻译理论的新异之处。异化和归化的争论是由于人们在两个方面认识上的混淆所致：一是把异化与归化完全对立；二是忽视异化与归化存在于语言和文化两个层面。虽然是翻译界在处理文化差异问题上所产生的两种对立的翻译策略，其界限是模糊的，它是由极端归化到极端异化所构成的一个连续体。也就是说，异化策略范畴和归化策略范畴各自包含有一系列的次范畴，它们的边缘次范畴是相互重叠的。随着时间的推移与社会的发展，在某一时期被认为是异化策略范畴下的非边缘次范畴有可能变成了归化策略范畴下的非边缘次范畴。语言层面的异化应考虑如何在保持源语形式的同时，当形式成为翻译的障碍时，就要采取归化。在处理直译、意译与归化、异化之间的关系问题上，要运用辩证统一的观点。

归化和异化都是翻译中不可或缺的策略，各有其长短、互为补充。归化的翻译以源语与译入语文化之间的有效交际与沟通为目标，用地道的本族语表达方式来传递源语文本的信息，避免给读者的阅读造成障碍。奈达主张，译文应该尽量使用符合译入语表达规范的言语形式，寻求与原文最为贴切的对等表达。与归化翻译相比，异化的翻译则更注重体现源语文本在语言和文化上的差异性，使得读者能够领会到原作的风貌。合理的异化具有多重积极意义。从文化交流的角度来说，它首先是尊重外国文化的必然要求，它有助于在平等的基础上如实地反映国外文化。事实上，异化翻译的被接受程度和文化交往的广度、深度是成正比的。

应该指出，"归化"策略更多考虑了译入语读者的可接受程度，因而译文往往使读者产生一种熟悉和亲切的感觉，容易为译入语读者所接受。"归化"是把一种文化的异质成分转化为另一种文化中人们所熟悉的内容，失去通过语际翻译吸纳异质文化因素的机会。

在多元文化的今天，各国文化交往日益频繁，文化间的融合日渐加深。因此，译者应具备深厚的文化修养、宏观的文化视野和跨文化交流的能力，合理利用异化和归化的翻译策略，努力传达和吸收异域文化，弘扬和发展本土文化，促进不同民族的相互交流和理解。

（三）翻译策略与翻译方法

翻译方法也就是要解决源语文本转换成译入语文本问题的门路和程序。翻译方法与翻译实务密切相关，与翻译策略紧密相连，二者常常被混为一谈，互相通用。翻译策略是翻译方法的指导原则，后者是前者在操作方法、技巧上的具体体现。与翻译策略一样，历史上人们常常按传统二元逻辑来加以区分，其中直译与意译这两种方法是在我国乃至世界翻译史上讨论得最多、争论得最为激烈的一个问题。之所以出现这些争论，其中既有技术层面上的优劣之辩，甚至还有形而上的对翻译使命的不同思考。

应该指出，虽然翻译方法上的二元对立是人们最为熟悉的传统。事实上，自古以来还有许多不以二元对立归类的、更加具体和微观的翻译操作方法和技巧。我国在 20 世纪 80 年代初出版的翻译教材讲述的翻译方法与技巧包括：词义的选择、引申和褒贬，词类转移法，减词法，重复法，正反、反正表达法，分句、被动语态的译法，定语从句的译法，长句的译法，数词、习语、拟声词、特别语词的译法等。20 世纪 90 年代出版的翻译教程也基本上沿用以上方法与技巧，如增加变通和补偿手段：加注、增益、视点转换、具体化、释义、省略、重构、移植等等。有的教材或翻译专著还用不同的术语指称相同的一些概念，如分切、词性转换、语态转换、阐释或注释、引申、替代、增补、省略、重构、移植等等。

翻译实践表明，用现代翻译学的眼光看，也不应机械地坚持所谓"死译""直译""意译"的三元对应。翻译的策略和方法不是一成不变的，量体裁衣，灵活处理。

总之，在选择翻译策略与方法的问题上，需要考虑作者的意图、翻译的目的、译文的功能和读者对象等因素。更重要的是在翻译过程中，译者要有深刻的跨文化意识。

第三节　跨文化翻译思想与理论

一、西方的翻译思想与理论

（一）西方古代及中世纪时期的翻译思想

最早的《圣经》译本虽然可以追溯到古希腊时期的《七十子希腊文本》，在整个罗马帝国时期，罗马人翻译了大量的希腊文化典籍，有人也因此把罗马人推崇为西方翻译理论的发明者。

西塞罗是罗马历史上著名的演说家、哲学家和修辞学家。他提出，要作为演说家而不是作为解释者进行翻译，译者在翻译的时候"不应当像数钱币一样把原文词语一个个'数'给读者，而是应当把原文'重量''称'给读者"，在此基础上，西塞罗认为翻译也是一种文学创作。他的这一翻译思想可以说开启了西方翻译史上文艺学派的先河。

继西塞罗之后，贺拉斯成为另一位有代表性的翻译思想家。在翻译观点上，他受西塞罗的影响，同样认为翻译必须避免直译。他主张将希腊优秀的诗作翻译改编成戏剧。贺拉斯的翻译观对后世的影响很大，常被后人引用以批评死扣原文、不知变通的翻译。

昆体良也是这个时期重要的翻译思想家。他注意到希腊语和拉丁语两种语言之间在词汇、修辞等方面的差异。在他看来，无论语言、文化间有多大差异，翻译虽然无法获得与原作同样的效果，但可以通过各种手段接近原作。他主张用最出色的词汇翻译希腊作品。原文是诗歌，可以用散文的形式翻译，提供了曾被忽略的东西，使原先松散的东西有了密度。

在长期的翻译实践中，哲罗姆形成了自己的翻译观。他同时也很清楚地认识到，翻译《圣经》这种崇高的宗教文本不宜一概采用意译，他强调意译应更多地应用于文学翻译中。

罗马帝国晚期另一位与哲罗姆齐名的翻译家就是著名的神学家、作家奥古斯丁。他提出，一个合格的《圣经》译者必须具备以下三个条件：首先是要通晓两种语言。其次是熟悉并"同情"所译题材；最后是要具有一定的校勘能力，以便找出正确的译文。在有关翻译单位的问题上，他认为翻译的基本单位是词，这也反映了他比哲罗姆更倾向于直译。

奥古斯丁与哲罗姆相似的地方在于他们并不是一味提倡比较自由的翻译方

法，这个观点在西方翻译思想史上具有开创性的意义。

阿尔弗烈德国王是一位学识渊博、勤于翻译实践的学者。总之，要"采取最易懂的方式将其他语言翻译成英语"。

中世纪末期最著名的翻译理论家是列奥那多·布鲁尼，他是意大利著名的人文主义者、学者和政治家，是西方翻译史上最早对翻译问题进行专题研究的学者。因此要想翻译出优秀的作品，译者必须精通两种语言，尤其是应该对所涉及语言的种种特征有全面的把握。对于有文学特性的作品，译者要能把握原文的韵律和节奏，尤其是原作特有的风格。

（二）西方文艺复兴时期的翻译思想

多雷是法国文艺复兴时期著名的人文主义者、学者和翻译家。他不仅是一位勤奋的翻译家，同时还是一位杰出的翻译思想家。他说，要想翻译得出色，必须做到以下五点：第一，充分吃透原作者的意思；第二，精通所译作品的语言；第三，切忌做逐字翻译的奴隶；第四，避免生词僻语，尽量使用日常语言；第五，注重译语修辞，让译文的词语安排不仅读起来朗朗上口，听上去也能让人感到愉悦甜美。

文艺复兴时期另一位重要的翻译思想家是德国的马丁·路德。路德是16世纪 德国宗教改革运动的领袖，被公认为"德国文学语言之父"。他从事翻译的目的很明确，就是为他所追求的宗教改革服务。

文艺复兴之后，西方历史进入了近代时期。从17世纪到19世纪，社会繁荣，科技发展加速，西方各国之间的文学和文化交流也日趋频繁。

17世纪是英国翻译活动的高潮时期，涌现出了不少翻译思想家。德莱顿是其中的主要代表人物，被称为17世纪英国最重要的诗人、批评家、剧作家和翻译家。1697年，他翻译的维吉尔的作品出版，这是他最主要的译作。他对翻译的分类在西方翻译思想史上影响甚大。他把翻译分成三类：第一类为逐词译，即将原作逐词、逐行从一种语言转换成另一种语言；第二类为释译，即具有一定自由度的翻译；第三类为拟译，在这类翻译中，译者享有自由，只是从原文中撷取一些大概的提示。德莱顿在区分三类翻译的基础上进一步分析，不能采用拟译，因为若采用前一种方法，语言之间的差异会导致这种翻译不可能实现，若采用后一种方法，这种补偿性翻译又太过自由，也背叛了原作的意思。

于埃是17世纪法国著名的翻译家和翻译思想家。在当时法国译坛自由翻译成为潮流的大趋势下，要求翻译的语言要流畅，而且带给读者的感受要相当于原文带给原文读者的感受。就翻译的方法而言，于埃认为翻译的最好方式就是在两种语言所具有的表达力允许的情况下，译者首先要不违背原作者的意思，其次要忠实于原文的遣词造句。由此可见，于埃十分重视译文对原文和原文作者的忠实,而且是要在兼顾语言流畅的条件下,这对译者提出了更高的要求。

(三) 西方 18 世纪至 19 世纪的翻译思想

18 世纪至 19 世纪,西方翻译活动发生了明显的变化,《圣经》翻译的重要性已经大不如从前,代之而起的是翻译大量的文学作品和社科经典。西方翻译思想有了大幅度的飞跃,翻译观点更加系统和多样,既有从传统语言学角度讨论翻译的洪堡,也有从阐释学角度切入翻译问题的施莱尔马赫;既有提出划分翻译种类的歌德,也有提出翻译标准的泰特勒。

歌德是享誉世界的文学巨匠,精通拉丁语、希腊语、法语、英语、西班牙语等。关于翻译的方法,歌德认为朴实无华的翻译是最恰当的翻译,在这三类翻译当中,歌德最推崇第三类翻译。

二、中国的翻译思想与理论

(一) 建立在佛经翻译基础上的中国翻译思想

中国翻译活动的历史十分悠久,距今已有几千年的历史。一些基本的翻译观念,便是在佛经翻译实践的基础上形成的。

佛经翻译自两汉开始,以唐为高峰时期并一直延续至宋元时期。在这一阶段,佛经翻译的主角都是出家僧人,译者多半来自西域。

开启中国传统译论源流的也许可首推支谦。支谦共译佛经 88 部,118 卷。支谦对翻译有很深刻的认识,他的翻译思想反映了早期佛经翻译中"质派"的译论观点,在中国翻译史上具有重要的影响和地位。

对于翻译,他在作于公元 382 年的《摩诃钵罗若波罗蜜经钞序》中提出了著名的"五失本、三不易"说。"五失本"的第一种情况是因为佛经原文的词序是倒装的,会导致"失本";第二种情况是佛经原文文字质朴,翻译时对原文加以修饰;第三种情况是佛经原文有较多烦琐重复的内容,会导致"失本";第四种情况是佛经原文中在长行后有偈颂复述,类似汉人韵文中的乱辞,翻译时把这些千五百字的"义说"都删除了;第五种情况是佛经原文中每讲完一事转述新的内容时,这些重复的话也全部都删除了,从而也会导致"失本"。

到了南北朝时期,由于当时的统治阶级大力扶植佛教,佛教在这个阶段十分兴盛,相应地佛经翻译也随之增多。佛经翻译事业的繁荣给翻译思想的发展提供了土壤,这方面的代表要数生活于南北朝至隋这个时期的彦琮。从公元 618 年至 907 年,这不仅是中国封建社会发展的最鼎盛时期,也是中国佛经翻译极度兴盛的高潮时期。在这一时代,出现了很多知名的译经师,其中最著名的是玄奘。

唐代是我国佛经翻译的高峰期,公元 907 年唐朝灭亡,中国封建社会进入五代十国时期,随后进入宋元时期,佛经翻译渐渐走向衰退。中国历史上第一次翻译高潮，即佛经翻译已经告一段落。中国翻译史上的第二次翻译高潮出现了，这次翻译高潮与第一次翻译高潮有很多相似之处，随着翻译活动的增多，逐渐有本土译者参与。西方传教士来到中国的主要目的在于传教，同时他们也介绍了西方的学术。

（二）建立在社科经典、文学名著翻译基础上的中国翻译思想

徐光启是明末著名的科学家、政治家，"中国圣教三柱石"之一。

对于翻译，徐光启以下几点看法值得注意。首先，徐光启认识到翻译的重要性，他认为，只有通过翻译学习别人的长处，才谈得上后来的超越，放在当时的历史与文化语境下，显得弥足珍贵。

清朝的自我封闭阻碍了中西方的交流。在清末这个"三千年未见之变局"的时代，一批先觉的中国人开始将目光投向西方。这个时期涌现出了众多的翻译家，时代赋予他们的译论以强烈的致用特色。

林则徐以及洋务派很多人士主张翻译西书以强国体，在翻译思想方面建树甚微。清末对翻译思想贡献最大的是马建忠和严复。马建忠，字眉叔，今江苏镇江人，维新思想家和语言学家。

马建忠在甲午年冬（1894年）写下了《拟设翻译书院议》一文，针对当时翻译质量低下的问题，马建忠在文中提出了"善译"说。马建忠的"善译"说与美国著名翻译理论家奈达博士的"等效"论十分相似，都强调译本的接受效果。马建忠提出的"善译"说以及关于建立翻译书院的建议，都体现了一位中国学者在翻译问题上的远见卓识。

严复，字又陵，又字几道，今福建福州人，翻译家和教育家。严复的"信、达、雅"三字虽然早在佛经翻译里就出现过，但将三者总结在一起加以说明的，则始自严复。严复所谓的"雅"指的是文雅。梁启超曾对此提出异议，刻意模仿先秦文体，非多读古书之人。梁启超的批评自然不无道理，毕竟浅显易懂的语言可以最大限度地推广译本，但严复心中的读者并不是普通的民众，而是当时的士大夫阶级。

严复之后，先后出现了傅雷的"神似"说和钱钟书的"化境"论。傅雷，著名翻译家和文学评论家。1927年赴法学习，主攻美术理论和艺术评论。

傅雷之所以能取得如此令人瞩目的翻译成就，首先在于他对翻译极其认真负责的态度。其次，这与傅雷本人深厚的专业修养分不开。傅雷不光具有精深的中、法文语言修养，还对音乐、美术、艺术等各种相关学科也都有极高的造诣。

钱钟书，是中国现代著名学者和作家。他有深厚的家学渊源，从小接受良好的古典文学教育，不仅在文学创作上成就卓著，在学术研究领域的成就也是举世瞩目。

第五章　跨文化视角下的翻译理论研究

第一节　文化以及文化翻译的定义

一、文化的定义

(一) 广义的文化

1. 词典解释

(1) 美国第四版《韦伯斯特新世界大学词典》(2001) 对"文化 (culture) M"一词的英文解释如下。

Cultivation of the soil production, development, or improvement of a particular plant, animal, commodity, etc.

a) the growth of bacteria, microorganisms, or other plant and animal cells in a specially prepared nourishing fluid or solid.

b) a colony of microorganisms or cells thus grown.

a) development, improvement or refinement of the intellect, emotions, interests, manners and taste.

b) the result of this; refined ways of thinking, talking and action.

Development or improvement of physical qualities by special training or care.

a) The ideas, customs, skills, arts, etc. of a people or group, that are transferred, communicated, or passed along, as in or to succeeding generations.

b) such ideas9customs, etc. of a particular people or group in a particular period; civilization.

c) the particular people or group having such ideas, customs, etc.

(2)《美国传统词典》中文化的定义是：人类文化是通过社会传导的行为方式、艺术、信仰、风俗以及人类工作和思想的所有其他产物的整体。这一定义的文化内涵比较丰富，不仅包含上文所提到的深层文化，也包含了风俗、行为等浅层文化。

(3)《牛津简明词典》中文化的定义是：艺术或其他人类共同的智慧结晶。

让一定义主要从深层文化的角度阐述了文化的内涵，主要强调了智力因素在文化形成中的重要作用。

（4）《辞海》中文化的定义是：从广义来说，指人类社会历史实践过程中所创造的物质财富和精神财富的总和。

（5）《朗文当代英语大辞典（英汉双解）》（2004）给出的定义是：Culture：the customs, beliefs, art, music, and all the other products of human thought made by a particular group of people at a particular time.

2. 西方学者的观点

（1）19 世纪英国人类学家爱德华·泰勒（Edward Tylor，1990）于 1871 年在其所著的《原始文化》一书中，首次给文化下了一个比较经典的定义："文化是一个复合体，其中包括知识、信仰、艺术、法律、道德、风俗以及人作为社会成员而获得的任何其他能力和习惯。"

（2）美国语言学者莉奈尔·戴维斯（Linell Davis，2004）在《中西文化之鉴》中给 culture 下的定义如下：Culture is the total accumulation of beliefs, customs, values, behaviors Jnstitutions and communication patterns that are shared learn and passed down through the generations in an identifiable group of people. This is probably the most widely accepted definition of culture.

（3）美国学者阿尔弗雷德·路易斯·克罗伯和克莱德·克拉克洪（Alfred Louis Kroeber & Clyde Kluckhohn，1952）在他们的著作《文化：关于概念和定义的评述》中总结了 164 条文化的定义。这些定义角度各异，内容翔实完善，从各个方面展现了文化的内涵。此外两位学者还从自己的理解出发，提出了自己的文化定义：文化由外显和内隐的行为模式构成；这种行为模式通过象征符号而获得和传播；文化代表了人类群体的显著成就，包括它们在人造器物中的体现；文化的核心部分是传统观念，尤其是它们带来的价值观念；文化体系一方面可以看作活动的产物，另一方面则是进一步活动的决定性因素。这一定义有四层意思，定义中分别讨论了文化的构成、文化的地位、文化的核心和文化的作用。其中还重点阐述了文化对人类活动的重要影响。

3. 我国学者的观点

（1）我国著名哲学家张岱年所下的定义是："文化总是既作为人类在人本身的自然及外部自然的基础上、在社会活动中创造并保存的内容之总和而存在，又总是作为一种活生生的创造活动而演化。"①①

（2）金惠康在《跨文化交际翻译续编》一书中所给出的定义是："文化作为

---

① （①张岱年，程宜山. 中国文化与文化争论［M］. 北京：中国人民大学出版社. 1990：7.）

一种复杂的社会现象，主要是社会的生产方式、生活方式、人际交往方式或是价值观念、道德规范、社会准则等行为方式所构成的复合体。"①

（3）辜正坤在《中西文化比较导论》中说："所谓广义文化，指的是人和环境互动而产生的精神和物质成果的总和，包括生活方式、价值观、知识和技术成果及一切经人的改造和理解而别具人文特色的物质对象。"②

（二）狭义的文化

相对于广义的定义，文化的狭义概念内容比较单一。狭义文化的定义如下。

《辞海》中文化的定义是社会的意识形态，以及与之相适应的制度和组织机构。

也就是说，狭义文化关注的是精神层面，而非物质层面。但是狭义的文化关注的不是个体的精神活动，而是经过传承凝聚而成的、社会成员所共有的精神，也就是通常我们所说的人文精神。同时狭义的文化更加关注的是不同民族、不同阶层、不同团体人文精神特点。

二、文化翻译的定义

（一）国外学者的界定

（1）在翻译学领域内，奈达（E. A. Nida）和泰伯（C. R. Taber）是最早提出"文化翻译"这一概念，并将这一概念作为术语来使用的学者。奈达和泰伯两位学者对文化翻译的界定具体如下："文化翻译与语言翻译相对，是信息内容遭到改变以便在某种程度上顺应接受文化的翻译，并且/或者是原作语言并不包含的信息却得到引介的翻译。"他们的这一关于文化翻译的定义着眼于其自身对《圣经》的翻译实践，并认为《圣经》的产生有着非常重要的历史语境。并且，他们还认为，应对《圣经》这一经典的所展现的历史背景给予充分的尊重，因而翻译工作者在进行翻译时，既不能将《圣经》译得像十年以前邻镇所发生的事情，也不能将《圣经》中的法利赛教派和撒都该教派改成当今的教派。从这一层意义上进行分析，一部好的《圣经》翻译佳作应该是"文化翻译"，而非单纯的语言翻译。为了让人们对"文化翻译"有更明确的认识，奈达和泰伯还对"语言翻译"进行了明确的界定，具体如下："语言翻译与文化翻译相对，是只有原作语言中隐含的信息才被明确表达出来并且各种形式变化都遵循逆转换与转换规则以及义素分析规则的翻译。"根据奈达的观点，文化翻译是以某种方式迎合接受文化而改变信息内容的，以及/或者在译文中引入了未隐含与原文语言表达中的信息的，这样的翻译就被称作"文化翻译"。奈达还认为，文化翻译是同语言翻

---

① （①金惠康. 跨文化交际翻译续篇[M]. 北京：中国对外翻译出版公司，2003，66.）

② （②辜正坤. 中西文化比较导论[M]. 北京＊北京大学出版社，2007＝156.）

译相对应的。

可见,奈达和泰伯对"文化翻译"的认识其实是将"文化翻译"视为同语言翻译相对的一种翻译策略。

(2)剑桥大学著名人类学教授埃德蒙·利奇(Edmund Leach)将人类学家所从事的工作看作一种文化翻译。他认为:"我们是从强调'他者'如何如何不同开始的……不过现在我们已经基本发觉基本的问题是翻译问题。语言学家早就告诉我们,所有的翻译都是困难重重的,而完美的翻译通常是天方夜谭。然而,我们也知道,出于实践的目的,某种差强人意的翻译总是可能的,不管'原文'多么佶屈聱牙,毕竟不是绝对不可翻译的。语言是各不相同的,但还不至于不同到完全无法沟通的地步。从这一态度出发,社会人类学家所从事的就是建立一种用于文化语言之翻译的方法论"①。

(3)斯特奇(K. Sturge)曾经明确指出,"文化翻译"作为一种翻译策略,其同翻译研究角度下的"文化翻译"存在着密切的联系,他认为,"语言翻译"或者"语法翻译"是相对的,"文化翻译"极有可能会引发怎样处理文本的文化差异之类的问题,不管是更多地倾向于归化或者是更多地倾向于异化,都极有可能会产生非常严重的后果。

斯特奇还认为,在这一语境下,"文化翻译"往往所表示的并不是一种单纯的特殊的翻译策略,而是一种翻译视角。他所关注的是翻译语言集团之间进行思想交流的组成部分是怎样出现的以及有哪种影响。

如果更深入地进行分析,文本文化差异的客观存在使得文化信息或者文化意义成为翻译的重要内容,这其实是从翻译内容层面对文化翻译进行考虑的。在具体的翻译实践中,在对文本的文化差异过程进行处理时通常会采取各种不同的翻译策略,其中之一便是作为翻译策略的文化翻译。但是,由于文本中存在着如此多的文化信息,使得人们在进行翻译时必须要摆脱以往的翻译仅仅是语言转换的这一看法,并应逐渐地深化对翻译文化特性的认识。这其实就慢慢地形成了表示翻译普遍特性的文化翻译。并且,对翻译实践中的这种"文化问题"从感性层面到理性层面,从微观层面到宏观层面的广泛探讨,最终就在结论层面形成了一个新的研究领域,这其实就是作为一类翻译研究的文化翻译。

(二)国内学者的界定

对于文化翻译的界定,我国很多学者也进行了研究并提出了自己的看法。(1)邱懋如认为,作为两种语言沟通和交流的桥梁和媒介,翻译的主要任务就是在文(target text)中将原文(source text)的思想内容得以再现。翻译工作者

---

① (①转引自刘禾著,宋伟杰等译. 跨语际实践——文学. 民族文化与被译介的现代性[M]. 北京:生活·读书·新知三联书店. 2002:2—3.)

在对源语（source language）进行翻译时通常需要介绍并传播源语所体现的文化。从这一层意义上进行分析，语际翻译必然是文化翻译。

邱懋如还认为，译者在对源语进行翻译时，必然会涉及介绍并传播源语所涉及的文化，从这一层意义上进行分析，语际翻译其实就是文化翻译，而这里的文化翻译其实就是指文化传播。

（2）根据谢建平的观点，文化翻译其实是在文化研究的大语境下对翻译进行的考察。进一步说，就是对文化和语言的"表层"以及"深层"结构进行研究，并对文化和翻译间的内在联系以及客观规律进行探索。

（3）刘宓庆从意义层面对文化翻译进行了分析和探讨，根据其观点，文化翻译属于翻译中意义转换的一部分，这在很大程度上是因为文化属于意义的一部分。刘宓庆还认为，文化翻译的具体任务并非对文化进行翻译，而是翻译容载或者蕴含着文化信息的意义。

通过对其关于文化翻译的理解不难看出，此处所提及的文化并非某一文化整体，而是容载或者蕴含着文化信息的意义。这一意义其实都被刘宓庆先生笼统地称作"文化意义"。与此同时，刘宓庆还从广义和狭义层面的文化翻译以及宏观和微观层面对文化翻译进行了分析。其中，宏观层面和广义的文化翻译涵盖了容载所有文化信息的意义转换，其中包括语法意义。而微观层面以及狭义的文化翻译具体指的是文化矩阵中各层次反映在语言中的意义，主要集中在词汇、词组、句子、语段（句子的有组织集结）、风格和语言文化心理等各个层面。

（4）蔡平则从狭义和广义两大层面对文化翻译进行了区分，根据其观点，狭义层面的文化翻译具体指的是翻译内容的一个方面。进一步说，狭义层面的文化翻译是文化特色词汇以及表达方式的翻译。他的这一理解其实是从文化信息载体这一角度对文化翻译的对象进行界定的，且文化信息的载体仅仅局限在文化特色词汇以及表达方式等。同刘宓庆从狭义层面对文化翻译的理解相比较而言，蔡平关于文化信息载体的类型还不够全面。

（5）王宁用"翻译的文化再建构"来替换"文化翻译"这一表述，他认为，翻译是属于一种文化现象，翻译应"从仅囿于字面形式的翻译（转换）逐步拓展为文化内涵的翻译（形式上的转换和内涵上的能动性阐释）"。

通过对上述的这些定义进行分析，不难发现，这些对"文化翻译"概念的界定其实是不同的，奈达观点下的"文化翻译"指的是文化内容改变方面的。针对奈达对"文化翻译"概念的理解，王东风曾经撰写文章并基于读者反应论的角度对奈达的观点提出了质疑和批评。王东风认为，奈达的理解会"由于抹杀形式中所蕴含的文化意义，从翻译结果上看易导致客观上的文化蒙蔽"。并且，王东风还认为，奈达所认为的文学翻译的研究并不是以文学翻译为主的，而大多是专门针对《圣经》的翻译。因而，从某种意义上进行分析，我们更应关注的是奈达的理论所具有的启发意义，而不应过多地强求其观点的普适性。

第二节 中西文化翻译观

"文化翻译观"这一表述是在"文化翻译"的基础上衍生出来的，在文化翻译的相关研究中，还存在着一些和文化翻译观处于同一层次的概念。例如，"文化翻译学""文化翻译研究"以及"文化翻译理论"等。就文化翻译观这一术语本身而言，也存在着以下两种不同的理解。

第一种理解：

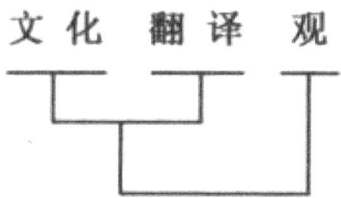

第二种理解：

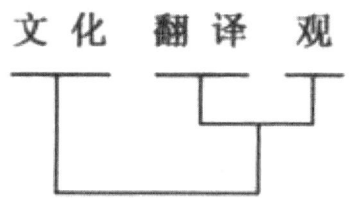

第一种理解下的"文化翻译——观"指的是有关文化翻译的观点和看法，或者说是与文化翻译相关的理论。这一理解其实还存在着歧义，就是究竟"文化""翻译"这两个词汇之间是偏正关系还是并列关系呢？也就是说到底应该理解为"文化的翻译"还是"文化与翻译"。假如是"文化的翻译"，"文化翻译观"就是同文化或者文化因素相关的翻译的理论或者观点。假如是"文化与翻译"，"文化翻译观"就是文化与翻译间关系的理论或者观点。而按照第二种理解来看，"文化——翻译观"就是指从文化的角度对翻译进行审视和研究。可见，对"文化翻译观"这一术语的理解具有视角多样性的特点，其实这些观点并不是矛盾的。不管是从狭义层面还是从广义层面对翻译进行理解，文化和翻译之间总是存在着密切的联系。并且，翻译总是作为一种跨文化交流的活动存在着的。因而，对"文化翻译观"的探讨,不仅是探讨其文化同翻译间的关系问题,更是探讨文化或者文化因素的具体翻译,并且应是基于文化的角度而进行的探讨。在中西翻译界,也有很多有关文化翻译观的研究,受到篇幅限制,下面就从以下几个方面对文化翻译观进行探讨和分析。

一、文化翻译研究的三大层次

翻译之所以是一项具有复杂性特点的社会活动,在很大程度上是因为在具体进行翻译时存在着多种多样的因素,并且这些因素间发生相互作用和影响,并最终形成一股合力,进而产生翻译作品这一成果。由于翻译中所存在的诸多因素浑然一体并且纵横交错,因而,还可站在不同的角度对翻译进行观察,以看到不同的景象与层次。以全方位的视角对翻译活动的全貌进行把握,不仅能进行概观式的综合研究,尤为关键的是,还能每次选取一个观察视角、以方便进行更为细致、深入的探讨。文化翻译研究作为一种比较大的研究课题,截至目前,学界对文化翻译的研究并没有定论。在通常情况下,人们认为文化翻译应涉及以下两个方面:其一是翻译对文化的影响;其二是文化对翻译的影响。翻译对文化的影响可被视为一种外向型的综合翻译研究,文化对翻译的影响则可被看成是翻译的本体研究。在此我们主要从文化翻译这一视角对翻译活动进行考察,并主要基于文化对翻译的影响以及在具体进行翻译操作时对文化因素的处理这一方面进行分析。为了对文化翻译的问题有更深入、细致的认识,我们可将其分为以下三大层次,即宏观层面的社会操控、中观层面的语言形式以及微观层面的文化语句。具体如图5-1所示。

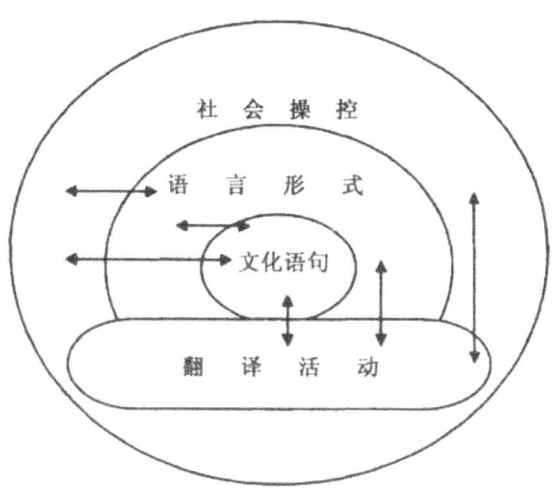

图5-1 文化翻译研究的三个层次

(资料来源：蔡平，2008)

这一划分其实是以语言事实和翻译实践为基础的，并且在这三大层次之间存在着密切的、有机的联系，这种关系其实是一种从外到内、从远到近的相互作用的关系。其中的社会操控之于翻译活动的影响具体表现为一种从外到内向翻译各方面辐射的方式，在选择所译材料、进行情节取舍以及选用词语等方面都会受到社会的操控。语言形式具体指的是语言的词法、句法和文本形式等，各个民族的思维特征等通常也会在语言形式层面反映出来。翻译不仅要改变原文的语言形式，而且还要尽可能地传达原文的思想内容。因而，对源语和译语进行语言形式的对比、转换等的研究都会对翻译实践活动等有着非常重要的作用和意义，这些甚至可以被视为翻译活动的主题部分。文化语句具体指的是某一语言中富有民族文化特色的词语，并且具有很强的文化独特性。因而，很难在另外一种语言中找到与之相对应的表达词语，这些其实是翻译中非常容易遇到的难题。

二、翻译研究的文化转向和文化研究的翻译学转向

以文化研究的大语境为背景，全球文化尤其是其中比较有代表性的中西文化不仅存在着趋同性，，而且还存在着东西方文化的冲突。因而，为了对中西文化翻译观有更深入、系统的理解和认识，下面就在前述分析的基础上，探讨翻译研究的文化转向和文化研究的翻译学转向这一学术研究的必然性问题。

（一）两种转向，历史之必然

根据辜正坤的观点，对人类的翻译实践活动进行考察，不难发现，在中西方都存在着两千多年的历史。并且，纵观人类的翻译历史，其翻译对象大多集中在文学名著以及社科经典等方面。很多翻译实践者在翻译原著时，对原著持有一种顶礼膜拜的心态，在具体进行翻译时都是斟字酌句、小心翼翼。对原文的忠实成了很多翻译家们核心的翻译观，一些不忠实的原文大都招来很多非议。然而，到了20世纪50年代之后，随着科学技术的飞速发展，世界开始慢慢地步入全球化的时代，且慢慢地增加了一些人类的文化交流活动，这使得翻译活动开始发生了质的变化。其变化主要表现在以下三个方面。其一，翻译活动的数量得到了迅猛增加，几乎呈现出几何态势的增长。其二，翻译对象得以迅速扩大。翻译对象开始逐渐扩大到影视、经济贸易文件、产品说明书、商品宣传册、文化新闻、互联网传播的各类信息等各大方面。其三，从翻译的形式来看，也开始由传统意义上比较常见的文字文本转向多形态文本上。例如，互联网虚拟文本以及影像文本等。在这一新的形势和背景下，译者对文本的态度以及文本对译者的要求这两大方面也都发生了本质性的变化。对一些新兴文本，如广告文本等，译者不再采取仰视的态度，并且，他们对译者的要求也不再单纯地完全传译原文信息，而是，

应兼顾译者对文本的功能以及目的的需求。与此同时，在全球化的时代背景下，人类的文化交流活动中的对话和对抗也在慢慢地增加。在 16 世纪，培根曾经说过"Knowledge is strength.（知识就是力量。）"在 20 世纪，法国的后结构主义理论界代表人物之一福柯曾经说："Knowledge is power.（知识就是权力）"。在当下全球化时代的背景下，知识能够被转化为信息，信息其实也是一种财富。谁能够及时、有效地获取信息，谁就能获得更多的财富。我们甚至可以说，人类所从事的文化交流活动其实就是为了获得更多的财富。文化的交流正好成了人们获取财富的重要途径和手段。人们为了实现文化交流的目的，也在尽可能地运用各种手段，而翻译就是最重要的手段之一。当世界上呈现很多同以往不同特征的时代的现象时，文化学术界以及翻译学界的传统理论已经基本上不能满足对新的文化现象以及翻译现象进行阐释了。于是，一些翻译理论家开始以原有的理论为基础去寻找新突破。进而，在 20 世纪 60 年代以来，在世界的人文社科领域开始出现了与语言文化转向相关的内容研究。相应地，在文化研究领域也开始出现了翻译转向，翻译领域开始出现了文化转向。这些新理论的出现都为文化研究以及翻译的研究注入了新鲜血液与活力，并使传统的翻译领域得到了扩展。

（二）两种转向的理论流变

1. 文化转向的理论流变

根据斯奈尔－霍恩比（Mary Snell－Hornby）的观点，翻译的文化转向滥觞于 20 世纪六七十年代的众多语言学理论。其中最具影响力的理论有以下几个。

（1）奥斯丁（Austin）以及塞尔（Searle）的言语行为理论。

（2）菲尔莫（Fillmore）的认知框架理论。

（3）韩礼德（Halliday）的系统功能语法及其所发展出的篇章语言学理论。

上述这些理论开始关注的都是语言的社会交际层面，这一对语言的社会交际层面的关注使语言学发生了语用转向，并且为翻译的文化转向提供了非常宝贵的学科环境（Snell－Hornby，2006）。

到了 20 世纪 80 年代，在西方翻译理论界，有关文化转向的研究开始呈现出非常壮观的发展态势。这一时期的理论流派主要有以下四个。

其一为操纵学派，这一学派的典型代表人物是图瑞（Toury Gideon）等人，其密切关注的是"目的语文化对翻译的影响"。根据图瑞的观点，语言学和美学在翻译过程中并不起太多的作用，选择翻译哪种作品主要是处于意识形态的原因。翻译为各种社会力量用于操作"特定社会、建设所需文化的重要的文学途径"。

其二为目的－功能学派，主要代表人物有弗米尔（Hans J. Vermeer）、莱斯（Katharina Reiss）以及诺德（Christiane Nord）等人，这一学派还认为，翻译是一项为实现特定目的的复杂活动。之所以说翻译活动具有复杂性的特点，是因为其在实践中有时按照特殊需要（如发起人或委托人的要求等），应实现译文和原文不同的功能。

其三为译者行动学派，这一学派的主要代表人物是曼塔瑞（Holz-Manttari）和尼兰贾娜（Tejaswini Niranjana），他们认为，翻译行为属于一种具体社会语境下（职业语境下）的跨文化的交流活动。在目标语生成的过程中，译者、源文本作者、客户、译文本读者等发挥着非常重要的作用。这一学派的代表者还认为，翻译从始至终都属于一种政治行为。殖民主义时期的殖民者总是借助翻译这一途径使民族、种族以及语言间的不平等状态永久化。在后殖民主义时期也就是殖民地取得独立之后，前殖民地国家和其语境依然是处在有着没有殖民主义的殖民主义。

其四为解构主义理论派，这一学派的典型代表人物是罗宾逊（Douglas Robinson）等人，他们提出了"延异 H（differance）和"播 M（dissemination）之类的全新的概念以及思维方式，同时还衍生出文本具有解释性和消解性等观点。这一学派还主张对传统译论中"原文至上"的观点进行质疑，这就在某种程度上将作者与原文的神圣地位颠覆了，并使译者的作用得到了凸显。

综观上述四大流派，他们的观点各有千秋。其中操纵派提供了文化转向的重要内容，目的学派使得功能途径得到了较好的发展。但是，不容置疑的是，操纵派显然是文化转向的主流，并且对学科范式的转变做出了很大的贡献。其他三大学派提供了几个新的视角。

到了 20 世纪 90 年代以后，翻译学者又对其他学科的研究成果加以借鉴，这使得翻译研究的文化转向呈现出全球性以及跨学科性等特点。其中借鉴的学科主要包括以下门类，具体如表 5-1 所示。

表 5-1 翻译的文化转向研究借鉴的学科

1	社会学	5	伦理学
2	心理学	6	民俗学
3	传播学	7	戏剧表演学
4	文艺学		

这些跨学科性质的主要研究成果具体如下。

（1）图瑞所提出的翻译规范论的观点，这一观点所倡导的是翻译是规范制下的行为。

（2）切斯特曼（Andrew Chesterman）所提出的翻译模因论（meme）以及翻译伦理论（ethic），这两大理论尝试着将各自为政的翻译研究整合并有机地结合起来，进而构建一个相互间连贯、系统的翻译理论的框架。切斯特曼还提出了翻译的五种伦理模型。其一为再现伦理，其二为服务伦理，其三为交际伦理，其四为规范伦理，其五为承诺伦理。

上述这些从全球化的角度对翻译的探讨也取得了丰硕的研究成果。根据森加普塔（Mahasweta Sengupta）、麦赫莱兹（Samia Mehrez），阿罗约（Rosemary Arrojo）以及巴斯奈特等人所提出的后殖民翻译理论和异化论的观点，翻译理论的主要目标就是对西方帝国主义的文化殖民进行反抗。此外，苏珊妮（Sussanne Harwood）等学者还提出了女权主义翻译理论，这一理论认为译者应借助女权主义的方式在翻译策略层面进行改写，应在行动层面保持着激进、反抗的姿态，并对翻译的性别隐喻以及种种特征进行改写，借助实用政治意图对文本的生产进行操纵。这一翻译的目的旨在对女性主义的性别身份进行建构。

步入20世纪之后，有日益增加的翻译学家开始从相异的视角对翻译的重要意义进行探讨。他们指出，在跨文化语境以及全球化语境这一大背景下，翻译对于促进文化交流有着非常重要的作用和意义，并且在话语、意义、符号、权力、政治、经济、军事等几乎所有领域都得到了很好的体现。

2. 翻译转向的理论流变

文化的研究不仅有着悠久的历史，而且范围十分广泛。从20世纪50年代开始，在文化发生激烈碰撞的大环境下，相继出现了各种各样的文化理论。

特别是20世纪80年代以后，对文化的研究更呈现出如火如荼的趋势。比较典型的代表人物有巴巴（Home Bhabha）、利奥塔德（Francois Lyotard）、赛义德（Edwaed Said）、斯皮娃（Gayatri Spivak）等。

比较著名的理论流派有：全球化理论、多元文化理论以及第三世界理论。其中全球化理论所重点强调的是世界已经从一个分散的世界史步入一个统一的世界史，并且各种类型的文化都处在时时更新的状态。多元文化理论所重点强调的是各类文化都具有无可替代的独立性，并且这些文化之间存在着相互交叉、相互作用的关系，并且各文化间构成的是一个开放、包容的多元系统。这一理论还反对西方的强势文化垄断和遮掩真理。第三世界理论旨在强调第三世界的特殊性，并认为，不能以西方的方式而应用第三世界国家自身的方式对文化加以理解。此外，还存在着一个具有颠覆性的理论，即后殖民主义理论，这一理论强调应彻底地将世界主流文化的西方文化进行建构，并对西方文化以及全球现实进行重新认识。当然，也存在着一些如何将我国的文化融入世界这一理论。例如，杜维明等学者所提出并倡导的如何使中国的儒学文化走向世界这一理念。

文化研究中的"翻译转向"开始于20世纪70年代，以文化研究为背景，很多学者开始将这一研究扩展至翻译研究的范畴。主要的代表学者有埃文－佐哈尔、德里达以及福柯等人。然而，他们仅仅是为了更好地说明文化问题并对文化的重要意义进行强调。真正地将文化研究中的"翻译转向"得以凸显的还是那些专门对翻译进行研究的学者。文化研究中的"翻译转向"将其焦点主要集中在文化对翻译活动的操纵这一层面。

（三）两种转向的本质和现状

1. 两种转向，两大视域

翻译研究的文化转向和文化研究的翻译学转向这两大关于文化和翻译转向的问题都很好地反映了研究者们的研究视域，从文化角度对翻译所进行的考察通常是围绕文化这一中心的，是对翻译在文化发展中所发挥的作用进行的考察。而从翻译的角度对文化进行的考察，其实是对文化在翻译发展中所发挥的作用进行的考察。上述这两种视域转向具有了其各自的特色，并且还有了无穷的韵味。

然而，中外的学者在围绕上述两种问题的研究方法以及所取得的结果方面却大相径庭。西方的学者们通常是按照西方的传统哲学理论以及现代的文化思潮所提出的一些新的视角和观点，并对翻译学和文化学的研究起到很好的推动作用。然而，国内的一些学者却很少提出一些具有开拓性、前瞻性的观点，他们所热衷的是对西方学者观点的引介和述评，有的是运用西方的观点来对我国历史上的翻译现象、文化现象以及当下所面临的问题进行阐释。并且，国内的学者在对相关问题进行探讨时，大多喜欢从正面对问题进行讨论，而很少从负面提出一些批判性的观点。例如，一些研究者在基于翻译对文化的巨大贡献进行论述时，很少关于翻译对文化的负面影响进行探讨。这种现象所导致的直接后果是无论是在翻译学界还是文化界，西方学者们的观点总是处在主导地位，而国内学者大多是处在失语状态或者弱势地位。

值得庆幸的是，在步入新世纪、新时期之后，有很大一部分国内的学者提出了一些富有创建性的观点。根据王宁教授的理解，中文语境下的翻译学转向的观点是将文化的翻译转向进一步拓展，即将其拓展为"跨东西方文化的翻译学转向"，并认为，当下的全球化语境更加利于关注对非精英文化的文化研究。在不久的将来，文化研究的发展道路其实是一种阐释性的文化翻译，这将会使文化更加趋向于多元化。

著名学者辜正坤曾经也进行了创造性的举例，即翻译对文化有着推进和阻碍的双重作用。在20世纪中叶，国内还发生了一场论战，著名文化大家朱光潜、王国维等也参加了这次论战。这一论战可以说是文化研究进程中的一个非常具体的表现。非常明显，这种类型的论战不仅耗时费力，而且对文化的发展并没有太大的益处。其是由翻译的不确定性引发的，对中华文化的发展步伐有着阻碍作用。

2. 两种转向，两大目标

翻译研究者发起文化转向这一目标旨在使翻译的研究范围得以进一步扩大，

并更好地建立翻译这一边缘的学科。然而，要想较好地建立翻译学科，通常还需要拥有更为坚实的理论基础作支撑，同时，还需要在原有理论基础上进行创新。例如，当前有很多学者认为应对翻译的标准问题进行重新确定。国内著名的学者吕俊就对严复的翻译标准论进行了重新认识。吕俊曾经明确指出，很长时间以来，很少有学者将严复的翻译标准当作启蒙思想进行评论，也很少有人对严复的诸多译作的社会启蒙价值进行评价，这其实在很大程度上使得严复的启蒙理论被忽视。作为翻译批评，其应该将着眼点放在社会进步以及人类的自我完善这些方面。一方面，这能很好地强调译者以及译文对文化的强有力的推动作用；另一方面，这其实也明确说明了翻译的理论框架应逐渐得以扩大。

如果对掀起翻译的文化转向目标进行分析，之所以要研究文化研究的翻译转向，一方面是要对翻译在文化发展中所发挥的作用有充分的认识，另一方面是要研究怎样才能充分发挥翻译在文化发展中所起的作用。例如，一部分文化研究者总是尝试着从一些翻译作品中重新认识并发现文化问题。然而，假如从翻译的角度来看，这些作品似乎并没有太大的价值，有的甚至在翻译研究历史上饱受非议和批评。埃兹拉·庞德（Ezra Pound）的翻译其实就是一个非常典型的例子。在20世纪初，埃兹拉·庞德翻译了我国的一些古诗，并将这些古诗进行结集出版，这在西方文学界引起了强烈的轰动。后来，又出现了一些文学家开始模仿埃兹拉·庞德进行译诗，同时，还创作出很多风格相似的诗歌，进而掀起了一场有关意象派诗歌的运动。该运动带来一代诗歌的新风气和新潮流，并在20世纪上半叶盛行。其还对后世的诗歌创作起到了非常重要的作用。事实上，这一现象兼具翻译、文学以及文化这三重属性。因而，翻译研究者、文化研究者以及文学研究者都可以对这一现象进行研究。然而，翻译的研究通常会指责埃兹拉·庞德的研究是如何不忠实于原文，文化的研究却肯定了埃兹拉·庞德的研究对文化发展的促进作用。

总体来说，翻译研究的文化转向和文化研究的翻译学转向的目标和内容既存在着交叉，又存在着矛盾。进一步说，这两种转向不仅存在着合理的成分，而且还存在着产生谬误的可能。并且，有一部分研究者已经开始认识到，文化除了具备翻译转向外，还可能具备其他视角的转向。因而，也不能过分地夸大翻译研究中的文化因素。总之，应对翻译的文化转向进行深入、全方位的研究，并从不同侧面对其研究结果进行评判，评判这些研究成果对文化发展的价值所在。

第三节　文化翻译的原则与策略

一、文化翻译的原则

(一) 文化再现原则

文化再现原则主要涉及以下几个方面。

1. 再现源语文化特色

鲁迅认为，翻译应保持原作的丰姿，必须有异国情调，也就是所谓的"洋气"。换言之，译者在翻译过程中，应忠实地将源语文化再现给译语读者，不应抹杀和损害源语的文化色彩，应尽可能地保持源语文化的完整、一致。例如：

巧妇难为无米之炊。

译文1：Even the cleverest housewife can't make bread without flour.

译文2：Even the cleverest housewife can't cook a meal without rice.

在对本例原文进行翻译时，就会涉及中西传统主食文化差异这一问题。通过分析译文1可以看出，其翻译时充分考虑到了英美国家的传统主食是面包这一文化因素，并没有体现源语中"米"这一字眼，这一译法更利于英美人接受和理解。但是，如果在我国古典小说中对这一表述进行翻译，西式面包在整个作品的文化氛围并不协调，这样的翻译方法就会有损源语的民族文化特色。通过分析译文2可以看出，这一翻译保留了原作中"米"这一物质文化概念，如果是出现在古典小说之类的文学作品的翻译，这一翻译不仅符合作品的社会文化背景，而且再现了源语的民族文化特色。

2. 再现源语文化信息

再现源语文化信息具体指的是翻译时不应仅仅局限于原文的字面意思，而应对源语所承载的文化信息有比较深刻的理解，并在译文中使其再现。例如：

Mr. Vangas Llosa has asked the government 4< not to be" Trojan horse that allow the idealism into Peru.

凡格斯格萨王请求政府不要充当把理想主义的思潮引进秘鲁的特洛伊木马。

在对本例进行翻译时，首先应对源语中的 Trojan horse（特洛伊木马）这一文化因素有比较深刻的理解和认识，他是指"内部的颠覆者，起内部破坏作用的因素"，在翻译时，采用了将其直译为"特洛伊木马"这一翻译方法，使其文化信息得到完整保留。

3. 再现源语文化风格

再现源语文化风格是对文化翻译实践中比较高层次的翻译要求。可以说，文化风格是文本所要传递的思想灵魂和内在精髓。源语的文化风格对其文本信息起着质的规定性作用。以文学作品为例，语言文字是文学作品最基本的表现形式，是作家情感和认知的载体，并且能很好地展现作家的写作风格以及作品的艺术风格。不同的作家往往有其独特的艺术风格和语言特色。可见，再现源语的文化风格非常关键。例如：

苏小姐理想的自己是："艳如桃李，冷若冰霜"，……谁知道气候虽然每天华氏一百度左右，这种又甜又冷的冰淇淋作风全行不通。

Miss Su, who pictured herself in the words of the familiar saying, "as delectable as peach and plum and as cold as frost and ice,"... Who would have thought that while the temperature hovered around 100 degrees every day, this sweet, coolice cream manner of hers was completely ineffective.

本例原文中，运用了多处比喻，其一是用"艳如桃李，冷若冰霜"来比喻美女，其二是用"冰淇淋作风"来比喻人的行为作风，这一比喻使原文在表达上产生了诙谐、幽默的效果。之所以用"冰淇淋作风"作比喻，是因为冰淇淋集合了"桃""李""冰"这几种事物的特点，又甜又冷，所暗含的幽默效果溢于言表。译文在翻译时，将"艳如桃李，冷若冰霜"译为 as delectable as peach and plum and as cold as frost and ice，将"冰淇淋作风"译 Who would have thought that while the temperature hovered around 100 degrees every day, this sweet, coolice cream manner of hers was completely ineffective，很好地传译了原文的文化风格。

（二）约定俗成原则

文化对比下的翻译应坚持约定俗成的原则，具体指的是在翻译的过程中应依照语言的发展规律和语用习惯，采用被大家普遍接受的约定俗成的表达进行翻译。对于一些已有翻译的人名、地名、习惯表达，应选择最通用者定名而不必新增译名，徒乱人意。

例如，U. S. Department of State 应按习惯译为"美国国务院"而不是"美国国务部"。

再如，将科学发展观按习惯译为 Scientific Outlook on Development，这一译法曾经让西方读者产生了误解，将其理解为"科技"发展观，导致这一误解的原因在于在英文中的 science 多指自然科学，然而现代汉语中的"科学"的内涵则比较宽泛，涵盖自然和社会科学。历经长时间的话语实践，"科技"发展观这一译法逐渐被西方理解和接受。

（三）文化顺应原则

顺应性是语言的一大特点。语言的顺应性这一特点具体指的是为了满足语境所需，语言能使使用者从可供选择的项目中进行灵活地变通。语言和文化之间的密切关系也要求交际双方只有与文化语境相顺应才能促成交际的成功。换句话说，在实际的言语交际过程中，交际的双方都应做出选择来顺应各种文化的语境因素，以利于交际目的的实现。

文化顺应就是不同文化下的人们在进行交际的过程中，交际者之间为了促成交际的顺利和成功，相互间借助调整文化表达和文化行为等方式来适应他者的文化语境。相应地，在文化对比翻译实践中，也应坚持文化顺应的原则。具体而言，就是要求译者在翻译的过程中，应依据读者的期盼、源语文本文化以及译者自身的能力等因素，对文化融合的翻译策略进行灵活的选择。这主要是因为翻译文本的目标读者有其自身对文化背景、译文期待以及交际等的个性化需求，为了迎合目标语读者的这一心理需求，同时，为了源语文化更好地能被目标语读者所接受，就应顺应目标语语言文化，以便于目标语读者更顺利地了解源语文化所要表达的各种信息，更利于实现文化信息的传播。

二、文化翻译的策略

（一）归化策略

归化策略是指语言形式或者语言形式所负载的文化内涵倾向于目的语的翻译策略。尤金·奈达是归化翻译理论的代表，他认为最佳的译文无论在表达方式、遣词造句，还是在行文风格等方面，都应完全纳入译文读者的文化范畴，符合译文读者的阅读习惯和阅读心理。换言之，归化策略要求译者向译文读者靠拢，译文的表达方式采取译文读者习惯的译语表达方式，来传达原文的内容。归化策略经常用来翻译习语。例如：

to stare like a stuck pig 目瞪口呆

like a rat in a hole 瓮中之鳖

All cats love fish but fear to wet their paws.

不入虎穴，焉得虎子。

Where there is a will, there is away.

有志者，事竟成。

（二）异化策略

异化策略是以源语文化为归宿的一种翻译策略。美籍意大利翻译学者韦努提（Venuti）是异化理论的主要代表。他在 Strategy of Translation（《翻译的策略》）一书中将异化翻译定义为："偏离本土主流价值观，保留原文语言和文化差异。"

异化策略要求译者向作者靠拢，保持原文的语言风格，向译文读者介绍源语文化，以此丰富译入语的文化。杨宪益在翻译《红楼梦》时就采用了异化策略，保留了汉语的文化因素。例如：

真是天有不测风云，人有旦夕祸福。

Truly, storms gather without warning in nature, and bad luck befalls men overnight.

此处，杨宪益直接将富含中国文化意象的词汇转换到了英语中。storm 和 luck 两个单词在汉语中就是"风暴"和"祸福"，在英语中却失去了对等的含义。但为了保留源语的文化特色，杨宪益采用了异化策略对文化意象进行了处理。

又如 crocodile tears 一词，用异化策略可以译成"鳄鱼的眼泪"，译文保留了原文"鳄鱼"和"眼泪"的意象。但是，在汉语里原本没有这种表达法，因为它不是中国文化里的一个意象，所以，这个译法完全可能不被中国读者所接受而成为死译的例子。但实践证明，中国人最终接受了这个译法，"鳄鱼的眼泪"也就成了佳译。英语中有很多类似的例子，译者在翻译时应该引起注意。例如，cowboy（牛仔），honeymoon（蜜月），golden age（黄金时代），hot dog（热狗），forbidden fruit（禁果）等。异化策略一般出现在具有文化差异的语境中，其特点就是鲁迅提出的"保留异国情调，就是所谓洋气在翻译中，译者传递给读者的源语文化信息越多，其译文越忠实于原文。

（三）归异互补策略

在翻译实践过程中，仅通过一种翻译策略很难应对不同类型的文化文本。归异互补性策略便是在这种背景下应运而生的。

作为翻译的两大主要翻译策略，归化策略和异化策略二者之间是对立统一的，都有其各自的适用范围，然而在很多语境中，仅仅使用归化或者异化是无法传达出原文的真实内容的，这就需要采取归异互补策略。好的翻译是在异化和归化之间找到一个合理的折中点。因此，译者在翻译过程中需要仔细研究原文，弄清原文的意蕴，同时，综合考虑文本类型、作者意图、翻译目的、读者对象等各种因素，审慎地做出选择，准确地把握好"化"的分寸。例如：

I gave my youth to the sea and I came home and gave her (my wife) my old age.

我把青春献给了海洋，等我回到家中见到妻子的时候，已经是白发苍苍。译文综合运用了归化策略和异化策略，其中，将 I gave my youth to the sea 译为"我把青春献给了海洋"，采用了归化策略；而 I came home and gave her (my wife) my old age 译为"等我回到家中见到妻子的时候，已经是白发苍苍"，采用了异化策略。如果仅仅采用归化或者异化其中一种策略，则无法清楚地传达原文的真实含义。

（四）文化调停策略

由于文化的差异性，在翻译过程中译者需要灵活把握文本特点，进行文化调停翻译。所谓文化调停,就是省去部分或全部文化因素不译,直接翻译原文的深层含义。这种策略具有使译文通俗易懂、可读性强的优点,但是也有一定的缺点,即不能保留文化意象,不利于文化的沟通和交流。例如:

刘备章武三年病死于白帝城永安宫,五月运回成都,八月葬于惠陵。

Liu Bei died of illness in 233 at present-day Fenjie County, Sichuan Province, and was buried in Chengdu in the same year.

上例原文句子很短,然而文化因素丰富,有很多古年代、古地名。对这些词的翻译不可采用归化策略,因为在英语中很难找到与之相应的替代词。若采用异化策略全用拼音直接译出或加注译出,不仅译文烦琐,而且英语读者也会茫然不知其解。不如省去部分文化因素,增强其可读性。

当他六岁时,他爹就教他识字。识字课本既不是《五经》《四书》,也不是常识国语,而是天干、地支、五行、八卦、六十四卦名等学起,进一步便学些《百中经》《玉匣记》《增删卜易》《麻衣神相》《奇门遁甲》《阴阳宅》等书。

(赵树理《小二黑结婚》)

When he was six, his father started teaching him some characters from books on the art of fortune-telling, rather than the Chinese classics. 上例原文中含有十几个带有丰富的汉语文化的词汇,如《五经》《四书》《百中经》《玉匣记》《增删卜易》《麻衣神相》《奇门遁甲》《阴阳宅》以及天干、地支、五行、八卦、六十四卦名,要把这些内容全部译成英文非常困难,同时也没有必要,因为即使翻译成英文,英文读者也很难理解,故可采用文化调停的策略,省去不译(兰萍,2010)。

此外,在归化、异化、归异互补、文化调停四种文化翻译策略中,归化和异化是主要的,也是对立统一的。归化是为了照顾译语文化,取悦译文读者;而异化却是以源语文化和原文作者为归宿。在具体的翻译实践中,译者就要讲究分寸和尺度,适当地采用归异互补策略,不可走极端。当归化和异化都无法解决文化问题时,则需采用文化调停策略。①①

例如,在日常生活中为了产生好的交流效果的材料(广告、通知、公告、对外宣传资料、新闻报道等)宜使用译语的地道表达,采用归化手法。不能使用归化手法的时候就采用文化调停,目的是让译文清晰易懂,符合译文读者的阅读习惯。而对于那些介绍异国文化的政治论文、哲学著作、历史、民俗及科技论著,宜采用异化策略,因为其目的是填补译语文化中的知识空缺,强调源语和译语文化的相异之处。异化策略可以令译文读者更多地了解原文以及异国文化。

---

① (①兰萍. 英汉文化互译教程[M]. 北京:中国人民大学出版社,2010:72.)

第六章 跨文化翻译实践

第一节 商务文体中的文化翻译

一、商务英语的内涵

商务英语（Business English），顾名思义是指在跨文化商务交际过程中所使用的英语。商务英语是服务于商务活动的一种具有专门用途的英语体系。随着世界各国经济的快速发展，以及越来越明显的经济全球化趋势，商务英语已逐渐成为跨文化商务活动中重要的交际工具人与人之间沟通的桥梁。其服务对象的特殊性，决定了商务英语在用词、句法文体等方面与传统的英语有许多的不同之处。

在我国，商务英语主要应用于国际贸易与交流，因此也被称为"外贸英语"（Foreign Trade English）。商务英语在大学教育中指的是商务英语专业下的商务英语学科知识体系，主要用来传递知识与信息，能够突出反映国际商务学科领域的特征和发展情况，具有明显的学科性。

从字面意义上理解商务英语，可以发现其包含着"英语"和"商务"活动两部分。但是商务英语的含义决不是这两部分的简单相加，而是这两部分的互相融合，两部分的互相渗透，缺一不可。

商务英语是一种职业语言，有其使用的特定语言环境。同时，商务活动和语言是密不可分的，商务活动的顺利进行需要商务活动参与人对语言的合理运用，以及对词汇语法资源的适当掌控。

二、商务英语的文体特点

（一）商务英语的格式规范统一

商务英语是国际上处理各类商务事宜时使用频率最高的语言之一，来自不同国家、不同地区的人都以英语为媒介协商与处理相关事务，从而实现各自的预期目的。这就要求商务英语采取统一、规范的格式，尤其是在一些具有重要意义的法律文件中。只有采用了统一、规范的文本，才能使交易双方的权利、义务用文字明确下来，确保来自不同国度、使用不同语言的贸易双方的权益不受侵害，为双方顺利开展贸易合作打下坚实的基础。

（二）商务英语的条理清晰固定

商务交际具有复杂性与高效性的特点，这就要求商务英语的表述方式必须做到主次分明、条理清晰。具体来说，商务英语应使用相对固定的表达形式，极力避免逻辑混乱、态度暧昧者观点不清等问题，必要时还可以附上范例、说明、图示等，这样才能使交易伙伴在最短的时间内把握核心内容，并作出回应。下面以商务说明书为例进行分析。

商务说明书常常通过对产品的性能、原材料、功能等方面的介绍，达到宣传产品、吸引消费者的目的。为此，商务说明书往往是在对顾客心理进行深入分析的基础上，按照顾客的思维逻辑来组织语言的，其目的在于吸引顾客的注意力，促使顾客驻足购买。概括来说，商务说明书通常遵循"标题—正文—落款"的表述条理。

1. 标题

标题既可以直接使用"产品简介""操作说明"等，也可以以商品名称为标题。为凸显商品特色，还可以在商品名称之后增加副标题。此外，标题还可以向消费者表明商品的注册商标、生产厂家等信息。

2. 正文

作为说明书的核心部分，正文通常包括以下五个方面的内容，由于类别与功能的不同，正文的内容可对以上几项有所取舍。

表6-1 商务说明书的正文内容

商务说明书的正文内容
（1）商品概况（名称、发展史、产地、制作方法、规格等）。
（2）商品的性能、规格、用途。
（3）安装和使用方法。
（4）保养和维修方法。
（5）附件、备件及其他需要说明的内容。

3. 落款

在落款部分，通常需要注明生产厂家和（或）经销单位的名称、地址和联系方式等，以便于消费者咨询。

（三）商务英语的措辞婉转礼貌

为了创造和谐、友好的交际环境，营造良好的交际氛围，商务英语通常使用一些礼貌、委婉的表达方式，这对于交际双方避免尴尬与冲突、妥善处理矛盾与纠纷具有不可估量的作用。概括来说，商务英语的委婉、礼貌通常有以下五种表现方式。

1. 使用过去时

使用一般过去时来表达现在的愿望、请求、建议等,既可以创造出一种时间距离,又可以表达商量的语气,从而给对方留有足够的余地,促进交际的顺利进行。

2. 使用进行时

由于进行时常表示暂时进行的动作,因此商务英语常通过使用进行时来表达观点,这就意味着请求不是深思熟虑的结果,而更像是一时的想法,从而使双方都保全了面子。此外,使用进行时还可以礼貌地使对方也参与到对话中来。例如:

We were discussing the terms of payment and the shipment.

我们昨天讨论了付款方式和装船事宜。

本例使用了进行时,这就使听话人感觉交流尚未结束,自己可以随时加入,因而造就了良好的谈话氛围。

3. 使用虚拟语气

国际商务活动常涉及交易价格、保险、装运、索赔等与利益相关的敏感内容,双方在交际过程中常常会提出自己的意见,当不能得到满意答复时,甚至会提出请求乃至命令。为将交际中"威胁对方面子"的负面影响降至最低,商务英语常使用虚拟语气。

4. 弱化肯定语气

一些具有弱化功能的表达方式,如 I think、I hope、I regret、please 等可使建议更加容易被接受,从而有利于商务交际目的的实现。

5. 委婉否定

当交际一方不能接受对方的请求或建议时,如果直接使用否定句 I can not accept at all 或 I don't agree,既会损害对方的面子,也不利于取得满意的沟通效果。此时,应使用一些固定的委婉拒绝表达法。例如:

We presume that there must be some reason for your having trouble with this article.

我们认为你们在这项条款上一定有什么困难之处。

本例没有直接使用否定句,而是从对方角度出发来进行分析,其礼貌度和可接受度比直来直去要大得多。

(四) 商务英语的语言简练请晰

随着社会的发展与科技的进步,人们的生活节奏在逐渐加快,越来越多的人们更加重视商务活动的交际效率。具体来说,商务活动的参与者越来越希望在更短的时间内处理更多的问题，实现更大的交际效益。因此，在交际过程中，商务英语的表达必须简练明了，避免模棱两可、拖泥带水，甚至繁冗重复。试比较下面几组句子。

（1）We will write to you at an early date.

（2）We will write to you soon.

我们会马上给您回复。

（1）I am afraid I am not in the position to grant your request unless you iiuuiiii me ui liic icasuii wuy yuu iiccu in⊥3 iiuuiiiiciiiuii.

（2）I am afraid I cannot provide this information unless you tell me why you need it.

很抱歉，如果你不能告诉我你为何需要此信息，我就不能告诉你。每组中的（1）均存在用词啰嗦冗余的问题，而（2）在保持原意的同时使用了简洁的方式，从而使语句内容更加清晰，行文更加流畅。

此外，为使表达更加简练，商务英语还常省略 that、which 等关系代词或连接词。例如：

（1）We are pleased that we have received the catalogue that you sent us on January 1.

（2）We are pleased to have received the catalogue sent to us on January 1.

我们很高兴收到了1月1日寄来的目录表。

在上面的句子中，（2）既保留了原意，又通过省略 that、which 等词，使表述更加简洁明了。

三、商务文体翻译文化对比研究

中文和英文本身都具有自身的明显特性，两种语言无论在翻译理论方面还是在翻译实践中，都渗透着各自不同的文化特色。通过对比中国和英语国家语言和文化的不同，我们可以使翻译研究更好地为不同语言和文化地区的人们搭建更好的沟通桥梁。中文和英文的差异除了词型、拼写、发音、语法等不同外，在翻译中更重要的方面是对词、句、篇等语言文化对比处理，对于一些在特殊领域和具有特定文化内涵的内容，还需要在语用方面进行对比分析。下面我们就从商务英语翻译中的词语、句子、篇章、语用四个方面来简要说明翻译过程中语言和文化因素的影响。

（一）词语的对比

商务文章中的词语除了具有本民族文化色彩之外，往往具有很强的专业性，一个词语往往有很多不同的意思，在翻译时除了要看一般含义外，还要结合具体商务文化背景来推测其真正含义，同时还要注意目的语的专业性。词语的对比翻译主要遵循的原则是：从词语的字面含义中筛选出符合词语所要表达意思的准确含义，这个含义同时也要符合译入目的语的语言和文化特征。如下面一段话：

It seems that, the more traders try to predict, the more it cannot be done. Just as we cannot predict future life events, we cannot predict future market events. The fantasy orwholy grail" that many traders believe in is that we can predict the future of price activity. The reality is that we just cannot! I hope I am not bursting any bubbles out there, but better to hear it now than lose a ton of money later!

一般看来是这样的：交易者越试图预测得更多，那么预测的结果就越不可行。就像我们无法预测未来的生活事件一样，我们也无法预测未来的市场情况。幻想或很多交易者相信"圣杯"的结果是：我们能够预测未来价格走势的发展方向；现实则恰恰相反，我们做不到。我希望大家不要认为我是在突发奇想，而最好是现在听一听，总比日后失去大量金钱要好得多。英文中的"holy grail"具有很强的西方文化特色，汉语中没有特定文化内涵的词语相对应，除了按照字面意思翻译成"圣杯"外，还要进行相应的处理，如用加注的方式予以解释，这样我们就可以基本理解"圣杯"的含义了。

另外，在翻译教学实践中，发现很多学生都将"trader"这个词翻译成"贸易者"或"贸易人员"，这样的译法显然没有注意到该词所处的语言环境，有失汉语专业性。因此翻译时除了在理解原文词语意思的基础上，还要根据具体的商务背景来选择合适的汉语词语进行准确的专业性表述，这也是不可忽视的一个方面。

（二）句子的对比

英语是一种注重主语（subject-prominent）的语言，它的基本形式是主语和谓语的一致。

这个基本架构的扩展机制，在于从属成分与它的有序挂靠。汉语是注重话题（topic-prominent）的语言，它的主语和谓语不一定具有英语中那种严格的形式关系。因此，在翻译时，我们应该根据英汉句子的语言结构特点对原语言的句子结构进行相应的调整，以符合目的语的结构文化特征。句子结构的调整主要是语序的变化，也就是句子成分和句子之间排列次序的变化。句子的调整还可以是句子成分的变化和增减，如下面的例子就是将英文中的主语翻译成汉语中的动词来处理，当然词义的顺序也必须作相应的调整。

The installation should be commenced as soon as all the remaining problems have been cleared up.

待剩下的问题都解决之后就立即开始安装。

英汉翻译过程中对句子的处理方式存在很多逻辑上的重组现象。根据篇章中句子的排列特征，我们可以把篇章中的句子结构从空间结构、时间顺序和时空共构三个方面进行划分，下面一句话的翻译就是在空间结构上进行了较大的调整：

Since World War II, the American economy has been on a "throw— away" basis, making shoddy— products that break or wear out quickly on the theory that the sooner a product wears out, the sooner the need for purchase.

按照商品耗损得越快、消费品就越需要更新的理论，美国在第二次世界大战以后将经济建立在"用过就扔"的基础上，生产出很快就破损的次品。

（三）篇章的对比

翻译活动所处理的不是一个个孤立的词句，而是由互相关联和制约的词语和句子，为一定的交际目的，按一定的格式，有机地组合在一起的语篇①①。实际上语篇的研究主要体现在语篇的结构和语篇的语境研究上。就语篇层面而言，译者必须了解商务领域的行业规范和背景知识，熟悉商务运作各个环节所使用的成套术语和各类商务语篇的表述模式与结构，不说外行话。要确保译文的专业性、整体性、礼貌性，并努力使译文的语气与原文一致，传达相同的功能。下面是一篇英文商务信函，文章表达简洁明了，句子衔接紧密、连贯紧凑，又不失专业性表述和规范，礼貌得体。

Dear Sirs,

We learn from Thomas H. Pennie of New York that you are producing hand—made gloves in a variety of artificial leathers. There is a steady demand here for gloves of high quality at moderate prices.

Will you please send us a copy of glove catalogue, with details of your prices and terms of payment? We should find it helpful if you could also supply samples of these gloves.

Yours faithfully Tony Smith

与原英文的篇章结构和专业表述一样，下面的译文也展现了相应的汉语商务信函规范和礼貌模式：

尊敬的先生：

我公司从纽约的托马斯·H. 彭涅公司处敬悉贵公司生产各类手工制人造皮手套。本地区对中等价位的高品质手套一向有稳定的需求。

---

① （① 李运兴. 语篇翻译引论 [M]. 北京：中国对外翻译出版公司，2001：19.）

请惠寄贵公司的手套目录一份,详述有关价目与付款条件。希望贵公司顺带惠赐样品。

采购部主任

托尼·史密斯

基于中英语言文化的不同,上述译文并不是按照逐字对应的方式翻译的,而是按照中文的商务信函用语把英文的意思完整不漏地表述出来。因此,商务篇章的翻译需要在对比中英不同语言文化的基础上进行。

(四)语用的对比

翻译研究无论在理论上或实践中都离不开语境和对语境的研究。翻译活动中的语境可以是文化语境,即语篇外的文化背景;情景语境,即原语读者和目的语读者作为共享的语境知识;文本语境,即语篇内的信息内容。语用学是研究语言使用的科学无论哪种语用学理论都是以语境为核心研究内容。语用翻译对比研究实际上就是翻译过程中在对比原语言和目的语的各种语境(文化语境、情景语境和文本语境)后所作出的既符合原语言语境又符合目的语语境的目的语优选结果。在英汉商务翻译中对比不同的商务、语言、文化环境,然后总结出符合目的语语言文化的语言,使目的语读者能原汁原味地体会原文的语用目的。如下面一段英文:

Mr. Soros' Quantum fund is reputed to have made a billion dollar profit speculating against Sterling during the most recent EMS crisis. The Malaysian national bank, whose then governor is now otherwise occupied, lost more than that betting the other way (ironically, Mr. Soros himself admitted to losing $ 600 Mn. in speculation, notably in the Yen, early in 1994).

这段英文虽然不长,但其中有很多专业术语和特定的文化背景,其中 EMS 在我们的印象中是特快专递,但这里的语境显然不是这个意思,在翻译成中文时应该进行说明,以让中国读者明白这个词的确切含义。下面译文就使用了 Leo Hickey 在他的言后等效翻译理论中所提及的翻译过程中的解释方法:

索罗斯先生的量子基金就因为在最近 EMS(European Monetary System,欧洲货币体系)危机中投机英镑挣取了数十亿美元而声名鹊起。当时由政府控制而现在已改换门庭的马来西亚国家银行却在另一场赌博中输掉了更多的钱(具有讽刺意味的是,索罗斯本人承认在有名的1994年日元投机风波中输了6亿美元)。

语用翻译的研究涉及语用学的方方面面,如指示语的翻译研究、语用预设的翻译研究、会话含义理论的翻译研究、言语行为理论的翻译研究、礼貌原则的翻译研究、关联理论的翻译研究、适应理论的翻译研究、对比语用学的翻译研究、社会语用学的翻译研究、修辞语用学的翻译研究、跨文化语用学的翻译研究等。

无论是什么样的方法,我们在翻译时都应考虑不同语境的存在,根据原文语境来翻译,这样才能不失原文的根本含义。

综上所述,中英商务翻译过程中除了考虑词语字面本身所表达的意思之外,还要考虑两种语言在词语、句子、篇章和语用四个方面的语言文化差异,通过语言文化的对比,使翻译过来的目的语充分传达原文本意,以达到读者的要求。

第二节 文学文体中的文化翻译

一、文学翻译的界定与本质

（一）文学翻译的界定

文学翻译即是对文学作品的翻译。然而,我们在使用"文学翻译"这个术语时,很少注意到这个词的双重含义:它既可以指文学翻译作品,也可以指文学翻译的行为。如果我们进一步追问,会发现问题远非那么简单:什么是文学?什么是翻译?文学翻译与非文学翻译有何区别?文学翻译的本质是什么?对这些基本问题,我们未必能给出令人信服的答案。因此,有必要对文学翻译的概念进行简要的梳理。关于"文学"(literature)一词的概念,古今中外都存在广义和狭义之分。广义的文学是指所有的口头或书面作品;狭义的文学是指今天通行的文学,即包含情感、虚构或富有想象力的作品,如诗歌、小说、戏剧、散文等。然而,还有一些难以归类的习惯上被视为文学的作品,如传记、散文、纪录文学、儿童文学等。这些文学作品中的一些被称为"习惯文学"。一般而言,文学翻译是指诗歌、散文、小说、戏剧、杂文、传记、儿童文学等文学作品的翻译。

文学是语言的艺术,而翻译的核心是语言。因此,语言的运用不仅是文学区别于非文学的首要特征,而且也是文学翻译关注的首要问题。那么,文学语言究竟有什么特征呢?波洛克(Thomas Clark Pollock)在《文学的本质》(《The Nature of Literature》)一书中对文学语言、科学语言和日常语言进行了比较全面的区分。

(1) 文学语言有很多歧义。每一种在历史过程中形成的语言,都拥有大量同音异义字(词)和诸如语法上的"性"等专断的、不合理的分类,并且充满历史上的事件、记忆和联想。

(2) 文学语言远非仅仅用来指称或说明,它还有表现情意的一面。

(3) 文学语言强调文字符号本身的意义,强调语词的声音象征,如格律、头韵和声音模式等。

(4) 文学语言对于语言资源的发掘和利用更加用心和更加系统,具有十分一贯和透彻的"个性"。

（5）文学语言一般不以实用性为目的，而是指向审美。

（6）文学（语言）处理的大都是一个虚构的、想象的世界。

根据这段论述，我们概括总结文学和文学语言的特点如下：①文学作品的内容是虚构的、想象的；②其目的是审美；③文学注重的不是语言的意义，而是语言本身，表达人类丰富的情感；④文学语言具有丰富的内涵，与该语言所特有的历史文化有着密切的关系，形式上丰富多彩，具有创意性，语言独特，具有节奏和韵律。简言之，文学的想象性、审美性、创造性、抒情性是它与非文学语言（科学语言和日常语言）的显著区别。当然，我们也必须明白，艺术与非艺术、文学与非文学的语言用法之间的区别是流动性的，没有绝对的界限。此外，不同文学体裁在上述性质中的表现程度也不尽相同。例如，小说对语言形式（音韵、格律等）的关注就不如诗歌和散文，而后两者对语言描写的内容（人物、情节、环境等）的重视就远不如小说。总之，从语言所具有的特征方面来讲，文学翻译作品的语言应该具有想象性、审美性、创造性和抒情性。从内容上来讲，文学翻译是对文学作品的语言形式、艺术手法、情节内容、形象意境等的再现。

从以上三个不同的侧面对"文学翻译"的界定，在一定程度上理清了文学翻译和非文学翻译的关系。然而，上述定义却无法回答文学翻译行为本身的性质问题：文学翻译是对原作的临摹还是创作？是一种语言转换的技巧还是货真价实的艺术？文学翻译是否具有不同于文学创作的性质？对这些问题的回答不仅是概念问题，还是关乎我们如何看待文学翻译的本质、地位、价值、标准、方法和评价的关键步骤。

（二）文学翻译的本质

在使用"文学翻译"这个词时，应当注意它既可以指文学翻译作品，也可以指文学翻译的行为。我们常常混淆二者，将文学翻译作品的性质与翻译行为的性质混为一谈。对于前者，由于文学翻译的对象——文学文本的特殊性，文学翻译作品当然也具有审美性、形象性、创造性、抒情性和模糊性等特点。而我们对文学翻译行为的认识经历了一个不断发展的过程：模仿、创造、技巧、艺术、改写、操纵、叛逆、阐释、来世等。这些认识实际上分别反映了文学翻译在三个层面上的基本要素。

1. 文学翻译的客观性

这里的客观性是指文学翻译中原文的客观存在。文学翻译与其他文学形式的区别就在于：文学翻译必然与用另一语言写作的原作存在一定程度的相关性。换言之，文学翻译的基础是再现原作的"文本目的"，即文学翻译的目标就是要生产出一个与原作有关的文本。文本目的包含两个要素：一是原作是客观存在的，二是译作必须与原作有某种关联性。作为原作的文学作品具有自身的语言结构，以及由这个结构所呈现的事物和事实。对于译者来说，原始作品在语言形式、艺术表现手法、情节内容、意境上都是客观的。这些结构、事件和事实的复制是文学翻译的道德基础或基本伦理。完全脱离原始作品的写作不再是翻译，而是重写、虚构、模拟或创作了。但是应该指出，原文的客观性并不是限制文学翻译的唯一因素。翻译和原文的相关性可以由翻译者的主体意识和社会规范来进行调节。

2. 文学翻译的社会性

文学翻译是在特定的社会文化中进行的，文学翻译的主要目的是供译入语社会群体阅读，因此它不可避免地会受到各种社会因素的制约。文学翻译的产品要在译入语文化中存在和被接受，就应当遵循译入语的社会文化和语言规范。译者应当遵循有效的社会规范、道德规范和翻译规范，恰当处理译者主体与社会（读者、出版社、政治经济、诗学或文学传统、意识形态等）的关系。符合规范的译文会受到译入语文化的欢迎，被奉为"经典"，而不符合规范的译文会被译入语文化排斥和拒绝，译者在选择遵循或违反规范时应当考虑到其行为的结果和代价。

3. 文学翻译的主体性和创造性

文学翻译不可避免地涉及翻译的主观经验，因为文学作品中"意义"的理解和产生不完全是客观的。解构理论和阐释学指出，意义不是固定关系的标志，而是主体和对象融合的产物，混淆了主体性，时间性和意识形态干预决定了翻译的意义，不能等同于原来的意义。此外，翻译在翻译过程中具有独立的自我意识和主观世界。虽然翻译受到原始作品及其客观世界的约束，但在翻译的生产过程中，译者仍然具有相当的自由度。他不直接面对读者，而在自己心中预设读者的存在，并在一定程度上把自己阅读原作的心理体验通过译入语的方式传达给读者。因此，文学翻译在具体过程上是一种主观的、创造性的阐释；译作虽然源于原作但不同于原作，延续了原作的生命，甚至有可能作为译者担于改变社会、对抗权威的政治武器。

原作的客观性、文学翻译的社会性和译者的主观创造性分别反映了文学翻译与原作、译入语社会文化和译者的关系。这三种性质之间并行不悖，各司其责。原作的客观存在是无可否认的事实，它控制着译作中语言结构与事实的基本指向或"文本目的"；译入语社会文化规范控制着翻译的发起、进行和接受；译者主体性支配着具体的翻译实践，译者可以选择遵从或违背社会规范。简言之，文学翻译行为本质上是一种在译入语的社会文化规范控制下，与另一文化系统中的某个原作有关的，由译者具体实施的主观性、创造性的活动。

二、文学翻译中的文化缺省补偿策略

(一) 文化缺省补偿的必要性

读者在理解文本时必须将文中提供的信息和大脑中的先有知识加以关联。从这个意义上讲，作者构建文本，而读者把文本信息和大脑中已经存在的看不见的信息加以结合构建意义。但是在翻译一本书或一篇文章的时候，原文作者和译文作者由于有着不同的生活背景和文化背景，原文中一眼就能看出的文化背景知识，在译文作者身上就构成了文化缺省。

生活在不同社会背景的人有着不同的文化背景知识。文化背景知识的概念是基本的假设、信仰、思想及政治和历史背景等知识，这些知识在某一文化中根深蒂固，生活在同一语言文化背景中的人共同拥有，但是很少在书本上对其加以定义和描述，因为文化背景知识太基础、太显而易见了，根本无法用语言进行描述。但是在实际中，原文作者不会在乎译文作者的翻译能力，在原文里面一些对于原文作者显而易见的东西，会对译文作者在推断层面造成障碍。也就是说，译语读者不熟悉文本的文化背景，就不能在两个陈述的事件中提供发生于其中的细节。例如，有一些习惯用语和一些不言而喻的缩写词，在原文作者的国家非常熟悉，但是译文作者有时候为了直译不对文化缺省进行补偿，就根本不知道在说什么。在跨语言文化交际中，译语读者由于没有合适的图式或根本就没有相关的图式来进行搜索，因而就没有充分的线索来激活他的图式空位。因此，在翻译过程中由于文化缺省不可避免地存在，译者应该把对于译语读者在结构上隐含的内容在译文中加以明确表达，以便译语读者对原文获得准确和连贯的理解。

接受者对文本的理解在很大程度上依赖于其自己的文化背景知识。实际上，原文作者是根据自己的语言和文化背景生产原文的。既然源语接受者和原文作者具有相同的文化背景知识，源语接受者通过激活长期记忆中的图式，把原文作者的意欲文化含义和文本加以关联，就可以对原文获得透彻的理解和阐释，即便原文中的含义在结构上不透明。然而，译语读者由于不熟悉原文中的文化背景知识，就难以完全理解原文中所表达的内容。如果原文结构上的隐含意义在译文中不加以明确表达，译语读者显然就会产生误解或对原文作者的真实意图不知所措。因此，为了使译文读者较好地理解原文，译者应采取恰当的方法对译语读者的文化缺省进行补偿。

交际中的三个要素分别是信息源（source）、信息（message）和接受者（receptor）。在此过程中，信息源通过信息传递到接受者。由于翻译是一个跨文化交际的过程，译者在翻译过程中既是原文的信息源又是译文的作者。换句话说，译者既是信息源又是信息的接受者，他扮演的角色就是源语作者和译语读者之间思想的桥梁。作为信息的接受者,译者必须在准确理解原文的基础上对信息的内容解码,而在解码过程中,涉及诸如作者的意图和写作背景之类的多个方面。同时,译者又必须把从原文中解码的内容在译语中加以编码,然后传达给译语读者。这个过程叫作再生产或表达。因此,我们认为翻译是一个以目标为导向的活动(A Goal-Directed Activity),主要由解码和编码组成,或者更准确地说,由解码和"重新编码"组成(说重新编码,是因为原文信息在源语中已由原文作者编过一次码)。

在同一语言交际方面,信息有两个维度:长度和难度(Length and Difficulty)。恰当的信息具有的难度都能大致与接受者代表接受能力的 信道容量(Channel Capacity)相匹配。一个信息之所以具有意义,与从众多的可能信息中选出的某个信息的编码、传输和解码能力有关。由于原文读者和他的意向读者生活在同一社会和文化语境中,并且以同一语言进行交流,他们之间的交流应该是自然的和成功的。否则,他们所赖以生存的社会将不会存在。

然而在翻译中,我们应该考虑目标语接受者的信道容量。如果一个信息被翻译成同样的长度,那么它的难度就会增大,结果是原文的信息就不能通过目标语接受者的信道。一般说来,译文接受者的信道容量要比原文读者小,这是因为对于原文读者来说这是不言而喻的文化缺省成分,对于目标语读者则可能显得莫名其妙。这就意味着源语接受者和目标语接收者由于缺乏共同的历史、文化、经济和政治背景等而发生交际过载(Communication Overload)。

如果译文的难度超过译语读者的解码能力,译文理解就非常吃力,甚至译文读者会中断阅读。为了使信息顺利通过译语读者的信道,应该在译文中增加冗余信息(redundancy),以便调整交际载荷来适应译语读者的信道容量。但是这并不意味着译者可以随意增加或减少原文的意义,而是表明译者可以明示源语结构上隐含的意义,而同时又能最大程度地保留原文的意义。这就要求把信息的长度拉长以降低源语的难度。

为了使译文通过译语读者的信道,译者须预测原文对于译语读者将会达到什么样的效果,以及什么内容对于译文读者来说会构成文化缺省。如果译文读者的文化缺省出现,译者应该根据原文的具体情况增加文化信息,从而在译文中增加一个冗余度(A Measure of Redundancy)来填补译语读者的意义真空。现以实例阐释:

Being a teacher is being present at the creation, when the clay begins to breathe.

作为一名职业教师,从某种意义来讲,他可以亲眼见识到上帝用泥土创造人类的过程,并且开始了一个生命的旅程。

在该例中，单词 creation 源于《圣经》，即上帝用泥土创造了人类。中国读者由于缺乏这样的基督教的文化背景知识，因而有必要添加相关的文化信息以便译文具有意义并能理解。

Son, lover, thinker, fighter, leader, Hamlet is the incarnation of all human potential defeated by some warp of human nature and destiny.

作为儿子、情人、思想家、战士、领袖，哈姆雷特未应该开始美好的生活，享受热恋的开心，并且可以在工作上大展身手，然而因为命运和人性的戏弄，最后含恨而死。

单词 potential 在英汉词典中译为"潜力、可能性"，实际上是指"that which is possible"，含义很广。"human potential"是指"人所能达到的一切联系 son、lover、thinker、fighter、leader 等词，"all human potential"一词的含义就更广泛了。defeat 一词是指"挫折"，我们只能根据全剧剧情从天伦、爱情、事业三个角度来加以具体的阐释，得出了上面的译文。这种解释当然是不完备的，但也只能如此。

总而言之，如果原文比较长并且难度大，假若直接翻译的话，对于中国读者来说是很难理解的，，所以译者应该运用意译的形式将文字形象化地加长，从而把文字中隐含的部分用语言表达出来。实际上，这就是把内容因素提升到形式上的结果。

文化缺省的存在表明，翻译不仅是语言活动，在本质上也是文化交流。Nida 指出，就真正成功的翻译而言，译者的双文化能力甚至比双语言能力更为重要，因为词语只有在起作用的文化语境中才富有意义（For truly successful translating, biculturalism is even more important than bilingualism, since words only have meanings in terms of the cultures in which they function.）。因此，译者不但要有双语言能力（Bilingual Competence），而且还应该具有双文化能力。译者应尽力识别出原文中的文化缺省成分，切忌把自己的意义真空强加于译语读者。为了避免对原文的误读或误解，译者一方面应认真研究源语文化以便提高识别文化缺省的能力，另一方面还应有正确的方法在翻译中处理文化缺省成分。凡遇到自己不太有把握的语义变异，一定要结合语境，认真查阅有关的辞典和参考书。有条件的话，可以请教外来文化方面的专家，最忌讳主观臆断和盲目直译。

译文作者在翻译的过程中，必须要注意到存在原文文化缺省。①如果想完全对原文的意思有所把握，那么必须深刻地将源语文化特点解析清楚。然而在很多情况中，译者并没有意识到文化缺省的关键，以至于译者在翻译的过程中从自身的角度出发进行解读；②如果源语文化和译语文化在有关方面差异甚大，原文将会被错误地解读。Nida 和 Reyburn 指出，实际上由于文化差异的不同，会造成译者在翻译的过程中出现很大困扰，以至于广大读者产生误解。(In fact, difficulties arising out of differences of culture constitute the most serious problems for translators and have produced the most far-reaching misunderstanding among readers.)。翻译之所以困难，很大程度上是因为译者是在某一具体的社会文化语境下进行翻译工作的，译者不可避免地要受到他赖以生存的文化的影响和支配。为了尽量减少来自自身文化的干预程度，译者须尽力克服自己的文化背景知识强加给他的意识所形成的先有知识结构的影响，从而获得翻译过程中识别文化缺省的能力，以便更好地从事翻译工作。

（二）文化缺省补偿方式

1. 直译加注

中国唐代诗人孟郊有首诗的原文如下：

欲别牵郎衣，

郎今到何处？

不恨归来迟，

莫向临邛去！

Fletcher 的译文如下：

You wish to go. and yet your robe I hold.

Where are you going—tell me, dear—today?

Your late returning does not anger me,

but that another steal your heart away.

实际上，这里"临邛"是一个典故，构成了一个独特的文化意象。诗人用"莫向临邛去"表明女主人公希望其丈夫不要在外另结新欢。在翻译中，如何处理这个典故确实是一个棘手的问题，而 Fletcher 在译文中回避了"临邛"这个文化意象。这样一来，译文仅仅传达了原诗中包含的信息，却失去了原文的韵味，更重要的是失去了将中国文化中的一个重要特征介绍给西方读者的绝好机会。

在该译例中，译者最好运用直译加注的方法来对目标语读者的文化缺省作出补偿，以便他们一方面有机会欣赏异国文化，另一方面也有机会去运用想象力获得审美的愉悦。

Elliott, the costume too large now for his emaciated frame, looked like a chorus man in an early opera of Verdi's. The sad Don Quixote of a worthless purpose. (S. Maugham《The Razor's Edge》)

埃略特的躯体已经消瘦，穿上这身宽大的衣服，活像威尔地早期 歌剧里的合唱员。无谓奔波的可悲的堂·吉诃德①啊!

(秭佩译:《刀锋》)

在该例中,译者采用了直译加注的方法来对目标语读者的文化缺省作出补偿,以便他们有机会欣赏异国文化,从而获得异域文化探索的愉悦。

在翻译中,注解是是一种能使译文读者欣赏到异国文化的文化补偿方法。"直译加注"是为了向译文读者介绍原文文化的有关知识,增进他们对原文的了解。张谷若先生在译哈代名著《德伯家的苔丝》时,就用脚注的形式介绍了许多基督教的重要观念和英国的风俗习惯。虽然大多数普通读者不太会在意这些小注解,但是有兴趣的读者却对它们评价极高。张谷若先生始终遵守这一原则,帮助不熟悉英语小说历史和文化背景的中国读者更好地理解原著。比如:

The May-day dance, for instance, was to be discerned on the afternoon under notice, in the disguise of the club revel, or "club-walking" as it was there called.

(《Hardy: Tess of the D'Urbervilles》)

在翻译过程中,译文通常会失去某些东西,尤其会丢失源语中的形式美和声音美,也就是说,绝对对等是不可及的。但是如果在某些情况下运用直译加注的方法来补偿译文读者的文化缺省,还是可以在不同的层面上取得相对对等,这取决于译者的文化能力、美学修养和翻译技能等;例如:He threw up the window, batted them, balloon after balloon, into the night, and shut the window down.

(J. Galsworthy《A Modem Comedy》)

他把窗子朝上抬起①,把这两只气球,一只接一只地,拍到黑夜里去,然后拉下窗子关好。

(陈冠商等译)

客观地讲,翻译作品中的文学典故和习语里的形象所带来的异国情调是非常明显的。这些形象在读者心目中直接唤起对异域文化事物或人物的联想,与之相关的背景知识可以进一步使译文读者对原作中呈现的异域文化有更多的了解。

"I shall try my best, n he said quietly," but Pm not naturally Solomon at six stone seven."

(J. Gals worthy (A Modem Comedy))

译文一:"我将尽力而为,"他平静地说,"但是我天生不是一个六石七磅体重的所罗门①(所罗门:古以色列王国国王大卫之子,以智慧著称,这里喻为聪明人。)。"

---

① (①西班牙作家塞万提斯(1547—1616)长篇小说《堂吉诃德》中的主人公)
② (①英国因气候关系,窗户像火车上的窗户那样上下开关。)

（陈冠商等译）

译文二："我一定尽力而为，"他安静地说，"但是我是个只有九十一磅重的凡人。"

（汪㶷然译）

很明显，译文二更流畅自然，更容易懂，但是 Solomon 包含的文化信息丧失了。在这里，从翻译的文化功能角度来讲，译文一更能够向译文读者传达原文的文化信息。

Again that indefinable mockery, as if he had something up his sleeve. Soames looked mechanically at the fellow's cuffs, beautifully laundered, with a blue stripe

——（J. Galsworthy《A Modern Comedy》）

译文一：又是那种难以形容的嘲笑，仿佛他袖口里已有什么似的②（意指暗中已有应急的打算）。索米斯机械地看看这家伙的袖口——洗烫得很漂亮，上面有一条蓝色的条纹……

（陈冠商等译）

译文二：又是那种难以形容的嘲弄神气，仿佛他有什么锦囊妙计似的。索米斯不由地看看他那袖口——浆洗得很漂亮，有一道蓝条子……

（汪㶷然译）

该例有两个连贯的形象，一个是成语里的"袖子"（sleeve），另一个是后一句里的"袖口"（cuff）。译文一保留了原文作者的精心安排，在内容衔接、保持原文语言特色等方面都是成功的。相比之下，译文二怎么会突然转到"袖口"上去就很难让人理解。

在文学翻译中，典故、习语中的比喻性形象宜以直译为主，因为形象不仅具有文化价值，而且有助于在译作中重现源语文化氛围，对丰富译入语的表达手段也有重要意义。当然，译者还需考虑比喻形象在译入语文化中的可接受性，避免因文化和语言差异造成的误解和费解，以及文化色彩上的不协调。除非源语形象在译入语中难以接受，否则应尽量保留比喻性形象以传达源语的文化信息，同时为丰富译入语提供素材。

下面一例的译文略去了原文以非比喻的方式提及的一位著名的古代词人和他的作品，失去了向译入语读者介绍源语文化的机会。

"我们早看见了，还待你说。"淑华抢着回答道，便伸手到背后去把自己的辫子拉过来，一面玩弄，一面仰头望着天空的明月，放声唱起苏东坡的《水调歌头》来。

（巴金《家》）

"No need for you to tell us, we saw it long ago." said Shuhua. She pulled her long braid forward over her shoulder. Toying with it, she looked up at the moon and began to sing an old tune.

(《The Family translated》by S. Shapiro)

在《家》这部小说里，有多处涉及这样的中国古代经典文化，用于表现小说中角色的文学修养。此处情景的前后并没有语义超载的情况，简化至此，实无必要。此例的译文不但难以再现原文作者的艺术动机和创作意图，而且还失去了向英语读者介绍中国经典文化的绝好机会。

在翻译过程中，对译者的两点要求是：①尽可能地让目标语读者与源语读者在某种程度上达到统一；②在熟知语言文化的情况下，尽全力地去理解和阐释其产生的重要文化习俗、文化价值和重要思想等。更好地体现翻译的文化交流功能，要求译者准确、完整地传达出原文中某种浓厚的文化韵味或独特的文化意象。否则，就会丢失原文的意义。事实上，任意一本成功的翻译都抹不掉外国文化背景的痕迹。

当原文中含有一些很重要的对目标语文化有非同一般吸引力的文化因素，而且这种文化因素正为目标语读者所追寻且易于接受，或者译文的目的是向目标语读者介绍某种异国文化，这时就应该采用直译加注的方法对目标语读者的文化缺省进行补偿。例如，某些具有文化特色的词语源于中国的社会生活和政治制度，如"文化大革命"（the Cultural Revolution）、"大锅饭"（the" big pot" system）和"五讲四美"（Five Stresses and Four Points of Beauty）等，这些术语蕴含着丰富的中国特有的政治含义，很难在译语中得以传达。虽然有人建议采用以上括号里的英语译文，但这样的译法不可能使译语读者懂得这些术语的内涵意义和联想意义，除非他们对中国的历史有足够的了解。为了确保译文的可读性，译者可以添加小注解来为译文提供恰当的文化背景信息。渐渐地，这些具有中国特色文化的词语就进入了目标文化环境，为目标语读者所熟知并加以应用。

这种文化缺省补偿方法对于丰富目标语言文化十分有用。有些食品的名字就是通过这样的方法进入目标语言文化的，像"馄饨""豆腐"等进入了西方文化，而像"热狗""可口可乐"等在中国已经家喻户晓。英语中"shed crocodile tears"过去译为"猫哭老鼠"，目的是忠实于原文的内容，经过翻译界的争论后又译为"鳄鱼的眼泪"，目的是忠于原文的形式。虽然这一译法起初不被中国读者所接受，但现在已经进入了中国人的日常生活之中。过去"维纳斯"等需加注释，现在显然无此必要了，至少在面对大众的文学作品中不再需要。译文读者接受的动态性是一种客观存在，它对语言和文化的发展起着积极的作用。由于有了这种可变的、宽容的读者准备或期待，才有可能使译作中"起初似乎并不恰当的说法逐渐变得完全可以接受"（Expressions which may at first seem inappropriate may come to be fully acceptable）。例如，汉语中大量的外来词如"幽默"（humour）、浪漫（romantic），以及一些表达法，如"过去时""现在时""将来时"（It was、is、and will ever be）、武装到牙齿（armed to the teeth）、牵着鼻子走（to be led by the nose）等。由此看出，英语中许多新的表达方式就是通过这种文化缺省的补偿方法进入中国文化的。

在阅读过程中，读者为了更好地了解异国的文化背景，需要频繁地翻阅脚注和尾注，在此过程中打破了阅读的兴奋惯性，因此，对于"直译加注"这种利于目标语读者了解异国文化的补偿方法，在翻译中并不鼓励经常使用。

2. 文内补偿

（1）增益（Contextual Amplification）。一定程度上，增益填补了"直译加注"补偿方法的空白之处。这样既保留了源语的文化意象，还可以为目标语读者提供有关的文化背景信息。增益虽然保证了读者的阅读惯性，但缺点也不可忽视。一是原文的艺术形式在译文中有所变形，隐性的含蓄变成了显性的直白，甚至拖沓、冗长；二是文内可用于语篇外文化介入的空间有限，读者只能从文内获得有限的文化背景信息；三是原文含蓄的审美效果也会因译文透明式（transparent）的处理方法而受到削弱。

有人说翻译就是翻译意义，这种说法有一定的道理。然而在翻译某些比喻性词语或历史典故这样的具有鲜明文化特色的词语时，译者处于两难的境地，因为这些词语都有表层结构和深层结构。举例来说，如果我们把"三个臭皮匠，顶个诸葛亮"译成"Even three cobblers can surpass Zhuge Liang"，其表层结构得以传达，而其深层结构在译文中丢失殆尽。如果把其译成"Many heads are better than one"或"Collective wisdom is greater than a single wit"，其基本意义得以保留，但其两个文化意象——"臭皮匠"和"诸葛亮"在译文中因受到扭曲而丢失殆尽。在这种情况下，译者应考虑运用一种能够使译文读者吸收这一中国文化的方法来补偿译文读者的文化缺省。因此，该译例中恰当的方法是采用把注解置入文内的增益法，其译文为"Three cobblers with their wits combined surpass Zhuge Liang the master mind"。这样，原文中的意义和意象在译文中都得以保留。

一九二八年夏提出了六项注意：一、上门板；二、捆铺草；三、说话和气……

（《毛泽东选集》四卷，1186页）

In the summer of 1928 he set forth Six Points for Attention：(T) Put back the doors you have taken down for bedboards；② Put back the straw you have used for bedding；③Speak politely－

译例中叙述的是 20 世纪 30 年代中国共产党领导的军队在晚上经常向当地老乡借门板睡觉这样一个历史背景，而这一段历史为中国读者所熟知，阅读时不会产生问题，而西方读者由于文化缺省的存在不可能获得连贯的理解。因此，译者在译文中运用了增益手法，添加注解"you have taken down for bedboardsn"和"you have used for bedding"来补偿译文读者的文化缺省。

（2）释义。在翻译中出现近似的两种文化因素或重要的源语文化因素时，要求译者必须忠实于源语中文化特色词语的表达形式和意象。但是当源语文化因素与源语语言本身关系密切，或者跟特定历史和文化密切相关而很难将其置于另一种语言中去时，通过改变原文中的意象和形式，便可以实现忠实于源语文化因素中所包含的意义的目的。

在翻译中，两种语言间文化差异的距离决定了源语形式的保留程度，而且二者成正比。在目标语文化中不存在源语中所提及的事物，或者两种语言背景下的同一事物具有不同联想意义的情况下，可以采用叫作"释义"（paraphrase）的文化缺省补偿方法来对目标语读者的文化缺省进行补偿，使用前提是源语作者使用的文化因素在源语中的重要性不会影响到艺术意象。在成语或典故的翻译中，由于直译加注会使译文更加繁琐，所以，最常用的就是释义手段。例如：

译例一：右翼骨干 Right － wing backbone

译例二：那么，我们就停滞了，我们就是肯定片面性了，就是同"整风"的要求背道而驰了。

We could be stagnating and would be approving one—sidedness and contradicting the whole purpose of rectification.

译例一中如果用 backbone 来译"骨干"，会有"翼"和"脊梁"两个形象难以相配的困难（"翅膀的脊梁"）；译例二中如果用 run counter to 来译"背道而驰"，也会与 stagnating 一词相矛盾。（既然停滞怎么会朝反方向走？）译者用释义手段就避免了这些矛盾。

以下几例的比喻性习语在汉语中目前还不能直译，因为直译还不能为目标语读者所接受，译者只好在译文中运用释义的文化缺省补偿方法来使译文读者获得连贯理解。译文一和译文二均可视具体情况采用不同的译法。1）"You'd better realise," he said，"that the fat is in the fire."（J. Galsworthy《A Modem Comedy》）

译文一："你最好能明白，"他说，"事情已经搞糟了。"

（陈冠商等译）

译文二："你还得明白，"他说，"闯了大祸啦。"

（汪倜然译）

2)…and he suddenly looked at Michael: "Look here, it's no good keeping gloves on. I'm desperate, and I'll take her from you if I can."（J. Galsworthy《A Modern Comedy》）

译文一：这时他突然看着迈克尔："你看，掩盖真相没什么好处。我不顾死活了，只要我能够，我要把她从你那儿夺走。"

（陈冠商等译）

译文二：……说着他突然看着迈克尔："你瞧，咱们不必假情假义了。我是豁出去了，如果我能的话，我就要把她从你那里带走。"

（汪倜然译）

3) "Give us a chance, constable; I'm right on my bones…"

(J. Galsworthy: A Modern Comedy)

译文一："给我们一个机会吧，警官，我已经走投无路了……"

（陈冠商等译）

译文二："给我们一个机会吧，警官，我是穷得淌淌滴了……"

（汪倜然译）

试看下例：

"…What do you say?"

"I?" said Soames, "I only know the chap's as cool as a cucumber…"

(J. Galsworthy: A Modern Comedy)

译文一："……你认为怎样？"

"我？"索米斯说，"我只知道这家伙泰然自若……"

（陈冠商等译）

译文二:" ……你觉得怎样？"

"我？"索米斯说，"我只知道这家伙阴得像只黄瓜……"

（汪倜然译）

在汉语里，"阴"用于人的时候有"阴沉"（gloomy）、"阴险"（treacherous）的意思，但很难把这两个意思和"黄瓜"或"冷静"（cool）联系在一起。对译文读者而言，这听起来很怪，也很难理解。译文一采用了释义法，但是放弃了原文的形象从而失去了原文的生动，损失实在太大。如果将译文二改译为"冷静得像只黄瓜"就可以了，这样既保留了原文的形象，又不至于在多大程度上增加译文读者的难度。

试看下列两个译例：

Look at the chaps in politics and business, whose lives were passed in skating on thin ice, and getting knighted for it.

(J. Galsworthy《The White Monkey》)

你看看那些政界商界的家伙们,他们整个人生都是在风险中度过的,可是都封了爵位。

A fine old…gentleman with a face as red as a rose.

(Kingsley《The Water-Babies》)

一位满面红光的漂亮的老绅士

三、中国文化特色词语的英译分析

我们今天所继承的丰富的人文知识和文化遗产,都是来自中华五千年文明史,这不断的文化沉淀更是形成了独具特色的表达方式。某一特定的文化背景更是让文化特色词语和特定的语言密不可分,也表现出了很大的特色,如内容精辟、栩栩如生、生动有力,更是凸显了民族特色。我们之所以很难在译文中找到合适的类似表达方式,就是源于文化特色词语表现出来的特殊语言现象。为了更好地让译者增强培养文化敏感的意识,在翻译过程中可以发现特色词语的文化背景信息,并且可以找到更恰当的独具特色的文化语言与原文相匹配,本节就以翻译实例的方式,来展示中国文化特色词语英译的翻译策略。

(一)中国文化特色词语

中国文化特色词语翻译实践证明,翻译是一种跨文化交际活动。源于汉语言和英语言地域、历史和文化背景的差异,也就形成了两种民族之间不同的价值观和对事物不同的理解力。对于一些还没翻译出来的文字,中国人可能家喻户晓,但国外可能还不了解。国外的很多读者可能连我们国人所熟知的一些知名城市或企业的位置都不知道。对于我们各民族熟悉的本国名人要事,作者在作品中就不会特意去提及这些大家都了解的知识。这就产生了我们所谓的文化背景知识和文化缺省成分的两种概念。这就是为什么读者认为文本中会存在一些原本缺省的成分,因为读者拥有和作者同样的文化背景,即使作者没有在原文中表达出来,读者也可以解读这些文化信息。被省去的文化信息使作品阅读起来更通俗易懂,实现更高效的沟通。但是由于文化特色语言背景知识存在特定的文化差异,它们很难用词语表达出来,所以让外籍读者很难理解文章内在的含义,对文化背景知识的缺乏也容易引起读者对作品的断章取义。

(二)翻译策略及方法

我们从翻译实例中总结出,翻译工作是一种文化交流的纽带,原文作者和译文读者由于地域环境的不同,接受文化的差异,形成了不同的文化底蕴。原文作者并没有考虑到译文读者的承受力,这是一个事实,就是因为原文中文化特色词语隐含的成分并没有表现出来。源语文化特色词语所隐含的文化缺省成分在大多情况下都不被译者重视，这就导致了译文的读者断章取义，不能形成思维的连贯性。另外，源于汉语和英语文化特色词语所涉及不同的文化底蕴，这就导致对译文的错误理解很难被发现，远胜语法蕴含的东西，这也形成了读者误读原文的含义。从目标读者角度出发，文化特色词语所隐含的文化缺省成分更应该被译者重视，并提高这部分意识，在翻译的时候要着眼于不同的文化特色背景，立场更中立一些，在译文中适当地表达出文化特色词语隐含的内容。

1. 释义

所谓释义法，即解释原文中文化特色词语所隐含的含义来处理源语中的文化因素。因其既能保留原文的信息，又能在翻译过程中给译者较大的自由度，所以释义法在翻译文化特色词语时得到广泛采用。释义法用于翻译比喻性词语时要求译者要抓住内容和喻义这一重要方面，牺牲形象，结合上下文灵活地传达原意。现以实例说明：

你们（中层干部）是上面的领导与下面的群众之间的桥梁。

该例句的原文在汉语中是很通顺的，但直译为英语有困难，因为原文中有两个矛盾的形象："上面的"与"下面的"是垂直关系，而"桥梁"则是水平走向。汉语中形象较多，这是一种形象的语言，而英语是一种重视逻辑思维的语言。译者应从英汉两种语言的思维方式和比喻形象的异同为切入点考虑该例的翻译。现给出两种译文如下：

1) You are a bridge between the leadership and the masses.
2) You are a link between the leadership above and the masses below.

2. 套译

在众多翻译方法中，较灵活的就是套译（corresponding），也可以称为"借用""移植"，同时，译者平时应多收集一些英美媒体的表达方式，这样在翻译特色文化词语时，可以直接采用套译法移植一些外来表达方式，以此保证译文的连贯性，以及解决目标语读者理解上的障碍。其中，套译的标准和关键是一个"度"或"得体"的问题。

（1）回译成英语。一些当初译自英语的普通名词，翻译时须回译成英语词，这与专有名词的回译是一样的。例如：

专卖店 exclusive agency、franchised store

对冲基金 hedge fund

可视电话 picturephone

业绩奖励 performance incentives

生态农业 environment-friendly agriculture；eco-agriculture；eco-farming

扫描器字典 quickionary

转基因食品 GM food (genetically modified food)

(2) 套用国内权威译法。例如：

禁渔期 closed fishing season

对外口径 unified version for the public

配套政策 supporting policies

综合国力 comprehensive national strength

住房零首付 zero-yuan first payment (for apartments) 知识经营管理 knowledge-based operation and administration

多投资者多收益 more returns for more investment (套用"多劳多得"的译法 more pay for more work)

词语是承载反映文化的重要语言构件。中国文化特色词语的翻译因其特殊的历史背景和文化差异，一直以来备受翻译工作者的关注。中国地域辽阔，区域间文化差异巨大，中英文表达上的差异，使词语的翻译具有了更高的挑战性。如若不考虑西方人的审美标准和语言规范，而是简单直接地将本国语言翻译成英语，其效果往往是事倍功半，有时甚至是完全否定的。所以译者在对中国特色词汇进行翻译时，应充分考虑跨文化交际、语言、文化等多方面的知识。此外，译者必须要有政治头脑，要特别注意对反映中国特色的政治术语英译的准确性。

第七章　商务英语翻译理论

第一节　综述

一、商务英语的定义

在 21 世纪的今天，国际商务活动日益频繁。这些商务活动的许多领域，如技术引进、对外贸易、招商引资、对外劳务承包与合同、国际金融、涉外保险、国际旅游、海外投资、国际运输等，所使用的英语统称为商务英语（Business English）。

二、物商务英语的特点

商务英语是英语语言体系中的一个分支，是为国际商务活动服务的专门用途英语。它基于英语的基本语法，如句法结构和词汇，但又具有独特的语言现象和表现内容。

1. 文体复杂

商务英语所涉及的专业范围很广，包括广告英语、法律英语、航运英语、服装英语、包装英语、信函英语、进出口英语等功能变体英语。了解国际商务英语的文体特点有利于译者延续原作的风格。

2. 用词专业

商务英语所要表达的信息是商务理论和商务实践等方面的内容，因此与专业内容密不可分。商务英语在词汇使用上的最大特点是对专业词汇的精确运用，其中包括大量具有商务含义的普通词和复合词，以及缩略词语等。如 C. WO（订货付款），B/L（提货单），L/C（信用证），C. O. D（货到付现），WP. A（水渍险），blue chip（蓝筹股、绩优股），bad debt（呆账），等等。不了解这些专业术语，就无法做好此类商务英语的翻译。

值得注意的是，商务英语词汇除了具有一般含义外，还具有特定的专业意义，这就给翻译带来了很多困难。因此，从事商务翻译的译者在实践中，就需要根据文章的内容辨别所译词汇是在一般意义上使用的，还是在专业意义上使用的，从而准确地把握其含义，给出恰如其分的译文。例如：

例1

Industrial averages were up.

参考译文：工业股票的平均价格在上涨。

例2

Average is of two kinds: General Average and Particular Average.

参考译文：海损费用有两种：一种是共同海损，另一种是单独海损。

翻译技巧：

两个"average"因用在不同的专业领域，因而含义也截然不同。第一个为股票用语，意为"（若干种股票的）平均价格"；第二个为保险业用语，意为"海损费用"。

3. 句法特殊

商务英语句法从整体上讲，呈现出两种截然相反的文体特征。一方面，随着时代的发展，生活节奏的加快，商务英语日趋口语化、简单化，表现在语言结构上，就是简单句、并列句甚至省略句的使用愈来愈多。另一方面，一些商务文本的法律属性，如商务合同，又决定了商务英语语言严密性、准确性的特征，表现在语言结构上就是大量使用长句、复合句、并列复合句等句式，以及被动句、倒装句和含有较长插入语、同位语、介词短语等的特殊句型。例如：

例1

As requested in your letter of 21 June, we are enclosing our check for ＄100.00.

参考译文：按照你方6月21日来信的要求，随信附上100美元支票一张。

翻译技巧：

这是一个口语化的句子，简洁明了，若按照传统正规写法，此句可写成"Reyour letter of 21st inst., in connection with our account, we are remitting our check herewith, as per your request, in the amount of ＄100.00."由此可见，口语化的确比书面化省时省力。

例2

This contract is made by and between the buyers and the sellers, whereby the buyers agree to buy and the sellers agree to sell the under－mentioned commodity according to the terms and conditions stipulated below.

参考译文：本合同由买卖双方订立，双方同意按照下面规定的条款买卖以下商品。

翻译技巧：

这是个复合句，句子似乎有些啰嗦，但却是商务合同的特点使然，它可确保所述事项准确、严密，有效避免纠纷。

三、商务英语翻译的重要性

在21世纪的中国,改革开放正在深化和发展。中国加入世界贸易组织之后,与世界各国在经济、文化、教育、投资以及其他领域内的交流和合作更加密切和频繁。商务英语已成为世界经济活动中必不可少的语言交际工具。可以说商务英语控制着大多数领域的国际交流。据统计,全世界16亿以英语为第一语言、第二语言或外语的人群中几乎90%的人每天都在与商务英语打交道,可见商务英语的应用十分广泛。

作为中国与世界其他国家商务交流纽带和桥梁的商务英汉和汉英翻译,近年来供需矛盾更加突出。中国的国际交流与合作的领域不断扩大,商务汉英互译的任务日趋繁多,令各行各业译者应接不暇。没接触过商务英语,也缺乏外贸业务知识的译者,恐怕难以将下面的汉语句子译成正确而又专业的商务英语:"本合同规定美元的价值由议付日中国银行公布的美元对德国马克、法国法郎的平均买卖汇率的比率来确定。"这句汉语专业性强,若不熟悉商务英语合同付款的表达法,译者必然无从下笔,仅"本合同规定"、"议付日"和"美元对德国马克"中的"对"字,就可使其颇费周折。上句英语译文的表达也许会出乎你的意料,请看:The value of US Dollars under this contract is determined by the ratio of the mean buying and selling rates of US Dollars against Deutsche Marks and French Francs published by the Bank of China on the date of negotiation. 不了解商务英语合同付款表达法的译者也许想不到用 under this contract 来译"本合同规定",更想不到"美元对德国马克"中的"对"字该用 against 而绝不是 too 这一翻译事实说明了商务翻译工作不仅依赖译者的英语水平,而且还需要有国际商务知识。然而,译者具备了英语技能和国际商务知识之后,也不一定能有效地从事商务汉英互译。译者还必须掌握商务汉英互译的原则、技巧和特点以及常用商务性文章的翻译方法。

第二节 商务英语翻译的标准

在我国,文字翻译最早开始于春秋时期的《越人歌》,迄今大约有2,500年的历史,对翻译标准的争论也有1,000多年,但在翻译界迄今还没有一个大家都认同的翻译标准。对翻译标准的论战一直在进行。商务英语作为一门专门用途英语,鉴于其特殊性,翻译标准更是难以统一。

国内外翻译标准百家争鸣、百花齐放。现把国内外最著名的翻译标准理论列举出来,并针对商务英语翻译的特殊性进行分析和借鉴,谈谈它们对商务英语翻译的指导作用。

一、"信、达、雅"

1898年，清代翻译家严复在《天演论·译例言》中提出"信、达、雅"的翻译标准。

1."信"

"信"主要是指忠实于原作的内容。译者必须把原作的内容完整而准确地表达出来，不得有任何篡改、歪曲、遗漏。本质上讲，"信"要求译者首先要完全读懂原文。这是最基本的要求。

2."达"

在做到了"信"这一步之后，更高的要求是什么呢？这就是一"达"。"达"主要是指语言通顺易懂、符合规范。译文没有逐词死译、硬译的现象；没有语言晦涩、拗口的现象；没有文理不通、结构混乱、逻辑不清的现象。

3."雅"

"信"、"达"、"雅"三个标准，从易到难，而"雅"就是翻译的最高要求和最高境界。所谓"雅"，就是要使译文流畅，有文采。译文的好坏取决于译者对于英语原文的理解程度以及汉语的修养水平。在翻译的过程中，为了达到"雅"的标准，我们务必注意以下几点：

（1）理解透彻之后再动手表达，否则表达的结果会令人莫名其妙。

（2）切忌在翻译时把汉语和英语对号入座，逐字逐句的对号入座的结果往往是不伦 不类。

严复的"信、达、雅"的标准影响深远。它对商务英语的翻译同样具有指导作用：商务英语要求语言严谨、准确，这就要做到"信"；同时在"信"的基础上追求语言通顺易懂，这就是"达"；所谓"雅"，即"得体"，就是译文的语言风格必须与原文保持一致，而且译文的行文方式也必须符合商务文本的语言特征。

二、"直译"与"意译"

1979年，英国文学研究专家王佐良在《词义·文体·翻译》一文中写道："要根据原作语言的不同情况，来决定其中该直译的就直译，该意译的就意译。一个出色的译者总是能全局在胸而又紧扣局部，既忠实于原作的灵魂，又便利于读者的理解与接受。一部好的译作总是既有直译又有意译的：凡能直译处坚持直译，必须意译处则放手意译。"

1. 直译

所谓直译，就是在译文语言条件许可时，在译文中既保持原文的内容，又保持原文的形式。

2. 意译

汉语和英语分别属于不同的语系,两者在词汇、句法结构和表达方法上有很多的差异。当原文的思想内容与译文的表达形式有矛盾,不宜采用直译的方法处理时,就应采用意译法。意译就是不拘泥于原文的形式,重点在于正确表达原文的内容。例如:"Do you see any green in my eyes?"这样的句子,只能采取意译的方法,把它翻译为"你以为我是好欺骗的吗?"

三、翻译的"三原则"

18世纪末的英国学者亚历山大·泰特勒(Alexander Fraser Tytler,1747—1814)在《论翻译的原则》(Essay on the Principles of Translation)一书中提出了著名的翻译三原则:

1. 译文应完全复写出原作的思想(A translation should give a complete transcript of the ideas of the original work)0。2. 译文的风格和笔调应与原文的性质相同(The style and manner of writing should be of the same character as that of the original)。3. 译文应和原作同样流畅(A translation should have all the ease of the original composition)。

泰特勒在一百多年前提出的翻译原则主要针对文艺翻译尤其是诗歌的翻译,但他的原则广义地说适用于所有文体的翻译,他强调原文读者和译文读者的反应应该一致,这对于商务英语翻译也是非常重要的。例如,成功的商务信函翻译既要准确无误地传达相关信息,又要唤起信函接受者像信函发起者所期待的那样去做出反应。

四 "功能对等"

"功能对等"(Functional Equivalence)翻译标准是由美国著名翻译理论家尤金·奈达(Eugene A. Nida)博士提出的。在众多的国外翻译家中,奈达的翻译理论可以说对我国的影响最大。他认为,翻译的预期目的主要是原文与译文在信息内容、说话方式、文体、风格、语言、文化、社会因素诸方面达到对等。奈达的翻译标准对国际商务英语的翻译具有巨大的指导意义,因为不管原文属于什么文体,关键是信息(语义信息和风格 信息)的对等。

五、"语义翻译"与"交际翻译"标准

这个标准由著名英国翻译家彼特·纽马克(Peter Newmark)提出。他在所著的《翻译探索》(Approach to Translation)中提出该标准。"语义翻译"集逐

字翻译、直译和忠实翻译的优势,"交际翻译"集归化、意译和地道翻译的优势,二者相结合的翻译方法应该说是比较理想的。

以上列举了几位较为著名的翻译家的翻译标准观。综观国内外翻译家们的观点,可以得出结论:中外翻译标准其实质上有一致性,即:信息对等。国外各种翻译标准都是围绕文体的内容、形式、整体信息的传递或对等展开的;国内各种翻译标准与国外的标准大同小异,主要围绕着忠实、等值、达意、传神等展开。说到底,不管什么样的翻译标准,都离不开一个"真"字;换言之,译文应该是原文信息的真实反映。商务英语的涵盖面较广,涉及到众多的不同领域、不同文体,所以商务英语翻译的标准有其特殊性。鉴于商务英语这种特性,商务英语的翻译标准可以是"信息的灵活对等",即:原文与译文语义信息的对等;原文与译文风格信息的对等;原文与译文文化信息的对等。

1. 原文与译文语义信息的对等

语义信息是基础。没有语义信息就没有风格信息或文化信息,因为风格信息和文化信息必须通过语言的基本含义表现出来。语言是信息的载体,语言若没有传递信息,风格信息和文化信息就无从谈起。语义信息包括表层语义信息(surface structure semantic message)和深层语义信息(deep structure semantic message)。表层语义信息指的是话语或语篇的字面意思。

例1

If, within thirty days after receipt by a party of a proposal made in accordance with paragraph 1, parties have not reached agreement on the choice of a sole arbitrator, the sole arbitrator shall be appointed by the appointing authority agreed upon by the parties.

参考译文:如果当事人一方收到按照第一款提出的建议后三十天内未能就遴选独任仲裁员达成协议,则应由当事人所约定的指定机关指定独任仲裁员。

翻译技巧:

所有法律文献只表达字面意思,说一就是一,不能有任何的引申。此法律文献十分清楚地阐述了遴选仲裁员的规定。所以,法律语言所承载的信息就是语言文字的表面所传达的信息,不存在任何的深层语义结构。

深层语义信息指的是表层结构语言所蕴涵的意思,换言之,是"字里行间"的意思,这种意思要通过上下文的理解揣测出来。要了解深层语义信息,译者必须运用他对原语的社会、历史、文化、艺术等方面的知识能力,去感受、体会和挖掘原文所蕴涵的深层结构的信息。

例2

We have the edge you need to meet any financial challenge. The Principal

Edge. Whatever path you take in life, you'll face financial challenges and opportunities along the way. With the Principal Financial Group, you'll have all the tools you need to handle them. Each of our financial products and services, whether for business or individuals, has its own unique advantage built in. That's the Principal Edge. Financial products that give you an edge. The Principal Financial Group.

翻译技巧：

以上广告配有相应的刀的图片，若不仔细读完广告，会以为该广告是有关刀具的，其实不然。广告中最重要的词是 edge，该词有"刀刃、刀锋"的意思，另外还有"事情的转折点"、"作用、优势"的意思。广告设计者利用了 edge 一词多义的条件，将 the Principal Financial Group 金融公司的服务项目 the Principal Edge 推出。所以，edge 一词在该广告的第一句话中表示"作用、优势"，而在该广告的倒数第二句话中又表示"事情的转折点"。另外，广告中用的 principal 一词也有双关意义。在公司名称中的英文单词翻译成汉语时一般用音译法，但该词基本意思有"主要的"和"资本"、"资金"。看到公司名称为 the Principal Financial Group，让英语读者联想到该财团资金雄厚，是众多财团中的主力军。为了让译文读者也有同样的联想，我们在翻译这个公司名称时可以不音译，而尽可能把原文的双关修辞手法在译文中再现出来，译为："汇富财团"。

2. 原文与译文风格信息的对等

"风格"实际上是指不同的文体。风格信息是作为信息的传递载体——语言——所传递的信息之一。风格信息的传递在翻译中不可忽视。翻译中若忽略了原文的风格信息，不仅会使译文信息大量流失，而且使译文显得不得体。国际商务英语涉及到不同文体的语言形式，如公文、法律、广告等。所以，翻译者必须重视不同风格信息的传递。

例 1

These Rules shall govern the arbitration except that where any of these Rules is in conflict with a provision of the law applicable to the arbitration from which the parties cannot derogate, that provision shall prevail.

参考译文：本规则应管辖仲裁，但如本规则任何条款同适用于仲裁而为当事人各方所不能背离的法律规定相抵触时，则该法律规定应优先适用。翻译技巧：

以上例子原文是具有法律意义的条款，汉语译文也必须是汉语的法律语言，否则，译文读上去不像法律条款。如 These Rules shall govern the arbitration... 若翻译成"这些规则应管制仲裁"则听上去让人感到很不正规。另外，that provision shall prevail 中的 prevail 一词实在不好翻译，若不熟悉法律语言，则很难找到确切的词牌。一般的词典所给的释义是"胜过"、"优胜"、"盛行"等,在此处显然不合适。

3. 原文与译文文化信息的对等

文化信息对等在语言的翻译过程中是可能的,因为尽管人类生存的条件、环境等方面有不同,但是,人类生存的需要和人的思维方式都有共性。不同的民族文化之间有许多这样那样的差异,国际商务英语翻译者需要了解这些差异,以便通过恰当的方法达到文化上的对等。这样的例子举不胜举。

例如:在汉语中,黑色与"不好的"、"倒霉的"、"邪恶的"特征相联系,而在商务英语中,in the black 这个短语有好的意思,表示"盈利",这个短语来自于记账时所用墨水的颜色。

可见,由于中国和英语民族有着不同的历史背景、风俗习惯、文化传统等,商务英语翻译中就必须准确地找到这种差异,才能在翻译工作中做到文化信息对等。

以上三个方面都强调对等。需要注意的是:这里的"对等"决不是绝对的一词一句的"对等",而是一种相对的概念。原文与译文的灵活对等就是不能拘泥于形式,对等不是词语的字对字的翻译。在保证原文的信息量最大限度地传递到译文中的前提下,译者可以灵活运用译入语,以便达到语义信息、风格信息和文化信息的最大程度的对等。

第三节 商务英语翻译的过程

翻译是把一种语言的信息用另一种语言表达出来的过程。美国著名翻译理论家奈达将翻译过程分为:分析(analysis)、转换(transfer)、重组(restructuring)、检验(test)四个阶段。

一、分析

分析包括对原文语言现象、文化背景、语篇类型及特征等进行的深入细致的分析。

语言分析主要包括对原文词汇意义(如一词多义、多词同义等)、各成分之间的语法关系(如主谓结构、修饰结构等)、修辞手段(如拟声、双关、头韵、排比等)和惯用法(习语)等进行的分析。当源文本过长时,译者在仔细分析文本语义群的基础上可考虑将原文切分成几个小的部分。当源文本非常复杂时,译者为了消除表层结构和深层结构的不一致性,在进行语言转换之前,对源语文本进行语义结构的改写。改写的目的在于使隐含信息明朗化,消除次要意义和比喻意义。

2. 文化背景分析主要包括对因语言、历史、地理、风俗习惯等不同而造成的各民族独特的表达法和逻辑思维的分析。

3. 语篇类型及特征分析主要包括对原文题材、体裁、文体、风格乃至语篇内在的衔接、连贯等的分析。这对于我们选择翻译方法是至关重要的。一般来说，不同的语篇类型需要不同的翻译方法与之相适应，比如文学翻译就要求译者在翻译过程中具有创造意识，而商务翻译则更注重信息的准确性。因此，在动笔翻译之前，要对原文的语篇类型和文体特征进行认真的分析。

二、转换

转换是从语义结构分析到产生译文初稿的过程。这个过程在译者的心里完成，即将源语文本的语义信息用合适的目标语表达出来。

三、重组

结构重组就是组织译文中的词汇特征、句法特征和语篇特征，从而使所针对的读者能够最大限度地理解和领会译文。对于一位优秀的译者来说，整个过程几乎是自动进行的，实际上就像我们使用母语讲话一样。在重组这个阶段中，译者需要牢记：

1. 时刻考虑译文的读者群，以及他们的文化程度。
2. 时刻记住原文作者的写作目的。

四、检验

对于商务英语翻译而言，在检验的阶段，无疑各种商务文本的读者才具有最大的发言和评判的权力。检验的标准就是我们在上述第二节中已提到的三方面的灵活对等原则。译者可以同时也是检验者，其主要的任务是检验译文是否表达清晰、准确、自然。

检验方法有：

1. 与源文本进行比较

在翻译的全过程中，要不断地将译文和原文进行比较。比较的主要目的在于核对信息内容是否对等，确保没有更改信息、丢失信息和擅自添加信息。

2. 逆向翻译

请熟悉源语和目标语的人将译者已经译好的译文翻译成源语言。这必须在没有接触原文文本的前提下进行，否则会影响效果。逆向翻译得到的译文着重于语义的对等而不在于语言的流畅性。译者再将逆向翻译得到的译文与原文进行比较，找出两者在语义方面的区别和运用翻译技巧和原则的不足之处。

3. 对译文进行理解层面的检验

这是译文成功的关键。检验的目的在于确定译文是否正确传达了原文的信息，译文读者是否能够和原文读者获得同样的信息和感受。

检验的具体方法是：请看过译文的人重述译文的内容并回答与译文相关的问题。问题最好是在询问之前就已经精心设计好了的，而不是现场提出的。问题的内容可以是以下方面：（1）整个文本的风格；（2）文章的主旨；（3）细节内容。

检验者可以是译者本人，但最好由译者以外的人来承担，因为他人对译文的感觉是全新的。检验者一般为目标语的流利使用者，来自社会不同层次，不同年龄的普通人。

检验者对译文的反应可以通过录音和记笔记的形式记录下来，再反馈到译者。

4. 对译文自然程度的检验

即检验译文是否表达自然，风格合适。该检验工作由评论员来完成。

5. 对译文可读性的检验

译者和检验者均可以对译文的可读性进行检验。检验的方法在于请人大声朗读译文的某一个完整的段落或章节，检验者仔细听，并记下朗读者停顿或犹豫过的地方。

一篇可读性强的文章应该有好的韵律和风格。这一点同样适用于译文。

6. 对译文一致性的检验

一致性主要体现在内容和格式两个方面：

（1）检验译文中对关键词和概念寻找的对等词在整个译文中是否一致，这在科技、政治以及宗教文件里特别重要。

（2）检验人名和地名的拼写形式、大小写、标点符号、呈现格式等是否一致。

第四节　跨文化交际与商务英语翻译

美国翻译理论家尤金·奈达指出："翻译是两种文化之间的交流。对于真正成功的翻译而言，熟悉两种文化甚至比掌握两种语言更重要。因为词语只有在其作用的文化背景中才有意义"（谭载喜，《新编奈达论翻译》，中国对外翻译出版公司，1999）。从跨文化交际的角度讲，我们可以把翻译理解为这样一种过程：它是两种文化信息间的转换，而这种转换又是靠港际间的转换进行的。所以翻译既是一种跨语言的交际活动，同时也是一种跨文化的交际活动。跨文化知识在翻译过程中起着举足轻重的作用。在商务活动中，交易双方如能对跨文化差异有一个比较正确和充分的认识，将有助于商务活动顺利进行，达到交易的目的。而商务翻译工作者必须是一个真正意义上的文化人，精通跨文化交际的知识。只有这样，才能不仅做到语义信息上的对等，而且真正做到风格信息和文化信息上的对等。概括说来，在翻译中出现跨文化交际的因素表现在以下四个方面：

一、环境文化

环境文化指的是所处地域的自然环境和社会环境所形成的文化，表现在不同民族对一种现象或事物采用不同的言语形式来表达。跨文化交际学表明，特定的生长环境使人们养成了特定的思维定势，多数人类学者和社会学家都认为一个国家的地理条件在不同程度上对文化起着很重要的作用。例如：汉语中有个谚语"夏练三伏，冬练三九"。这是激励人们坚持锻炼身体。"三伏"和"三九"在英语里是什么呢？一个年轻翻译对几个加拿大人说"three fu"和"three nine"。听的人当然莫名其妙。他只要说"In summer keep exercising during the hottest days; in winter do the same thing during the coldest weather"就可以了。

二、风俗文化

风俗文化是指贯穿于日常社会生活和交际活动中由民族的风俗习惯形成的文化。语言来源于生活，生活习俗与人情世故在一定程度上制约着语言的表达系统。

例如：数词"八"在汉语中是现今最受人们喜爱的数——因为其发音与"发"谐音，迎合人们发财致富的心理，而英语中"eight"则没有这种意义。

又例：蓝色在英语国家有"忧郁、沮丧、沉闷、下流"的含义，所以，把"蓝天"牌台灯翻译成"Blue Sky Lamp"，这样的台灯怎么卖得出去呢？

在汉语和英语中，有些话没有互相对应的词。例如：一个中国青年到附近游泳池去游泳，一会儿他就回来了。和他同住一室的中国人和一个外国朋友都感到奇怪。他解释说："游泳池里人太多，水太脏，早该换了。简直像芝麻酱煮饺子。"这个比喻很别致，很生动，和他同住一室的中国朋友笑了，而那个外国人既没有吃过"芝麻酱"也没有见过"煮饺子"，丝毫不觉得这个比喻幽默，难怪他显出一副茫然不解的神情。西方人形容某地人多、拥挤不堪，常说 It was packed like sardines.（塞得像沙丁鱼罐头一样，拥挤不堪。）这种比喻有些中国人可以理解，但不一定能欣赏其妙处，因为见过打开的沙丁鱼罐头的人很少，看到过一个又小又扁的罐头盒里，紧紧塞满整整齐齐的几排手指头长的沙丁鱼的人是不多的。

三、宗教文化

宗教文化是人类文化的一个重要部分，它指的是民族的宗教信仰、意识等所形成的文化，表现在不同民族在崇尚、禁忌等方面的文化差异。宗教禁忌给企业开展国际商务活动带来了各种忌讳和限制。如佛教徒习惯素食，不沾荤腥，印度教禁忌牛肉乃至于相关产品，伊斯兰教禁止抽烟喝酒、禁忌猪肉等等。这些都是商务活动从业人员所必须认真考虑的，否则就会触犯禁忌，阻碍商务沟通，从而造成经济损失，甚至引发外交、政治纠纷。在宗教文化方面，有些词语虽然在汉语英语里都有对应的词汇，但由于它们所蕴含的宗教文化信息不同，因此，在翻译时必须灵活处理。如"龙"与"dragon"，其表面意义都是一种想象中的爬行动物，但它的文化内涵却大相径庭。英语中的"dragon"是"怪物，魔鬼，凶残"的象征。一些描写圣徒和英雄的传说中讲到和龙这种怪物作斗争的事迹，多以怪物被杀为结局。最有名的也许是公元700年左右盎格鲁－撒克逊人关于贝奥武甫事迹的叙事诗。诗中主人公贝奥武甫打败妖怪格伦代尔后，与恶龙搏斗，两者同归于尽。有趣的是，中国画上的龙没有翅膀，西洋画上的龙却是有翅膀的怪物。然而，在中国，"龙"代表着吉祥、如意、神圣、高贵、权力。"龙"是中华民族渊远流长的五千年文明史的象征。因此，中国人常把自己比喻为"龙的传人"。鉴于"龙"与"dragon"存在着文化信息上的差异，有些带有龙字的汉语不能译为"dragon"。如："亚洲四小龙"译成英文时则变成了"four Asian Tigers"。

又例如：在西方，"十三"被认为是不吉利的数字，其原因就是与圣经故事中耶稣被他的第十三个门徒犹大出卖有关。所以，在西方国家，人们通常避免使用"十三"这个数字。在中国的传统文化中，数字"十三"没有这种文化含义，但随着西方文化的影响，近来这种蕴涵也被国人所接受。在中国的传统文化中，"九"因为与"久"同音，所以"九"经常用来表示"长久"的意思。例如，我国历史中，皇帝都崇拜"九"，希望其天下长治久安。因此，我国便有"999"药品。英语中的nine没有这种含义。但不要把用"666"作商标的商品出口到英国，因为"666"在《圣经》里象征魔鬼。

四、历史文化

历史文化是由特定的历史发展进程和社会遗产的沉淀所形成的文化。不同的历史渊源使各民族间形成了相互不同的性格气质和生活方式。每个国家的历史都会给后人带来无尽的回忆和启示，这种领悟也反映在语言中。如一些典故具有浓厚的民族色彩和鲜明的文化个性，只有掌握它丰富的历史文化内涵并运用恰当的翻译方法，才能贴切地传达作者的意图。

如诸葛亮在中国家喻户晓，他是智慧的象征，但西方人未必知道他。因此，翻译者需采取直译和增译相结合的方式，将"三个臭皮匠，抵上一个诸葛亮"这句谚语译为"Three cobblers with their wits combined equal Chuke Liang the master mind"。

与中国丰富的成语和历史典故一样，西方也蕴藏着大量的历史文化瑰宝。许多英语典故涉及的人物和事件来自英国文学宝库，尤其是莎士比亚的作品。讲英语的人每天都在引用出自莎士比亚作品的典故，但往往是不自觉的。尽管莎士比亚的戏剧写于300多年以前，但是他的剧本中的许多台词流传至今。有些话已经成了日常英语口语的一部分。例如：forgive and forget（不念旧恶、不记仇），that's all Greek to me（我对此一窍不通），all's well that ends well（结果好就一切都好），all is not gold that glitters（发亮的东西不一定是金子——好看的东西不一定都有用），discretion is the better part of valor（小心即大勇、考虑周到胜过勇敢——此语常作为胆怯者解嘲的借口）等。莎士比亚戏剧和以后英美文学中的许多其他的人物或名称也已家喻户晓：

1. a Cleopatra（克娄巴特拉），指绝代佳人——这是莎士比亚戏剧《安东尼和克娄巴特拉》中的人物。

2. a Shylock（夏洛克），指贪婪、残忍、追求钱财不择手段的守财奴——这是另一个莎士比亚戏剧《威尼斯商人》中的人物。

3. a Dr. Jekyll and Mr. Hyde（杰基尔医生和海德先生），指有双重性格的人：一方面善良、温和（吉基尔医生），另一方面凶恶、残暴（海德先生）——这是史蒂文森的小说《化身博士》中的人物。

4. a Frankenstein（弗兰肯斯坦），人们常说"制造一个弗兰肯斯坦"，指杀伤原制造者的怪物或东西，也指制造这种东西的人以及可怕的怪物或人——这是玛丽·雪莱的小说《弗兰肯斯坦》中的人物。这本书的主人公是医学院的学生。他把尸体中的骨头取来，制造了一个似人的怪物，最后自己被这个怪物杀害。

a Sherlock Holmes（舍洛克·福尔摩斯），指有非凡才能的侦探或敏锐精明的人，这种人善于通过仔细观察、科学分析和逻辑推理，进行追捕或解决疑难问题——舍洛克.福尔摩斯是阿瑟·柯南道尔笔下的著名侦探。

第八章　翻译教学研究

第一节　新时代的翻译教学思想

教学思想是全部教学实践和教育计划的指针，或者说"指导原则"。翻译教学思想应体现翻译教学的基本原则，毋庸置疑，没有正确的指导原则，就不可能有富于成果的实践，这时，纵使全力以赴，亦无异于徒劳。教学思想与教学实践的关系正是这样。

在这个新时代，翻译肩负着重要的使命。翻译的教学思想应该映时代的特征，体现翻译所肩负的重大使命。这是翻译教学最大、最基本的价值观。因此，翻译的教学思想体现如下：①翻译教学必须尽最大努力满足社会需求和目的语文化建设需求；②翻译教学必须尽最大努力适应并指引翻译实务的发展；③翻译教学必须尽最大努力适应素质教育和素质教学的要求。

一、满足社会需求

脱离社会实际的教学形同虚设，中外教育史中都有很多这方面的教训。英美（以及在欧洲不少国家）都进行过多次重大的教育改革，其原因就是教育脱离了社会实际。

翻译和翻译教学之所以不能脱离社会实际，根本的原因是翻译实际上全面参与了语言的社会功能，而且社会要求这种参与既尽可能同步、尽可能不折不扣，又尽可能高瞻远瞩、具有指引性。

根据雅可布森、韩礼德等语言学家的研究，语言具有以下重要的社会功能：①信息传递功能，这里的"信息"主要指语义信息，包括体现和承载意义的语音和语法信息；②情感表达功能，语言除了达意以外，还有传情；③祈使指令功能，语言可以承载说话者的意向，要求对方加以实施，意向赋予意义以语势（force）；④审美传感功能，语言承载审美信息（包括内容和形式两个层面），从而赋予语言以传感效果；⑤寒暄应对功能，语言中大量的问候语（greetings），担负着启动人际接触和交流的任务，也承担中国传统篇章学所谓"启、承、转、合"的话语应接和延续功能；⑥超语言功能，"超语言"（extralinguistic）是指语言（话语、文本）以外的言外之意、言外之音、言外之情、言外之景，一切尽在不言中。如果我们仔细观察就可以看到,翻译全面地参与并伴随着每一项语言的社会功能,因此可以说翻译的社会功能是语言社会功能的"part and parcel",是语言社会功能在语际中的特殊形态,原则是 SL 怎么说了,TL 就得怎么说。

翻译在目的语多元文化建设中更肩负着不可替代的任务。我们可以在世界各国文化发展史中找到很多例证,说明翻译的这种"不可替代的作用"。佛经翻译在我国唐代文化(尤其是文学,包括文学风格、创作方法、文学样式)发展中"画然辟一新国土",科技翻译对我国明代以后的生产、技术及至学术思想进步更是一种启蒙性推动,成了中国资本主义经济萌芽的重要催化剂。在欧洲,史例更多。可以说罗马帝国的文化兴盛,主要得益于翻译。由此我们可以推导出翻译的多向度文化职能:

(1) 翻译反映了目的语文化的渴求,同时又可能反映它的"受侵犯"(being infringed)。翻译是一种文化现象,它既可以是催化目的语文化发展的"激素",也可以是旨在弱化目的语文化生命力的"干扰素"(interferon),甚至被认为是侵犯目的语文化的"暴力",从而成为对抗主流文化或本土文化发展的绊脚石。我们先来谈它占主导地位的积极作用:它反映了目的语文化的需要和诉求,补足了目的语社会文化在发展中有时举足轻重的"缺失"。我们只要看看严复,透察其执着于翻译西方社会科学经典的"心志",即可了解严复一生翻译了九部针对"吾国振邦富国之急需"的西方社会学与经济学著作,对清末力图改革维新的激进士大夫来说,无异于雪中送炭,对当时的启蒙运动及后来的民主思潮影响极深。尼采曾经针对翻译家这种"各取所需"地对原文"涤旧翻新"(refurbish)的社会功利观深表慨叹,并讥之为既"天真浪漫"(naively)又"粗暴无礼"(violently)。其实尼采也很清楚,翻译者之所以这样做,正是他们的"历史敏感性"(historical sensibility)使然。自古以来,翻译家的"历史敏感性"就驱动着他们的翻译行为,以完成使命,满足"振邦富国之急需"。可以说,这正是翻译的生命力之所在。实际上,目的语文化建设的需求也就是翻译的基本价值取向。在西方,如果没有翻译家对希腊文化(Hellenic Culture)的传播,就根本不可能有古罗马文化近五个世纪的蓬勃发展。

此外,翻译行为在特定的人文、宗教、历史、政治乃至种族差异的条件下,也可能形成对目的语主流文化的对抗力量,作为"文化暴力",力图侵害、颠覆目的语本土文化的主流地位。中国抗日战争时期的"汉奸文化"翻译就属于这种性质。在整个 20 世纪,殖民主义及后殖民主义(post-colonialism)的文化对殖民地或前殖民地的"输入"给其带来的政治文化后遗症更不可忽视。印度曾经有过长期的"反殖民主义文化运动",在不少阿拉伯国家也有类似情况,其中翻译起了"反社会"的消极作用,实际上是助纣为虐。因此,将翻译看成对目的语文化发展"是百分之百的积极行为"的观点是有片面性的。在任何情况下，我们的翻译教学都应该采取分析态度，让学生建立不脱离历史语境、地缘文化和地缘政治来看待翻译行为的观点。

（2）翻译在技术的层面上有助于社会整体结构的优化和革新。翻译是一种技术手段、一种智能力量，这股"力量"的特点是：①它承载着外域技术、智能基因，具有某种待开发的潜在智能；②这种潜在 智能经由翻译的"激活"（activation），从潜隐、潜在状态"转化"为 外射的（emissive）能动状态；③被翻译激活的、处于外射能动状态的技术、智能能量对目的语社会的良性发展成了一种不可或缺的推动力，即可以转化为高于原层次的生产技术能力，推动社会发展。日本在过去的发展中吸收西方技术以发展国力，就是很好的例子。

从理论上说，目的语社会结构与被翻译激活的"技术力量"之间可能出现三种关系：一是抗拒（resistance）；二是中立（neutral）；三是融合、亲和（blending and affinity）。在大多数情况下（也可以说是在常规情况下），融合、亲和关系成了主导形态，也就是上面提到的第三种。这中间，关键是翻译的"转化"起着决定性作用，即上面提到的第二种。所谓翻译的"转化"（transform）是指翻译者针对目的语 社会结构及技术生产水平的具体情况，对原语文本（包括资讯）进筛选、甄别、调整与加工，以保证原语文本（包括资讯）对目的语社会结构及技术生产水平的适应性（cultural adaptability）。这样就使翻译这一股文化力量参与了主流文化对社会结构的改造，而或迟或早与主流社会形态融为一体，或重新塑造（reshape），终而聚合为一种新 的社会经济形态、新的社会整体结构。明代以前的中国社会经济形态属于生产力极为低下的小农经济。至明代万历年间，以欧洲传教士为先驱，开展了西欧科技经典及教材的翻译。1595 年，利玛窦（Matthieu Rici）来华与徐光启、李之藻等人合作翻译科学书籍约 20 种。徐、李二力主引进西学，改工、耕旧制，并输入西洋机器以振经济。科技翻译大大促进了明代资本主义经济萌芽的发展。通过翻译引进科技优化、革新社会结构，几乎是 20 世纪各国经济、社会、政治进 步的普遍规律，现在的情况是，翻译还远远没有发挥它应有的功能：除了欧洲少数传统上的多语地区或社区（multilingual communities）以外，翻译大抵屈居于弱势文化的格局之中，无缘介入主流文化成为主 流社会的基本诉求。这大概是 21 世纪（至少是头 50 年）翻译界（包括专业界、研究界和教学界）必须面对的催人奋发的困局。

二、翻译实务的发展

在这里，适应与指引分属于两个功能层面。适应主要指翻译教学必须服从并服务于翻译实务的需求，这是基础层面；指引是翻译教学更积极、进取的层面。

社会的现实需求往往通过各种手段反应在翻译实践中。因此，教学和社会现实的翻译需要"调和"，就要真正重视翻译实践，加强社会功能的标准和效能。如果翻译教学不侧重于翻译实践，就要把实践教学和需求的素质放在一边，如"皮之不存，毛将焉附"，翻译教学的基本目标和目的不能实现。这是很显然的。

除了这个基本目标和目的以外，翻译教学还有一个更积极、更进取的任务，即对翻译实务起指引、指导作用，这种效应反映在教学内容和计划中，也反映在教师的教学中。在这两个方面，翻译教学应该具有前瞻性和预测性，使教师尽可能了解翻译的发展实践和社会发展趋势，消除"庭院深深"的校园障碍，向社会开放，翻译职业发展的现状和翻译研究的新发展才可以促进翻译教学质量的提高。

新时代，确立这个教学思想的原则具有更实在、更广泛的意义和依据。下面我们将加以探讨。

（1）翻译标准的发展观和功能观。"翻译标准"一词历来意涵不定，我们姑且以传统上的意指界定其义。其实不论它的意涵如何，都具有不可忽视的两个前提：①历史前提（Historical Premise）。任何标准、规范、原则等都是特定历史条件下的产物，不可能恒定守常。翻译标准也一样，"超历史"的翻译标准是不存在的，我们今天不能按唐代的"范文"来写文章；②功能前提（Functional Premise）。同样，不存在"超功能"的翻译标准。在特定的语言文化环境和历史背景下，某一翻译标准通常比较适用于某一种功能文体，并不一定也适应于其他的或所有的功能文体。例如，文学翻译的标准完全可能不适用于法律公文。即使是译同一种功能文体，如诗歌，由于原文类别（诗品）的多样化，翻译标准也就不可能单一不变。

（2）翻译标准的发展观和功能观，是今天指引我们观察翻译实务新发展的一把钥匙。

译文类别的多样化。"译文类别"（type 或 genre，即"体式"或"样式"）的多样化是翻译传播功能增强的表现。传统上，翻译只有直译或意译（实际上是直、意兼译）。现在除了以上两种体式以外还有译写（transwriting）、编译（trans-editing）、改写（rewriting）（当然还有摘译、节译等）。从"直译"到"改写"可以说是逐级放宽了对原语的字面意义或字比句次的对应程度（即所谓"忠实""信"），以适应不同的社会需要。因此，这种"放宽"是合理的，也是必需的。从翻译的功能观来看，凡是以最佳方式、最高时效、最强效果出于有助社会交流和多元文化发展的考量而进行及完成的翻译行为，都是合理的。事实上，在翻译史上及翻译实际中从来就不存在一成不变的、统一的翻译原则（principle）、翻译标准（standard）、翻译准则（criterion）或翻译规范（norm）。品类也好、体式也好、样式也好，都是非自足的，属于开放系统，在保证最佳功能发挥的前提下，开放系统中一切非自足的形态或形式，使其都有"生存空间"。

（3）译文预期功能的强化。所谓的"预期功能"是翻译的任务和目的，指的是翻译行为有望实现翻译的效果和完成的角色。在传统观念中，翻译行为的目的通常仅限于个人动机或意图，翻译的个人行为似乎与社会或群体有关，一般通过"书斋式"生产模式出现。进入 20 世纪（特别是后半世纪）后，商品经济规律主宰一切，翻译成为商品生产、科研、文化建设和日常生活的巨大互动网络；社会功能的翻译 大大增强，个人经常处于从属地位，只有符合社会福利或功利要求，才能发展成为行动。在这个时候，社会接受度（Social Acceptability）成了翻译者着重考虑的主要因素。这种考虑直接或间接地影响了"忠实""信"等传统的翻译对于持续性的价值等，使翻译者必须在社会接受翻译中得到承认，以确定其翻译的预期功能、任务和目的，调整 原有语言文化中"忠实"的翻译，以达到成功完成的行为。

（4）译文取向的非单一化。翻译标准的功能观还表现在所谓"译文取向"（TL－orientation）上。其实我国早就有译论家提出"发挥译文的优势"以适应其社会功能的要求的观点，而且指出"关键在其特定的社会功能"。因此，译文取向很难规定一个单一的"标准"或"规范"。译文取向的非单一化显示出译者对翻译功能不同的侧重面，不同的功能侧重表现出不同的价值标准（文与白、简与繁、忠与顺、美与朴等），自是必然，这也是文贵适境、文贵适体的科学态度。抛开功能来谈"标准""规范"和"形式"（体式）是没有意义的。译文可以"以原文为取向"（Source－Text Oriented，STO ），也可以以"以译文为取向"（Target－Text Oriented，TTO），其实都只能说向哪一边倾斜。还有更多的情况是采取兼容、混杂式，STO 及 1T0 兼顾，因为翻译的随机性几乎无处不在。

译文取向的非单一化大致基于以下四种情况：

1）取向不同基于文体功能不同。所谓"功能文体"（Functional Varieties）是指不同的文体类别或文体品类（品种）。功能文体在 STO 和 TTO 之间的大体分布显然不是由一个译者随心所欲就能决定的问题，它涉及翻译的传播理论，也必然设定了一个预期功能（任务与目的）。因此，也可以说它涉及所谓的"翻译的政治"问题。例如，A. Lefevere 认为翻译必不可免地受译者、当事人（patron）和目的语文艺 观（poetics）三者的支配或操纵，这都是译者在 SI 和 TL 之间作平衡 和调节考量的重要因素，译者一般与当事人有所协商，酌情决定。

2）取向不同基于审美价值观不同。翻译在任时候都有审美问题，而审美态度和审美经验通常因人而异。例如，强调翻译效果要保留"原汁原味"的译者，多倾向于 STO；强调翻译要"新瓶装旧酒"或"新时代、新包装"的译者，多倾向于 TTO。这一点大抵与译者本人的语言造诣和艺术造诣有关，也就是与审美经验有关。造诣决定译者的语言操控能力。原语造诣好的译者炮制原汁原味得心应手，原语的精微处在他手下秋毫无损；译语造诣好的译者下笔生花，收放自如，与目的语文化洽洽调和。因此也可以说，究竟应该是 STO 还是 TTO，是一个描写性规范（Descriptive Norm），不是规定性规范（Prescriptive Norm）。将 TTO 说成是"新时潮"，将 STO 说成是"旧观念"，显然是不妥当的。

3）取向不同基于实用价值观不同。这里所说的"实用价值"通常表现为时效性或应时性（contingency）。译者面对具有高度应时性的材料时常常必须采取 TTO，而无暇对原文的文体特征或风貌（Stylistic Features）多作分析、掂量，只求以最便捷的 TTO 形式出手，"实用价值"也常常被视为"艺术价值"的对立面。为应众人实用之需，译者通常的做法是驾轻就熟，利用目的语使用者喜闻乐见的 ITO 形式运筹语言。当然，我们如果将"实用价值"提到目的语文化建设的高度，将艺术价值也涵盖在内，那就不应当将"实用性"简单地理解为"应时性"。这时就必须对 STO 与 TTO 善加权衡，以定取向。

4）取向不同基于翻译观的不同倾向性。这里所说的"翻译观"是指翻译思想、翻译主张，通常涉及对翻译的哲学思考和广义的政治态度。对翻译不同的哲学、政治态度可以导致对 TTO 与 STO 的取舍见仁见智，分道扬镳。例如，20 世纪 80—90 年代西方（主要在美国）出现了"外域化翻译"（foreignization）和"本土化翻译"（domestication）之争。反对外域化翻译的人认为"外域化"是对目的语文化的暴力行为，异域特色浓厚的翻译（取 IT0 式）抑制"民族文化中心主义"，应该加以抵制，主张以保护目的语文化为目标的本土化翻译。

与"外域化""本土化"之争的泛政治主张相映衬的是翻译主张之争。一般说来，TTO 论者认为 STO 论者在维护所谓"原著优越论"，论点认为原著高于译著，因为原著才是原创的、主导的、独立的、主动的、阳刚的，而译作则永远是模仿的、次等的、依附的、被动的、阴柔的。因此，TTO 与 STO 之争涉及"提高翻译的地位""对翻译的本质认识"和"如何建设翻译学"等重大问题。

三、适应素质教学的发展

翻译教学面对社会和社会快速发展的重大任务，实现持续改进、与时俱进，唯一的办法是大力克服保守的风格，快速发展，尽全力实现自主、改进。这是我们翻译质量教育教学思想应该最活跃、最进步的一面，可以说是教学成败的关键。

但是在激流勇进中做到自我完善既不是一个空洞的口号，也不是一种可望不可即的"标高"。

现在我们来说明翻译素质教学的特征。在我们看来，所谓"翻译素质教育与教学"应该完全不同于"应试教育"（Examination Oriented Education），前者应具有以下鲜明的时代特征和专业特征：

（1）充分利用现有的现代教育的教学资源和手段，开发和培养学生的翻译（笔译和口译）技能，包括语言分析和应用技能，文化分析和表现能力，审美判断和表现能力，双向转换和表达能力，逻辑分析和校正能力。

（2）突破"师生关系"的传统观念，充分调动教师与学生的互动，将被动教学的学生转化为积极倡导者，即与教师一起，是"语言游戏"的平等参与者，具体表现是：①教师和学生对计划的实施达成基本共识，积极主动地参与其中；②师生在"语言游戏"中是自主的，有酌情权，教师不必指导学生，学生不必凡事都附和教师；③师生双方共同制定教学计划，探讨教学方法，承担教学责任；④鼓励学生保持自己的知情权和参与权。

（3）拓展"教育环境"（Educational Environment），包括教学小组、教室、学校、社团、社区、社会等，有些西方学者认为也应包括家庭。充分利用环境培养学生的综合素质，具体表现是：①道德品格素质，如热爱祖国、热爱社群、诚信正直、宽容有礼、勤学奉献等；②心理调控素质，如既充满热情又不易冲动失控，既充满自信又不偏执骄傲，既力争获优取胜又不在失利时灰心气馁等。

总之，素质教学是教学的完善化。这里首先有一个认知问题——要意识到需要的自我完善，起点就是认识到自己的缺点，不满足于现状，力争找到差距。我们现在的翻译教学状况，比 20 世纪 60 －70 年代进步很多，但总体上仍然处于探索和摸索阶段，从完美的差距来看是非常大的，很多地方还没有摆脱"考试导向教育"效应。特别是在具体的教学活动中，我们的指导思想仍然存在于经验主义（如"外教，我们教什么"）和主体主义（如"我怎么想"）。我们需要学习教学思想、教学的基本原则、科学的教学方法，我们还需要最广泛的头脑风暴，我们的课程纲要、课程结构、教育计划和各种教学规则的制定，这些都是紧迫的任务。时不我待，我们应该有一种紧迫感。

翻译教学自我完善的途径是在教学实践中不断进行改革的。从现在的情况来看，翻译教学改革的任务是实现翻译的素质教育，其主要方面是：一方面着眼于提高学生的素质，另一方面着眼于提高整个翻译教育的素质，这两方面是密不可分的。因此，可以说这是翻译素质教育的整体观（holism）。下面我们从学生的素质谈起。

（1）提高学生的素质。根据美国教育学、教育心理学家罗伯特·加涅（Robert M. Gagne）的研究，学生的"素质"实际上是一个结构，他称之为"素质结构"。学生的素质结构分为三部分。一是先天素质。加涅等人通过实验证明，人的信息提取速度是一种潜能（如视觉敏锐 程度，即视敏度），这种潜能有个体差异（Individual Discrepancy），而个体差异则是先天的（inborn）。我们应该避免超越学生的先天潜能差异去施教。二是形态素质。形态素质是在发展中形成的，表现为不同的形态。第一种形态是智力，智力虽然有个体差异，但智力与视敏度不一样，它是可以发展的，智力的最高形态是智慧；第二种形态是性格特征，性格特征显然是可塑的（formative），但必须因材施教，关键是适应性（adaptation）。三是习得素质（Acquired Qualities）。

（2）提高教学素质。教学素质是翻译素质教学整体观中的另一个极重要的方面。在近若干年内，我们的任务是：

1）强化基本训练和基础教学。我们的依据仍然是以下基本点：翻译是认知行为特征的认知科学。经验来自实践或重复实践。因此，对翻译、情感、认知等的认可是从实践中得出的，开始于实践或重复实践。这是我们对"经验"的基本了解。翻译教学（特别是理论教学）如果脱离了这个基本点出发，必然会成为空中楼阁，没有真正的效果。

基础教学是指基本知识和理论教学，集中于一、二年级。翻译学基本知识包括语言学、文化学（跨文化学）、美学和逻辑知识。基本理论是指翻译基本理论。基础教学还应包括第二外语的教学，第二外语是一门必修课（在有些大学，也可以是一种通识课或必修通识课）。学翻译的学生应该通晓至少两门外语。

目前的一般趋势是基础教学比较薄弱，基础训练不够健全，周数也不够。基础培训和基础教学与学生的基本技能密切相关。本科生基 本技能薄弱，就业难度较大。这是翻译教育的一大缺口。所以这应该是改革的主要内容之一。

2）强化针对普遍性（universality）的教学。这里的"普遍性"是指与"专业性""专门化"相对立的"基础性""共同性"。长期以来，教学的而翻译有两种观点：一是翻译毕业生就业渠道多样化，服务于各个行业，也可以说是"百行百业"，所以在学习期间不应该早日专业化。在这个指导下，课程往往很复杂。另一个观点相反，教学阶段难以照顾"百行百业"，只要基本功扎实，未来干哪一个行业都是可以的。后一种观点是有道理的，但它不应该是绝对的，因为"翻译行业"真的涉及数以百计的行业。似乎在学校的专业培训或专注于普遍性的学生是适当的，不会太早专业化，所以基础训练太分散了。其实现在社会翻译实践的分工越来越精细，只有"法定翻译"有国际法、民法、刑法等非常专业化的分工；除此之外，有海洋法、战争法、国际刑法等，依然非常专业。这显然难以在教学和培训中得到应用。这里的关键是普遍性和根本性。一般来说，专业人士大多不在词汇（语言）层面，专业词汇通过不同类别的参考书在短时间内难以掌握。

3) 强化理论指导作用。可以说，加强理论指导、加强教学的理论性是提高翻译教学的关键，也是目前翻译教改的关键，我们可以从以下三个方面来看这个问题：

首先，理论是坚持教学方向的行动指针。翻译教学千头万绪，主要任务是建立正确的教学观念和基本原则、方针，坚持正确的教育教学方向。为此，我们必须转向理论指导。要主张有关领域的理论研究和讨论，包括政策理论的教学方向、原则和方针，教育、教育心理学、认知科学等教学理论，以及翻译相关学科的基础理论与跨学科理论。

其次，加强教学理论是提高翻译教学质量和深度最重要的方式。因为科学的翻译理论是一个集体经验和广泛的多层次的实践总结，往往包含了前人的"历史智慧"。理论教学也是激发思维和推动教学研究的重要动力。对整体教学实践具有深远的影响，在实践教学中发挥了倍增作用。在这方面，欧洲国家、美国和加拿大的翻译教学有经验和教训供我们参考。最后，理论是纠正教学偏差的重要手段。科学的理论揭示事物的实质和基本规律，是教育工作者的指导方针，也是我们对于翻译教学出现的偏差进行纠正的有效手段，翻译教学中的经验主义普遍存在，要求我们的翻译教学理论要建立正确的教育观念、教学思想和研究新风格。

第二节 笔译教学研究

一、笔译的场景要素和界定

（一）笔译的交际场景要素解析

笔译的定义包括笔译这一交际场景所含的所有重要因素，除了时间、地点、交际动机、理解条件等，主要还有源语语篇的作者、翻译任务的委托人和他们各自的交际意图；译语语篇的接受者及其期待，以及译者自身。下面分别具体说明笔译交际场景的各个要素。

1. 作者

源语语篇的作者可能就是翻译委托人，可能知名或匿名。源语语篇的作者在文章中表达一定的看法，他给源语语篇赋予了某种功能，并认为接受者有能力在自己理解的前提条件下体验这种功能。

2. 委托人

翻译委托人提出完成译语语篇的翻译任务，他也赋予了译语语篇一定的功能。最重要的是，他要确定译语语篇对其读者是否应具备与源语语篇对其读者同样的功能。

翻译委托人可能是源语语篇的作者，也可能是译语语篇的接受者，还可能是第三者（如出版社）。在翻译教学过程中，教师就承担了翻译委托人的角色。

3. 翻译任务

翻译任务包括确认交际伙伴（作者、委托人、接受者）的交际需求（译语语篇的功能），确定完成译文的条件（时间、形式和委托者交付原文和翻译者交付译文的其他条件）。

翻译任务也是翻译者在选择翻译对策时决定译文特点的根据。

4. 源语语篇

源语语篇是翻译者完成译文的基础，是翻译者确定翻译对策总原则和具体操作方法的参照根据之一。

源语语篇大致可以分为四种：①为源语和目的语的交际群体中潜在一致的接受者拟写的语篇（如专业语篇）；②专为源语的交际群体拟写的语篇（如政治讽刺小品）；③主要朝向源语，潜在的是朝向译语的语篇（如畅销书）；④本来就是专为译语接受者拟就的语篇（如某些广告语篇）。

5. 翻译者

翻译者需要根据源语语篇作者的意向和翻译委托人的意图写作，通过语篇分析尽可能地弄明白原作者的意向，然后对源语语篇进行翻译。翻译者面对的是不同的语言和文化特征、不同的语篇种类接受者不同的理解前提条件，所以，翻译者也要根据不同的交际场景条件，采用各种不同的方法，去解决不同的翻译问题。这些方法不能完全客观化，因而也难以系统化。

6. 译语语篇

源语语篇内容用译语重新成文的结果是译语语篇。译语语篇也是处在一定的特殊交际情景之中，由接受者作为整体来理解的表述，带有一般的文化特点和特有的语言特点，传达各种各样的信息，它只服务于作者与异语言和异文化读者之间的交际。因此，它要符合读者对语篇的一般要求和对有关语篇类型的具体要求，是按照他们的需要和期待来完成的。

7. 语篇功能

语篇功能与作者的意图有关，但主要还是由读者赋予的。一方面，读者按照语篇的结构形式来判断，这可以从语篇类型特有的、反复出现的语篇结构范式明显地看出来；另一方面，语篇功能取决于读者如何看待这个语篇（对语篇的期待、其有什么用）。

对于翻译来说，源语语篇的功能可能和译语语篇的一致，也可能不同。

8. 忠实性

在翻译实践中，译者的忠实性是多维度的，忠实的取向侧重是可能变换的：

必须通过其工作实现委托人的意图；必须保证满足译文读者对译文应有功能的期待；必须忠实于源语语篇的作者。译者必须决定源语语篇中的什么不能变、什么能变、什么必须改变，决策时始终要考虑到译文的目的。

9. 接受者

翻译者对译语语篇接受者越熟悉，就越能更好地进行翻译。他可以考虑到译语语篇的接受者的年龄、职业、文化程度、社会地位、对相关领域的已有知识、对源语语言和源语文化的了解与否和可能的熟悉程度等，推导出接受者对译语语篇的期待，交付一份"量体裁衣"的译文。

在实践中，翻译者常常不知道接受者是谁而必须要以假设的"平均水平的接受者"为对象。

10. 笔译的外在条件

译文的特点不但受译者个人主观翻译能力的制约，还受译语语篇产生过程的外在条件的制约。所谓的外在条件，包括源语语篇的存在形式、必须完成译文的时间、是否具备相应的辅助手段、对译语语篇的形式要求（纸版还是电子版）。

（二）笔译的界定

根据对笔译工作相关因素的概述，我们可以给笔译做如下的定义，如图8—1。

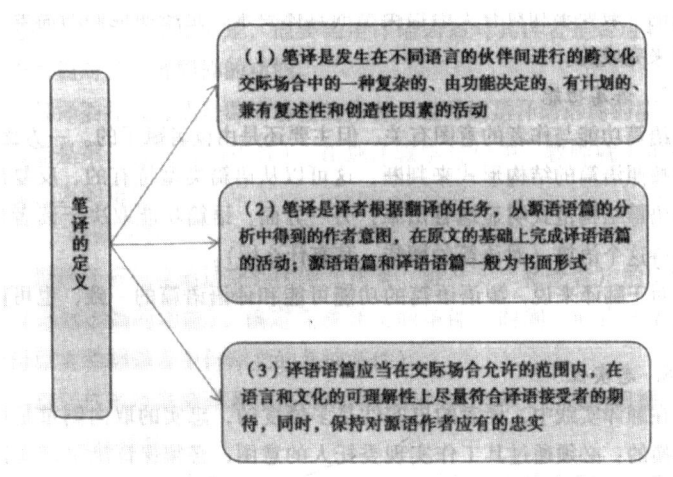

图8—1 笔译的定义

二、笔译的种类

根据译语语篇在异语言和异文化中的交际意义（即具有什么样的交际功能和目的），我们从功能意义的原则上将笔译分为工具式翻译（Instrumental Translation）和文献式翻译（Documentary Translation）两大类。

（一）工具式翻译

工具式翻译是现代翻译工作实践中最通常的翻译方式，也是功能翻译学主要研究的对象，它也应当成为翻译教学中的主要翻译方法。工具式翻译的译语语篇虽然在内容和形式上仍然以源语语篇为基础，但有时或多或少地与其相异。如何翻译，决定性的标准是要实现译语语篇应有的功能。

工具式的翻译与文式的翻译最重要的区别在于，工具式的翻译为了实现希望达到的功能和目的，会在译语语篇之中给予某些辅助理解的"解释"，采用一定的"语用学的转述"，如"增补"或"改变表达方式"。

（二）文献式翻译

文献式翻译是将译语语篇只看作对源语文化和语言群体内部完成的交际行为的文献记录，它包括所有翻译形式。译文的目的和功能就是在异文化和异语言中充当被研究的文献，给异文化和异语言的读者提供有关源语文化和源语语言群体内部所完成的交际行为的信息。

文献式笔译这一大类中包括语言性翻译（linguistic Translation）和逐词逐句的翻译（literal Translation）。

1. 语言性翻译

下面一例是关于美国国庆日的翻译，我们通过实例来说明语言性翻译的特征。

It takes place on the fourth of July and celebrates America's freedom. Welcome to WatchMojo. com and today we'll be learning more about Independence Day.

那在7月4日举行，庆祝美国的自由。欢迎收看WatchMojo. com，今天我们要了解更多关美国国庆日的事。

Independence Day is an American national holiday that celebrates the adoption of the formal declaration of independence on July 4, 1776. This landmark document decreed that the 13 colonies were no longer part of the British Empire and had become independent states.

美国国庆日是庆祝1776年7月4日通过正式独立宣言的美国国定假日。此份具有重大意义的文件判定13个殖民地不再是大英帝国的一部分，而且成为独立的州。

The declaration came about, thanks to Richard Henry Lee of Virginia who proposed its creation. Founding father John Adams advanced the idea of a manuscript, and the committee of five, led by chief author Thomas Jefferson, composed the written draft. Final edited version of the Declaration of Independence was approved on July 4.

独立宣言诞生，多亏了提出其创作的维吉尼亚州的 Richard Henry Leeo 建国之父 John Adams 提出了手稿的想法，接着五人小组，由首席作者 Thomas Jefferson 领导，拟出了草稿。独立宣言最终修订版本在 7 月 4 日通过。

In it was one of the most famous sentences in the English language, which outlined the belief system of this new country and became a cornerstone of American society: We hold these Truths to be self-evident, that all Men are created equal, that they are endowed by their Creator with certain unalienable Rights, that among these are Life, Liberty and the Pursuit of Happiness.

在独立宣言里有英文中最知名的句子之一，那略述了这个新兴国家的信念系统，成为美国社会的基石：我们相信这些真理不言自明，也就是人皆生而平等，他们由造物主赋予若干不可剥夺的权利，其中包括生命、自由及追求幸福的权利。

Celebrations of American independence have taken place since the adoption oi tne declaration, ivieanwniie, tne city oi rniiaaeipma iirst laia me groundwork for today's celebrations with fireworks, speeches, music, parades, and displays of red, white, and blue.

美国独立的庆祝活动自独立宣言的正式通过后开始举行。同时，费城首先奠定了今日庆祝活动的基础，运用了烟火、演讲、音乐、游行和红白蓝的摆设。

Eventually in 1938, the celebration became a paid federal holiday. All traditions continue as well. For example, at military bases, a 50-gun salute is fired to commemorate the independence of each of the 50 states.

最后在 1938 年，庆祝活动成了联邦的带薪假。所有传统也持续下去。举例来说，在军事基地，会鸣放 50 响礼炮来特别纪念 50 州的独立。

Today Independence Day is a prominent summertime event marked by shows of patriotism, outdoor activities, and tributes. There are also parades in the morning and firework displays at night. Plus the national anthem and other patriotic songs take center stage.

今天美国国庆日是由爱国主义的表演、户外活动和敬意所标志的重要夏日活动。早上也有游行，晚上则有烟火表演。此外，国歌和其他爱国歌曲也是瞩目的焦点。

The holiday has become so popular, the first week of July is the busiest time of the year for travel in the United States, as Americans extend the long weekend to celebrate the birth of America and a defining moment in American history.

这个节日变得如此受欢迎,因此7月的第一个礼拜是美国国内旅游最繁忙的时间,因为美国人自行延长周末连假拿来庆祝美国的诞生和美国历史中决定性的一刻。

语言性翻译方法的应用领域:

(1) 常用在学术领域的翻译中,尤其是文化历史文献的翻译。

(2) 对国内外时事报道的翻译(《参考消息》上的国外新闻及报刊文章,对外宣传机构对中国政策、时事的报道等)。

(3) 为委托人(如报刊编辑、报告撰稿人、规章制度制定者等)作为"半成品"完成的参考资料翻译也是语言性翻译方法的常用领域。

2. 逐词逐句的翻译

逐词逐句的翻译又可以分为逐词或逐字的翻译(Word-for-Word Translation)和逐句的翻译(Verbatim Translation)。有时还会遇上逐音节甚至逐音符的翻译(如人名、地名的翻译)。严格地讲,在汉外翻译的交际场合中,汉语拼音的转写也是一种翻译。这几种翻译形式一般都属于文献式翻译。

(三) 功能相异的翻译

功能相异是指译语语篇面对其读者的功能应当与源语语篇面对其读者的功能不同。决定采用功能相异的翻译,或者根据翻译任务委托人明确表示的意愿,或者根据译者的经验作出理由充分的估计。不明确时必须与翻译任务委托人商谈。功能相异的翻译的应用领域主要包括以下八个方面。

1. 综述式翻译

综述式翻译是指翻译委托人要求翻译者将有关某题目的相关资料的重要内容翻译出来。例如,赴国外考察团领导要求随队翻译把国外报刊上对此次考察活动的反映综合翻译出来。

2. 缩写翻译

缩写翻译是指翻译委托人要求翻译者以较为简化的形式翻译源语语篇的语言或内容,如将一部长篇小说缩译成适合青少年阅读的版本。

3. 直线性翻译

直线性翻译是指翻译委托人要求翻译者翻译有关语篇时不作修饰,尽量不改动语序、词义和表达方式,以便通过其他人进行再加工。

4. 粗译

粗译是指翻译委托人要求翻译者在短时间内为翻译者所了解的译文接受者,将源语的信息内容较为准确地翻译出来,但允许行文上存在不完美。

5. 净本翻译

净本翻译是指翻译委托人出于某种意识形态、宗教文化、伦理道德或其他的情感原因,要求翻译者在翻译时对源语作品进行"净化加工",删除或改动"反动的""污秽的""色情的""侮辱性的"内容和表达方式,以达到能以"净本"的形式出版的目的。

6. 文献翻译

文献翻译是指翻译委托人要求翻译者将准备供教学或研究用的源语语篇作为文献版本翻译出来。此类翻译常常有明确的、细致的要求,根据需要采用某种或几种文献式的翻译方法,在必要时以不同形式加以注释,有时还需要提供不同的译法作为比较。这种翻译需要查阅与源语和译语文化及其语言相关的大量资料,包括专门的术语、概念、源语文化和历史的背景等。

7. 诗歌韵文的散文式翻译

诗歌的散文式翻译是指翻译委托人要求翻译者将合辙押韵的源语诗作翻译成散文。当译语和源语的语言及文化差距很大时,这是常用的做法。很多西方的古典戏剧韵文的中译本就作了大量的类似处理。

8. 专业语篇或书籍的科普翻译

专业语篇或书籍的科普翻译是指翻译委托人要求翻译者将源语中为专业人士拟写的专业文献内容,用较为通俗的语言和较少专业性的语汇为较为广泛的受众翻译出来,用以普及科学知识。

(四)功能相同的翻译

功能相同是指译语语篇面对其读者的功能和源语语篇面对其读者的功能相同。从翻译的实际工作来看,如果翻译任务的委托人不另作说明的话,功能相同是通常的要求。功能相同的翻译的应用领域主要有以下两个方面。

1. 广告翻译

广告翻译的译文功能与源语文化中相同,其目的是影响顾客的行为,"说服"更多的顾客购买产品。广告翻译必须非常贴近受众的文化、习惯、爱好和心理倾向,因此广告翻译是可能对源语广告的表达方式改动最多的翻译类型,这种改动可能涉及的不仅是语言的形式和内容,也可能包括副语言信息(字体大小、美术字)和语言外的信息(相关的图片或影像背景)。

2. 说明书翻译

例如,出口药品或出口设备、仪器所附带的使用说明书的翻译。译文功能与源语文化中相同,为使用者提供正确使用药品、设备、仪器的信息。此类翻译需注意译语的交际环境中有时有不同于源语交际环境的规定和要求。如在翻译中国出口药品说明书的时候,必须根据国外相关的国家工业标准,必要时改动原文,并添加译语国家标准中所要求的内容。

三、笔译教学的主要目的

笔译教学的主要目的是培养学生的翻译能力，所以应当以翻译学理论的思考为基础、从笔译过程的实际流程出发、顾及笔译职业工作的特点、通盘考虑教学法与方法论。

笔译教学法不仅关系笔译理论，还关系到一般的教学理论与教学法，关系到语言研究，蒂且也关系到教育学。笔译教学的主要目的体现在以下六个方面：

（1）以提出挑战性目标的形式，提高学生学习的积极性，但目标不能过高，也不能过低。

（2）在学生原有的学习基础上，带给学生新的内容，并巩固原有的基础。

（3）以带着学生解决问题的方式，增强学生面对问题、提出问题的自觉性。

（4）学生应当有解决问题的意识，并能够越来越好地解决问题，办法就是在先天能力的基础上补充知识。

（5）教给学生解决问题的方法。这些方法应当是来自个人和他人翻译实践的经验，并有较为系统的理论支持。

（6）应当教会学生，掌握了一项对策后，能够举一反三，运用到解决其他类似的问题中去。

由于影响教学的因素很多，具体的目标还需要教师根据自己面对的教学目标和要求、学生的起点和条件独立决定。

四、笔译教学的要求与条件

（一）笔译课教师应其各的条件

笔译课教师应具备的素质体现在以下两个方面：

(1) 具备扎实的语言学知识和翻译学的基础知识。

(2) 能够明确地、有论据地、有实例地、使人信服地"授人以渔"。

在语用学与交际理论为基础的功能翻译学思想指导之下，这些对教师的要求意味着教师的地位、角色、作用和任务的转变，主要体现在以下五个方面：

（1）教师不再是掌握和传播唯一正确译文的人，而是为学生提供帮助的人。在源语语篇的理解和分析、适宜的译语语篇的撰写、翻译结果有根有据的评价过程中，他要给予辅导和咨询，并进行协调。

（2）根据不同的需求，扮演不同的角色。像学者一样阐述翻译理论问题；像翻译公司的负责人一样发布翻译的委托任务；像笔译者一样分析和执行翻译任务；像翻译公司的编辑一样评价和审改他人的翻译作品。

（3）要结合练习，向学生传授必要的理论知识，为学生面对当前或以后类似情况下的同类问题提供决策方法和解决问题的途径。

（4）要有能力说明教学方法和步骤的理由，从练习材料的选择到对学生译文的修改和评价。

（5）要保持翻译实践的实际操作，主动积极地不断自我进修，尤其是不断改进笔译的教学方法。

（二）笔译课学生应具备的基本素质

笔译课学生应该具备以下基本素质：

（1）具备按照规则来行动的一般能力，如分析能力、决策能力、判断能力和创造性。

（2）掌握比较丰富的母语和外语的语言和文化知识。

笔译课程的主要任务不是传授外语语言和文化知识，而是笔译者把一个源语语篇适宜地译作译语语篇所需要的专门的熟练技能：①对笔译任务有把握的解读；②有效的源语语篇的分析；③有目的的查阅和调研；④迅速地了解新事物、进入新领域；⑤有把握地估计委托人、作者和接受者的需求和期待；⑥相应地选择适合的笔译对策；⑦熟练地完成页面、段落和字体的编辑任务。

在笔译教学中，教师要明确地区分和界定学生在笔译各个阶段的具体能力和技能，确定提高这些相关能力和技能的练习形式和练习内容。

五、笔译教学的素材选择

笔译课程的准备首先遇到的问题是教材的选择和教学法的处理。在这里有针对性地对选择教材的原则和标准作一个综合的说明，为担任笔译课程的教师提供一些帮助，如图8-2所示。

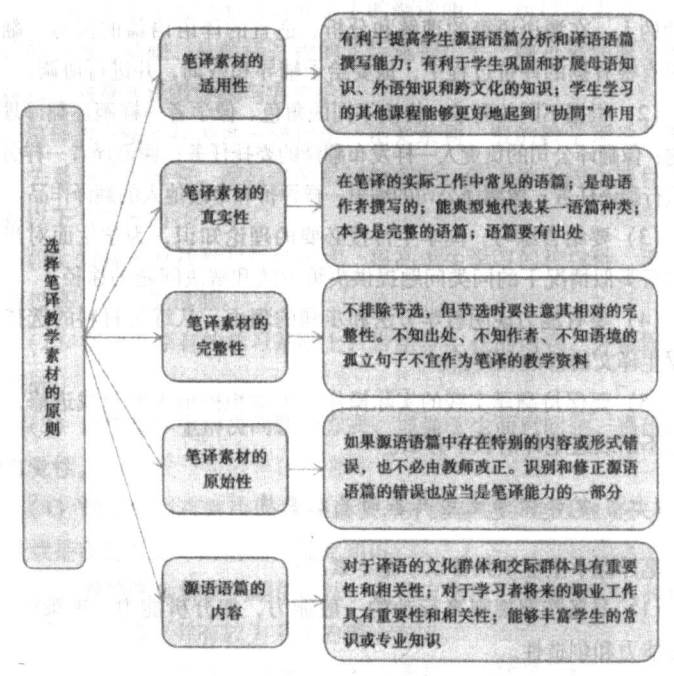

图8-2 选择笔译教学素材的原则

（一）笔译素材的语篇难度、种类与长度

1. 笔译素材的语篇难度

（1）主题和内容方面要适合学生的文化与专业水平。

（2）语言方面要适合学生的语言能力。

（3）笔译任务和笔译技术方面要适合学生的翻译水平。

（4）工作技术方面要适合学生所处的场合。

2. 笔译素材的语篇种类

选择的语篇应当能够代表笔译工作实践中实际存在的某个语篇种类（信息类语篇、表情类语篇、运作类语篇），也就是译语文化存在潜在接受者的语篇。

3. 笔译素材的语篇长度

笔译课程的关键不是在尽量短的时间内完成尽量多的笔译作业，而是要尽量有效地展示如何与笔译问题、解决问题的对策和技术打交道，扩展学生的"一般修养"，让他们学会一定的行为态度。

一堂课上能处理多少内容，取决于多个因素：包括相关的语言、语篇、学习目标的特殊性，以及教师为教学目标的实现所计划的前期练习和伴随练习的特点。所以，每堂课做多少笔译是不可能固定不变的。从教学法的目的来说，短一些的语篇比长语篇更合适，因为这样学生就可以接触更多的语篇种类、更丰富的内容、更多的笔译对策。如果没有合适的短篇，那么就对以练习为目的的长篇进行修改，如删减或只要求完成综述性的笔译。但无论如何，学生都要熟悉全文，同时，不能做让语篇失去原有特点的改动，绝不能将语篇"改写"使其简易化。

（二）笔译教学素材的趣味性与时效性研究

源语语篇的趣味性是指源语能够激发学生的学习兴趣和动力。一个语篇的时效性如何，不能简单以"新"或"旧"来判断。如果选择的语篇还可以让学生与现实重要的场合或语境联系起来，它就没有失去"时效性"，更准确地说，它没有失去"现实性"。也就是说，教师要引导学生认识所选语篇的重要性。说语篇"过时了"，主要是指其中包含的语言习惯现在已经不适用了。

第三节　口译教学研究

一、口译的界定与诠释

口译是一种翻译活动，是指译员以口语的方式，将译入语转换为译出语的翻译，做口语翻译，也就是在讲者仍在讲话时，同声传译员便"同时"进行翻译。

口译定义的要素，包括源语作者、源语语篇、译语语篇、语篇功能、忠实

性、翻译任务委托人、接受者、译者、翻译条件和翻译任务等。

口译的特点：①在口译时通过源语语篇的分析找出作者意向的可能性受到很大限制；②产出的不是书面语篇，而是口语语篇。

综上所述，我们将口译的定义作如下阐释，如图8－3所示。

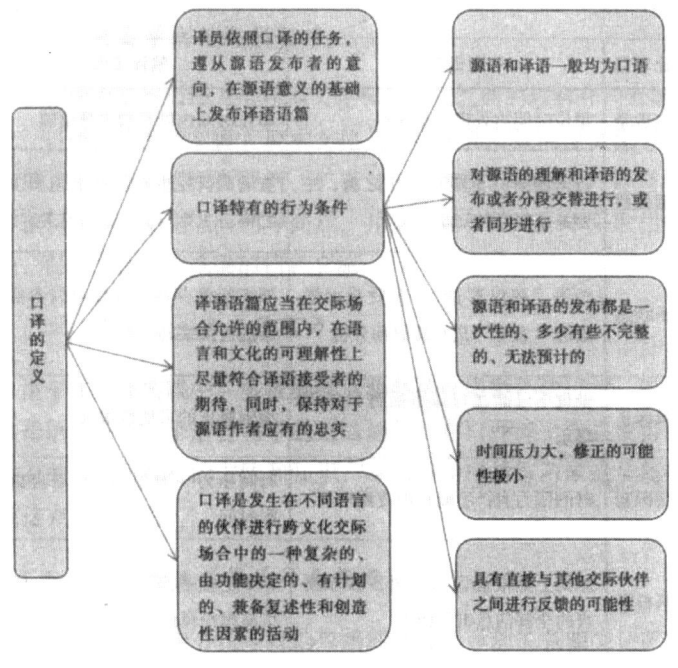

图8－3 口译的定义

二、口译与笔译的关系

口译是口译者将自己从源语语篇中通过自己的理解和感知获得的信息以口语表达的方式将源语语篇的语言形式转换成另一种语言形式，最终完成以交流信息为目的的交际行为，是现代社会跨文化、跨民族交往的一种基本沟通方式。

（一）译和笔译的联系

口译与笔译是翻译的两种基本实践形式，两者之间的关系十分密切。笔译是口译的基础，在口译训练和实践之前，笔译要过关（至少是同步进行的）。笔译的质量在很大程度上决定了口译日后发展潜力的大小。口译人才的培养若是离开笔译训练的基础无异于刻舟求剑，必然会行之不远。

（二）岸与笔译的区别

口译的基础在于笔译，那么，口译必然是在笔译的基础上满足更多更高的要求。口译与笔译的不同之处见表8－1。

表 8-1 口译与笔译的区别

对比项目	口译工作	笔译工作
交际场景	译语与源语处于同一个交际场景；接受者经常在场；多数有与译语接受者直接或间接的反馈和互动	译文与原文处于不同的交际场景；接受者不在场；没有与译文接受者之间直接的反馈和互动
译语特点	口语翻译	书面翻译
语料数量	单位时间内处理大量语料	单位时间内处理较少量语料
查阅调研	查阅调研只可能在工作之前；主要是系统性的知识	查阅调研发生在工作之前和工作之中；主要与文中话语有关
源语状态	源语"稍纵即逝"；多数是对源语的"意义"进行理解和分析	原文始终存在；译者可以参照原文进行细致的分析
编辑修正	谁也不可能在口译事后进行编辑修正	编辑修正的可能性很大
时间因素	时间压力大；不能自由支配时间	时间压力一般很小；可以自由分配时间
译语根据	原则上要根据说话人语言和非语言的全部信息组织译语	基本上根据源语（书面的）语言信息组织译语
工作方式	发布译语的条件要求整体性的工作方式（部分要求综述和缩减）；词汇所传达的意义是理解和翻译的典型单位	典型的工作方式是语文综合型（要求完整和准确）；词汇是理解和翻译的最小单元
语言质量	因译语的产生是自发的、直接的，并且几乎没有修正的可能，对语言的质量要求可以适当低一些	因为有源语可以对照进行修正，对语言质量的要求很高

三、口译教学的主要目的

口译课的主要目的就是提高学生的口译能力。而口译能力又是由与口译相关的知识水平、各项基本能力和行为方式来决定的。在口译课上，必须针对学生具体的相关能力，确定具体的教学目标，通过相关的练习形式逐步提高学生各项具体的实际能力。

（一）提高学生的文化能力

文化能力是指口译人员在本文化和他文化之间的理解和沟通能力，因此，口译人员需要掌握大量本文化及交际伙伴所处的他文化中的相关知识，并且要不断积极更新、扩充自己已掌握的信息。口译译员要能够识别这两种文化之间的异同点，并据此在口译工作中采取相应的措施，促成交际双方准确的信息交流。

（二）提升学生的语篇能力

由于在口译实践中，多数情况下都是从外语翻译成母语，所以要提高母语和外语两个语言当中的语篇能力，在口译课上就必须传授给学生有关口译所特有的方法和知识，并通过相应的练习来逐步提高学生在这方面的能力。

（三）培养学生的译前准备能力

口译课的一项中心任务就是要培养学生的译前准备能力，扩充专业知识和常识。

一般来说，学生在译前准备时要突击扩充大量的相关专业知识，因此难免有畏难情绪，并且在译前准备的同时会发现自身还存在着巨大的知识空白点。很多学生在这个时候会感到非常沮丧，因为译前准备的过程会让他们意识到自己的知识盲区越来越大。故此，口译教师要发挥关键的引导作用，帮助学生克服他们的沮丧心理。

（四）提高学生的口译能力

口译课最主要的教学目的之一就是要提高学生的听力理解能力。口译课上可以设置相应的练习，通过有针对性的训练，提高学生相关的听力理解能力。

除此之外，还要通过相应的练习提高学生的信息储存能力，包括大脑强记能力和口译笔记能力。接下来就要通过训练提高学生的译文生成和编辑能力。从源语到译入语的意义传递及译文的编辑能力都是口译所特有的专门能力。为了提高学生的发音能力和演讲技巧，并最终使学生能够以一种符合相应口译场景的表现形式来传递译文，口译课上也可以设置发音和演讲练习来训练学生有目的地运用韵律学原理掌握专业的发音学知识和演讲能力。

（五）提升学生的口译职业道德

最后这一点也是非常重要的一点，教师要提升学生相应的口译职业道德品质——具备高度的责任感、高度的忠诚和极强的适应能力，同时要做到自觉保密。

四、口译教学的要求和条件

（一）口译课教师应具备的条件

口译课教师应该具备的素质：①能够独立完成口译课的课程设置、规划、实施、更新和改进；②具备非常高的母语及外语水平；③具备较高的翻译学理论知识；④具备较高程度的语言学知识；⑤具备较高的教学业务能力。

口译课教师应该具有足够的口译实践经验，具备扎实的翻译学基本知识，能够在口译课上进行系统的讲解，能够把自己所积累的口译实践经验和口译理论知识有效地贯彻到教学实践中去。

整个口译教学过程需要由口译课教师来进行协调与配合，教师应力求营造一个合适的教学场景，使学生能够自主学习。教师可以根据实际需要扮演不同的角色，应该能够在适当的时候传授给学生必要的相关理论知识。应该能够阐述自己教学设置的整个授课过程。从事口译教学的教师切不可脱离口译实践，要不断参与实际的口译实践工作，以便积累相关的实践经验，并且积极参加相关的进修培训，包括口译教学法方面的进修培训。

（二）口译课学生应具备的基本素质

口译课与学生已经掌握的外语水平密切相关，当然还包括他们的母语水平。除此之外，学生是否能学号口译，或者说以后是否能胜任口译工作，还得看他们所具备的其他素质。

1. 语言文化能力

口译课上，语言水平的提高已经不是主要目的，而是训练学生各项口译能力不可缺少的条件。口译课的学生必须有扎实的两种语言或两种以上语言的功底。不管是母语水平还是外语水平，或者是文化方面的知识，对口译人员的要求都比对笔译人员的要求高得多，特别是他们的听力理解能力，清晰、流畅的口头表达能力和所掌握的词汇量等。

2. 个人基本素质

（1）智力素质。良好的记忆能力、逻辑思维能力、辨析解意能力和应变反应能力。

（2）心理和生理素质。高度集中注意力的能力、敏锐的听觉、合适的声音音质、记忆力好、办事果断、有耐力、有恒心。

（3）职业道德方面的素质。具有高尚、忠诚、稳重、谦虚的品格和大方、素雅、洁净、得体的仪表；从容镇定，言语得当，举止得体；保守机密；良好的团队合作能力。

学生应该在自身原本具备这些能力的基础上，通过不断的学习和练习完善自己、提升自己。

五、如何选择口译教学的素材

外语高校一般会在完成基础阶段的语言教学之后，在高年级阶段设置翻译课。

对于从事口译教学的教师来说,在讲授抽象的翻译理论的同时,还得有具体的口译练习操作。

如何选择口译教学的素材,教师可以参考笔译教学中提出的有关原则和方法。此外,选择口译教学素材时,教师需要考虑以下七点:

(一)口译素材的题材范围

题材范围应该根据外语专业的学生将来的就业前景进行考虑。一般可能会出现政治、经济、文化等方面的内容,如礼仪性演说体中的祝酒词、迎送词等,可以作为最初的教学素材。

口译的课堂教学素材还应该考虑其在教学方面的实效。口译教学中经常选到的题材范围大体上包括经济、法律、政治、自然科学、医学等方面。很多时候还会是一些涵盖许多其他方面的综合话题,如国情、历史、文化等在实际的口译场景当中确实会涉及的话题。这对从事口译教学的教师来说,也要求他们有一定的实际口译工作经验,更多地去亲身体会各种不同的翻译场合与话题,以获得必要的感性认识,取得一定的教学理论依据。

(二)口译素材的现实性

确定一个语篇是否具有现实性,话题和语篇类型与之有着直接的关系。随着人类信息快速更新,口译素材必须具有现实意义。如果口译教师对某一练习语篇作了认真的准备:确定了教学的目标、相应的练习、减轻理解负担的措施,或者完成了练习作业纸的编写,那他就完全可以多年使用同一语篇,尽管主题有时会过时,这总比为了时效性随意地使用未经教学准备和处理的语篇要有利得多。

(三)口译素材的真实性

这里所讲的真实性,是指在实际的口译工作实践中是否真的会出现这样的口译任务。口译练习的素材最好是源语原文。在一般的口译实践当中确实会出现的、重要的、有代表性的口译场景,而且由讲话人口头表达出来的言语语篇都可以整理成书面材料,或者制作成声像资料,然后拿来让学生做口译练习。

另外,源语语篇必须是完整的。即使在口译的课堂教学中只能处理一段有限的内容,学生也有必要对全文有一个大概的了解,从中获取上下文之间的关联性。然后根据课堂时间的合理安排,就其中的某一段进行口译练习。

利用真实的素材进行口译模拟练习,目的是让学生体会和了解一种口译场景,初步掌握口译的方法和技巧,同时接触相应的习惯表达方法,提高外语的应用水平。

(四)口译素材的趣味性

口译课程所选用的素材是否能够引起学生的兴趣,这一点对初学者来讲非常重要。趣味性不仅是指题材的内容是否有趣，甚至还包括讲话人是谁、受众是谁、处于一个什么样的口译场景等。也就是说，选材时要从学生的角度考虑，包括他们迄今为止直接或间接获得的实践经验，这样才能调动学生的积极性，引起他们的好奇心，让他们有兴趣和信心去面对口译任务给自己所带来的压力和挑战。

（五）口译素材的语篇类型

口译练习课上所选的语篇类型应该有它相应的目的语接受者，即在口译实践当中确实会出现的类型。据此，所选语篇的类型可以包括报告、报道、谈判、采访、致辞、参观，以及其他的一些语篇类型。其宗旨是让学生接触到可能会出现的各种口译场景，掌握正确的表达方法，逐步了解各种翻译形式。

（六）口译素材的语篇长度

在单位时间内，口译教学中所要处理的语篇的长短，在很大程度上取决于口译教学的目的，同时也取决于口译教师让学生都做了哪些预先练习和辅助练习。由于每次授课的时间有限，所以在必要的情况下，口译教师在选材时可以根据实际情况进行删减，或者直接把源语语篇全文发给学生，以供学生进行相关背景知识的了解。言语语篇的长短并不会直接影响到口译教学操作，主要是看它的内容是否上下有关联。

口译教学的目的并不是让学生在尽可能短的时间内处理尽可能多的内容，而是要在单位时间内让学生更有效地掌握翻译的方法和技巧，更有效地处理各种问题，以此来扩大学生的普遍知识面，让学生接触、了解具体的翻译过程。

（七）口译素材的语篇难度

这里的难度主要包括三个方面：

（1）语言的难度。对于初学者来说，可以选择一些在语言层次上难度较低的言语语篇。

（2）内容的难度。在选择口译素材的时候，教师应该掌握学生对源语语篇中所涉及的信息和专业知识了解的程度，并根据学生对相关知识了解的程度进行口译素材的选择。

（3）讲话者表述方式的难度。讲话者用方言照本宣读的书面语体语篇，自然比讲话者用标准语自由、自发进行的表述难得多。除此之外，讲话者是有关领域的专家还是外行，也左右着表述形式的难度。

口译教学所用的素材应当循序渐进，由易到难，由短到长。对语篇难度的"循序渐进"问题，可以参照塞莱斯科维奇和勒代雷提出的下列建议：①主题熟悉的叙述性报告；②主题熟悉的论述性语篇；③主题熟悉的词语讲究的讲话；④非熟悉主题的词语讲究的讲话；⑤需要作主题准备的讲话；⑥需要作专业术语准备的描述；⑦非常讲究演讲术的或动情的讲话。除此之外，言语语篇本身包括哪些非言语的因素，以何种介质出现，这些条件也会直接影响翻译任务的难度。

第九章 口译实践

第一节 译前准备

译员的工作完全是现场直播，几乎没有一丝的修改和重来，更不能在翻译现场询问他人或查阅工具书。所以译员的译前准备工作尤显重要。译员平时要有意识地进行口译技能的训练，积累各个领域的知识，这样才能厚积薄发，在翻译现场上游刃有余，使翻译工作达到既准确，又顺畅，顺利地完成翻译任务。译前准备主要包括以下三个方面。

一、日常的知识储备

当今国际间合作日益加强，国与国之间的交流更加频繁，各种语言之间的翻译工作也随之重要起来。译员已经成为国际间各项工作与交流的桥梁和纽带。时下各种新理论，新观点层出不穷，新的词汇和缩略语也随之不断地产生。这就要求译员必须紧跟时代、紧随潮流，与时俱进地不断地丰富自己的知识储备，来适应这日新月异的时代。所以译员在日常的生活和学习中要留意各个领域的发展新动向，如政治、经济、贸易、军事、环保、文艺等方面出现的新事物、新事件、新词汇，如丰田汽车的召回时间中"召回"（recall）、竞争上岗（vie for promotion）、不良贷款（non-performing loan）、垃圾短信（spam message）等等。译员在平时的生活和学习中要注意搜集和掌握缩略语，新词汇及其正确译法来丰富自己的词汇量。这样在翻译现场才能信手拈来，突破各种障碍。

口译服务涉及的题材多是当今世界上前沿的科学理论和观点、新的政治事件、经济磋商和军事争端。因而对译员提出了更高的要求。当然译员不是科学界的权威、政坛的领袖、经济界的风云人物，但他们是理论、观点的传递者。译员自身的文化底蕴和知识面会影响其翻译内容的准确性和科学性。所以译员要知晓诸多领域的知识，虽然不必成为某译领域的专家，但要成为行行略知的"杂家"。这就要求译员要不断地拓展自己的知识面，尽可能地接触各个领域的理论，培养广泛的兴趣爱好，博览群书，甚至达到"上知天文，下知地理"的程度，以应对不同口译对象和内容。这对译员来说不是一朝一夕就能实现的，而要通过译员的主动吸取，循序渐进地慢慢积累。当今获取知识的手段和途径很多，译员可以通过书籍、广播、电视、互联网等等渠道获得。所以译员的日常知识准备就是要多交流、多阅读、多掌握、多积累、来扩展自己的知识范畴。加深理论深度，增加信息储备来应对即将接受的各种口译工作。

第二节 译后总结

口译工作在时间上具有即时性；在工作内容上具有随意性；口译员在工作环境上具有孤立性。因此这项工作就要求译员不但要 在接受任务前做好详尽细致的准备工作，而且还要加强译后的自我总结工作，依靠译后的总结来修正自己在口译过程中无法弥补的不足甚至过错，以便自己在下次执行口译任 务时不再犯同样的错误，不断地修正提高自己、完善自己。把自己锻炼和培养成一名在 译场上游刃有余、从容自如、精准无误的语言沟通的架桥者。口译人员在译后可以从语言因素与非语言因素两方面总结自己的现场表现。

一、非语言因素

1. 音量、音调的掌握情况。译员译后应回顾自己是否在译场运用了合适的音量、音调，让听众感受到诚恳和热情。
2. 语速的控制情况。译员的语速要适中，既不能太快，也不能太慢。一些重要的信息和内容可以适当地放慢语速。
3. 着装是否得体。译员可以通过现场的气氛来总结着装方面的经验。执行任务前要明确此活动的性质，来决定是着正装，还是休闲服装。
4. 姿态和手势是否合适。译员回顾自己在临场时的姿态，手势是否得体。手势不宜使用过多，否则给人以喧宾夺主的感觉。

二、语言因素

译员在译后要仔细分析自己的译场表现，善于做译后总结。首先要分析整场的译语是否达到"全面、准确、通顺"的标准。然后再针对每句译语进行斟酌，推敲。考虑是否存在一些问题。如：专业知识的欠缺导致对原语理解有误；用词不准确，不够地道；所表达的逻辑不够清晰、连贯；译前准备不充分影响了译员在译场的发挥等等。译员要了解自己的不足，加强学习，不断扩大知识面，积累经验，提高口译能力。

翻译是不同文化的互译，是跨文化交际。语言是文化的基础。交际双方具有不同的政治、经济、历史、文化背景。这要求译员不仅要精通两种语言，还要通晓其文化差异。但口译的即时性和独立性可能会使译员在口译现场出现译语不准确甚至错误的情况。因此译员在译后总结工作中应对误译进行分析，查找资料，培养跨文化交际意识与应用能力，避免跨文化交际的障碍。

例如：奥巴马在他的竞选演说中有这样一句话：Let us remember that, if this financial crisis taught us anything, it's that we cannot have a thriving Wall Street while Main Street suffers. 很显然在这句话中，奥巴马用"Wall Street"与"Main Street"对比而谈。对于"Wall Street"一词，我们中国人并不陌生，译为"华尔街"，它代表了美国金融、投资银行等巨型企业，指美国富有阶层。而"Main Street"字面意义为"主要街道"。在美国小镇上"Main Street"是普通百姓购物，休闲的中心。如果在口译现场，译员很可能会把"Main Street"直接译为"主要街道"，整句话译为："让我们铭记这次金融危机的教训，那就是当主要街道患滩时，华尔街不可能繁荣。"这样的译文会使中国人感到很困惑。译员在译后应查询资料，对"Main Street"一词的译法进行推敲。可知"Main Street"泛指小企业、小作坊或平民阶层。当然，对这一词的译文有不同的版本。如："没有兴旺的主体街，就不可能有兴旺的华尔街"。"我们不可能在金融以外的领域备受煎熬的同时拥有繁荣兴旺的华尔街"。

口译员的工作不是机械的词句的翻译，而是有创造性的语言活动。汉英两种语言结构的差异性及口译工作的现场性与即时性决定了口译员必须熟练掌握口译技能策略，并灵活运用。所以译员在做译后总结时，要回顾自己的现场表现，分析口译技能策略运用是否得当。

另外，译员在译后要向主办单位了解自己的工作质量，取得反馈意见。这样可以清楚自己现场工作有哪些不足之处，并有针对性地改正错误，避免下次任务的执行过程中再出现类似的问题，以达到提高自己，完善自己的目的。

总之，译员通过译后总结仔细地排查自己在临场中的种种不足，加以改正和完善，处理得好的地方加以发扬提炼。那么就可以不断地提高自己的口译水平，在本行业中成为佼佼者！

第三节　英汉口译中的文化因素处理

在英汉口译过程中，除了要传达英语语言所表述的表层意思之外，译员需要同时把英语语言所反映的英语文化的深层含义表现出来。口译不仅是跨语言同时也是跨文化的交流活动。在跨文化的交流活动中，对于译者来说，最大的困难就是英汉两种文化的差异。在一种文化中一些不言而喻的东西，在另一种文化里却要费很大的力气加以解释。口译员的跨文化意识决定其能否把握口译的尺度且不受文化差异的负面影响。文化因素的考虑与否决定着口译的准确性及口译质量，而跨文化意识的有无或程度的强弱也是衡量一名优秀的口译者的重要的准绳。

英汉口译中的跨文化差异主要表现在以下几个方面：

一、英语习语

英语习语具有鲜明的文化个性和丰富的文化、历史信息，体现不同历史文化特点，是英语民族语言的精华。英语习语可包括成语、谚语、俗语、俚语、历史典故等。随着中西文化的交流，英语文化中的许多圣经故事、神话、典故、文学作品等形成的习语已被中国接受和欣赏，这些习语结构简单，意义深远，往往是不能单从字面意义去理解和翻译，在口译过程中，要求译员注意英汉之间的习语的异同，运用正确的口译技巧，在准确传达原习语的意义的同时，充分考虑到原文浓郁的民族风格。

二、英语民族的思维方式

英语民族擅长于用抽象概念表达具体的事物，注重抽象思维。句子常以主语和谓语为核心，统摄多个短语和从句，由主到次，形散而意合。总是先概括后分解、先表态后叙述、先总结后事例、先整体后细节，由果到因、由小到大等。众所周知，地名的叙述便为一例。

英语文化中最重要的思维方式是崇尚个人自由，它是一种以个人为基本单元，强调"人人生而平等"的文化。英语文化又被称为"我文化"、"个人价值至上文化二在这种注重个人尊严的文化里，权力的重心更多地倾向个体。

在英语餐桌文化中，除了几次正式的祝酒外，大家喝酒随兴，不喜欢被劝酒或喝得太快太多。如果餐桌上出现不愉快气氛，译员可以向双方作一些必要的解释，化解不快，达到沟通的目的。

此外，译员还有责任提醒雇主尊重英语国家的特殊风俗，以避免不必要的误会。

三、英美的宗教传统

宗教文化是人类社会文化结晶的重要组成部分，它是表现一个民族的意识形态、精神依托的文化和社会现象。在英美，人们信奉基督教，有许多包含 God、heaven、devil、church 等词语的习语。只有充分意识到和理解宗教信仰的差异，才能准确地表达源语的语义。如：受基督教的影响，在英语中人们日常使用的语言文字中也有宗教的痕迹。如：He ran as if the Old Boy were after him. 句子中的 "Old Boy" 本意为"老朋友"、"老兄"，在这里却指"魔王"、"魔鬼"。这句话的意思是：他跑得飞快，就像魔鬼在追赶似的。再如电影 The Devil Wears

Prada 译名为：穿普拉达的女王/时尚女魔头。其中"Devil"一词本意为"魔王"、"魔鬼"，在这里指女王、魔头。

四、英语民族的价值观及审美观

不同的民族文化必然造就人们不同的价值观念，因此口译时必须顾及双方不同的价值观，才能被对方理解接受。不同民族的审美观念也存在较大的差异，口译的过程中如不注意，就会造成事与愿违的结果。就话题的选择来看，英语民族在交谈时忌讳涉及年龄、收入、婚姻、信仰等有关个人的话题。

文化有时与社会政治制度也是密切相关的。社会政治制度相同，有关文化之间的差异就比较少；社会制度不同，有关文化之间的差异就相对地多一些。在同一历史时期，在不同的文化里由于社会政治制度不同，人们对世界的认识、对客观事物所给予的特定的价值概念以及反映这些认识和价值概念的语言表达是不同的，许多表面上看起来是同义的词汇在不同的民族语言中有不同的价值概念，这种文化的差异反映在词汇里便会出现词汇褒贬含义冲突的现象。

不同的民族心理对不同的事物有着迥异的价值取向。对于动物所引起的词义联想及文化内涵是十分明显的，"龙"在英汉两种文化中意义完全不同。在英语文化中，"dragon"是一种凶残的怪物，是"邪恶，不幸"的象征。与龙有关的词语都带有贬义色彩。如：the old dragon 译为"魔鬼"，dragon's teeth 译为"相互斗争的根源"，英语俚语 dragon lady 译为"女强人，强势女人"等。

在英汉口译过程中，口译员应当充分意识到两个民族中对同一个词汇具有不同引申含义的情况，避免产生误解。

五、英语产生的地域环境

由于各民族所处地理位置、自然条件和生态环境等的不同，就形成了不同的地域文化。这不仅影响着各民族语言的表达方式，也直接影响着人们对同一事物不同的理解、语义联想和情感，而生活习惯上的种种差异也会在习语中体现出来，这就对翻译提出进一步的要求。英国是一个岛国，与海洋有关的谚语在英语中占有很大一部分。由于地理位置于中国的差异导致风向等自然现象在英汉两个民族中产生的联想也不尽相同，"西风"在英国文化中是春天的风，在中国文化中则不同。

总之，在口译过程中要克服英语和汉语之间的差异，口译员不仅要了解两种语言不同的表现形式，而且不可不了解在不同语言背后的文化差异所构成的障碍。我们应充分重视语言中的文化因素，注意文化之间的类同与差异。只有通过对语言、文化的广泛而深入、系统而具体的对比，才能认识和正确处理英汉两种语言中的文化差异，将两种语言所表达的思想内容、感情、风格等忠实而准确地重新表现出来。

第四节　汉英口译中的文化因素处理

在汉英口译活动中，形式上虽然是语言字符的转换，内容上却是中英两个民族文化间的交流。王佐良曾说过，"翻译（包括口译——笔者注）所要处理的不仅仅是一个个的单词，而且还包括两种文化。"译员应对两种文化之间的差异有所了解，才能做到使讲话者的内容和风格和听众之间能够实现最大程度的贴近，并且将附在语言层之外的文化信息传递给听众。汉英口译交际中的跨文化差异主要表现在以下几个方面：

一、汉语习语

在汉民族的语言发展过程中，谚语、习语、成语典故、歇后语等最能反映其民族的文化，是民族历史文化中的瑰宝，它具有浓厚的民族色彩、鲜明的文化个性及丰富的历史文化信息。中国人发言喜欢出口成章，使用四字成语、典故、古代诗词。这样即能缩短演讲时间，又能加强演说效果。在中国典籍中，谚语多半出现在诗书、传说、诸子论著中，这些谚语结构简单，意义深远，对人很有警示和教育意义。歇后语是广大民众根据丰富的生活经验而创造出来的特殊的幽默语言，是中式幽默的一个分支，绝大部分发源并流传于民间，成为人们日常生活中一种喜闻乐见的语言形式。歇后语通过运用比喻、谐音、双关等修辞手法，在喜笑怒骂中使语言犀利、辛辣、干脆痛快，使语言具有质朴的艺术魅力。

发言人在演说中如果使用上述习语，要做到口译时即达意又传神的表达汉语习语 这就对口译员的知识水平提出了更高的要求。

二、汉民族的思维方式

思维方式的差异本质上是文化差异的表现，长期生活在不同区域的人具有不同的文化特征，因而也形成了不同的思维方式。汉英不同的思维方式决定了两个民族按照各自不同的方式创造不同的文化，而这种不同必然要通过文化的载体——语言得以表达。这种思维方式的差异常导致在汉译英的口译过程中，一些词语的引申义不同。如果中国人说"您应该比我年长，您请上坐"按照中国人的思维，这句话的引申含义为"您是值得尊重的客人，应该上坐。"如果译员不加思考直接译成：You must be older than me. You take the upper seat. 西方女士很可能会觉得不愉快，英语国家的思维反应是：我看上去有那么老吗？这样中方本想表示尊重的本意不但不能传递，反而适得其反。根据英汉文化的差异译员可以将这句话译成 As our guest of honor, would you take the seat of honor?

中国人表达事物总是按时间和事理发展顺序由因到果、由先到后、由大到小进行阐述，这种思维模式可称为具体一般型表达。汉语是按时间顺序和逻辑发展关系由先到后、由因到果、由假设到推论、由事实到论证，而英语则相反。汉语中许多表示具体的词也难以在英文中得以体现。如："在全球经济事务中，中国应继续保持一个积极而充满活力的力量，我坚信这是符合我国利益的。"译为英语的语序：I strongly believe that it's in the interests of my countrymen that China should remain an active and energetic power in global economic matters. 由此可见，汉语的表达语序与英语相反。

由于文化背景和生活习惯的不同，在社交礼节方面，英语国家和中国也有着许多的差异。如果在机场接人，中国人会说：一路辛苦了！意思是想要表达问候、寒暄之意。这句话如果直译成：You must be very tired after the journey, 英方可能会想：我难道看上去很累，很憔悴吗？实际上这种场合说：Did you have a nice journey/flight? 更为合适。

对于称谓的礼仪规范也要注意，而在汉语中，"李经理、王先生、刘女士、张老师"等词常与姓氏连用用来表示礼貌和尊敬，但在英语中却不能对等地译为"Director Li、Wang Sir, Madam Liu, Teacher Zhang"，而应按照英语习惯应用 Mr., Mrs., Miss 与姓（名）连用来表示。

有时译员会遇到中国东道主使用外方的名加头衔的做法，如称 Jack 为杰克先生，Mary Jones 为玛丽小姐，译员在翻译时应按照英文的习惯译成 Mr. Wilson 或 Miss. Jones，或者视场合和双方的关系使用名字。

中国人在餐桌上有帮客人夹菜，频繁向客人敬酒并且要一干而尽的习惯，这是中国人的待客之道，怕客人没有喝好、吃好。但有时英语国家的人并不理解，对于频繁敬酒，有的人甚至有些反感。如果餐桌上出现不愉快的气氛，译员可以向双方作一些必要的解释，化解不快，达到沟通的目的。比较常见的是在面对恭维时的差异。中国人的传统美德是谦虚谨慎，对别人的恭维和夸奖更是推辞。如："您的英语讲得真好。""哪里，哪里，一点也不行。"但西方人从来不过分谦虚，对恭维一般表示谢意，表现出一种自强自信的信念。如："You can speak very good French." 回答 "Thank you."。中国人认为，英语民族过于喜欢说"Thank you"和"Please"，认为没有必要，甚至会感到耐烦。中国人相信对方知道对自己的感激，认为是不必说出的。遇到文化差异，译员有责任及时作出相应的处理，以避免造成误解。

三、中国的宗教传统

不少中国人信仰佛教,相信佛祖主宰一切,中国文化博大精深,源远流长。一般认为,儒、道、佛是中国的三大宗教,在我国的传统文化中,有道教的"玉帝"、佛教的"阎王"、还有神话中的"龙王"。其中以佛教对我国的文化影响最大,不少成语就和佛教相关。例如:苦中作乐、五体投地、现身说法、天花乱坠等。如果译者不了解宗教文化背景,那势必会给翻译带来困难。译时应特别注意,否则就会出现失当现象,诸如"玉帝"、"菩萨"这些概念在英语民族人的思想中是不存在的。故而在乞求保佑时,中国人用:"菩萨保佑"或"老天保佑",译成英语说"God bless you(上帝保佑)",更能被接受和理解。可见,只有充分意识到和理解宗教信仰的差异,才能准确地表达源语言的语义。

目前中国孩子在周末参加的各种补习班,也不能简单地直译为 Sunday School,因为 Sunday School 在西方人的文化传统里指的是教会为孩子们在星期天举办的各种圣经阅读班——主日学校。

四、汉民族的价值观及审美观

英汉民族不同的生活经验和风俗习惯势必造成观察、认识问题的角度、方式和方法的不同。如就话题的选择来看,中国人见面就会问"你多大了","结婚了吗","收入怎么样",等问题。而这正是英民族忌讳的话题。

在价值取向方面。对于动物所引起的词义联想及文化内涵是不同的。"龙"在中国代表吉祥、神圣、权力。中国人称自己为"龙的传人"龙"在中国享有的地位与在英民族中不同,有贬义。鉴于龙与 dragon 存在着文化信息上的差异,有些龙字或可音译成 long 而不能译为 dragon。

五、中国的地域环境

中国自古以来就是一个传统的农业大国,即所谓"靠天吃饭"。绝大多数人生活在农村,依靠土地繁衍生息,从而与农业相关的谚语格言占据了汉语习语的一大部分。最常用的有:"前人栽树,后人乘凉"、"种瓜得瓜,种豆得豆"、"庄稼一枝花,全靠肥当家"等等。

在汉语的文化氛围中,"东风"即是"春天的风",汉语中常有赞美"东风"的诗句;汉诗多描绘"春天"之美。这些都与文化的地域性联系密切。夏天常与酷暑炎热联系在一起,"赤日炎炎似火烧"、"骄阳似火"是常被用来描述夏天的词语。

因此,在口译中经常会遇到词汇空缺或者一词多义的情况。实际上由于概念的不同,英汉语言中存在着词语不对等的现象。掌握处理这种情况的口译技巧对口译员来说是很有必要的。

参考文献

[1] 白靖宇．文化与翻译（修订版）[M] 北京：中国社会科学出版社，2010．

[2] 曹明海．文学解读学导论 [M]．北京：人民文学出版社，1997．

[3] 丁大刚．旅游英语的语言特点与翻译 [M]．上海：上海交通大学出版社，2008．

[4] 方梦之．翻译新论与实践 [M]．青岛：青岛出版社，1999．

[5] 方遒．散文学综论 [M] 合肥：安徽教育出版社，2004．

[6] 傅敬民．实用商务英语翻译教程 [M]．上海：华东理工大学出版社，2011．

[7] 龚芬．论戏剧语言的翻译 [D]．上海：上海外国语大学，2004．

[8] 辜正坤．中西文化比较导论 [M]．北京：北京大学出版社，2007．

[9] 郝丽萍，李红丽，白树勤．实用英汉翻译理论与实践 [M]．北京：机械工业出版社，2006．

[10] 何江波．英汉翻译理论与实践教程 [M]．长沙：湖南大学出版社，2010．

[11] 侯维瑞．英语语体 [M]．上海：上海外语教育出版社，1988．

[12] 胡显耀等．高级文学翻译 [M]．北京：外语教学与研究出版社，2009．

[13] 黄成洲，刘丽芸．英汉翻译技巧 [M]．西安：西北工业大学出版社，2008．

[14] 黄龙．翻译学 [M]．南京：江苏教育出版社，1987．

[15] 黄勇．英汉语言文化比较 [M]．西安：西北工业大学出版社，2007．

[16] 贾文波．应用翻译功能论 [M]．北京：中国对外翻译出版公司，2004．

[17] 金惠康．跨文化交际翻译续篇 [M]．北京：中国对外翻译出版公司，2003．

[18] 兰萍．英汉文化互译教程 [M]．北京：中国人民大学出版社，2010．

[19] 蓝纯．修辞学：理论与实践 [M]．北京：外语教学与研究出版社，2010．

[20] 李克兴．广告翻译理论与实践 [M]．北京：北京大学出版社，2010．

[21] 刘海涛．文学写作教程 [M]．北京：高等教育出版社，2005．

[22] 刘禾著，宋伟杰等译．跨语际实践——文学，民族文化与 被译介的现代性

[M]．北京：生活·读书·新知三联书店，2002．

[23] 刘肖岩．论戏剧对白翻译 [M]．北京：中国人民公安大学出版社，2004．

[24] 马莉．翻译理论与实践 [M]．北京：北京大学出版社，2010．

[25] 冒国安．实用英汉对比教程 [M]．重庆：重庆大学出版社，2004．

[26] 彭萍．实用旅游英语翻译：英汉双向 [M]．北京：对外经济贸易大学出版社，2010．

[27] 谭需生．论戏剧性 [M]．北京：北京大学出版社，1981．

[28] 汪德华．中国与英美国家习俗文化比较 [M]，杭州：浙江大学出版社，2011．

[29] 王行之．老舍论剧 [M]．北京：中国戏剧出版社，1981．

[30] 王燕希．广告英语 [M]．北京：对外经济贸易大学出版社，2004．

[31] 武锐．翻译理论探索 [M]．南京：东南大学出版社，2010．

[32] 杨丰宁．英汉语言比较与翻译 [M]．天津：天津大学出版社，2006．

[33] 杨贤玉．英汉翻译概论 [M]．北京：中国地质大学出版社，2010．

[34] 张保红．文学翻译 [M上北京：外语教学与研究出版社，2010．

[35] 张岱年，程宜山．中国文化与文化争论 [MH．北京：中国人民大学出版社，1990．

[36] 钟书能．英汉翻译技巧 [M]．北京：对外经济贸易大学出版社，2010．

[37] 周方珠．文学翻译论：汉、英 [M]．北京：中国对外翻译版有限公司，2014．

[38] 陈剑晖．文体的内涵、层次与现僧转型 [J]．福建论坛，(10)，2010．

[39] 何芸，高永刚，黄波．浅析艾化差异与英语写作 [J]．高等教育研究学报，(3)，2005．

[40] 邵斌．翻译及改写：从菲茨杰拉德到胡适口上北京第二 外国语学院学报，(12)，2010．

[41] 徐军，孙宪梅．浅论散文的语言特点与翻译口上德州学院学报，(2)，2006．

[42] Edwin Gentzler. Contemporary Translation Theories [M]. London：Routledge Inc，1993．